성경을 공부할수록 궁금한 49가지

바이블 FAQ

Frequently
Asked
Questions

성경을 공부할수록 궁금한 49가지

바이블 FAQ

Frequently Asked Questions

민영진

대한기독교서회

바이블 FAQ
—성경을 공부할수록 궁금한 49가지—

2006년 8월 20일 초판 1쇄
2008년 2월 20일 초판 4쇄

지은이/민영진
펴낸이/정지강
펴낸곳/대한기독교서회
편집책임/권오인 · 이혜자

등록/1967년 8월 26일 제1－77호
주소/135－090 서울특별시 강남구 삼성동 169－1
전화/편집 553－0871, 3~4 영업 553－0870~7
팩스/편집 3453－1639 영업 555－7721
e-mail/editor@clsk.org
http://www.clsk.org

직영서점/기독교서회
종로5가 기독교회관 1층, 전화 744－6733 팩스 745－8064

값/9,500원 책번호/1089
ISBN 978－89－511－0868－6 03230

The Christian Literature Society of Korea, Seoul
Printed in Korea

그의 학생을

구약학의 길로 들어서도록 격려해 주신

김찬국 교수님께

머리말

이 책 『바이블 FAQ—성경을 공부할수록 궁금한 49가지』는 『성경 바로 읽기』(대한기독교서회, 1999)의 속편이라고 할 수 있습니다. 성경 독자들이 제기하는 다양한 질문에 대한 응급처치의 성격을 지닌 답변이라는 점도 같습니다. 독자들이 어떤 본문에 대하여 문제를 제기하고 있는지를 보려면, 성경책 장절을 따라 배열한 두 책의 "성구 찾아보기"가 큰 도움이 될 것입니다.

이 책은 독자의 질문을 소개하고, 그 질문에 제가 대답하는 형식을 취하고 있습니다. 이 책을 읽는 독자들은 질문자의 문제가 무엇인지, 성경 본문과 관련된 질문자의 관심이 무엇인지를 파악하기가 훨씬 쉬울 것입니다. 각 질문 말미에 붙은 질문자의 이름은 실명이기도 하고, 가명이기도 하고, 질문자 스스로가 만든 아이디나 대화명이기도 합니다. 질문은 되도록 질문자가 제시한 그대로를 실었습니다.

질문의 종류는 다양합니다. 번역판들 사이에 왜 차이가 있는지, 난해한 구절에 대한 여러 주석들의 견해는 어떠한지, 그리스어나 히브리어 원문이 번역에 잘 반영된 것인지, 파괴된 본문은 어떻게 번역하였는지를 묻는가 하면, 또 성경 개론과 관련된 것, 신학적인 주제들, 우리말 표현 문제, 실생활에서 적용할 때 생기는 문제, 해석학적 문제, 본문 내용과 관련된 역사적·지리적·사회적 배경 등 질문이 매우 다양합니다. 『성경 바로 읽기』에서는 여러 질문에 대해 문맥을 따라 읽으면 쉽게 이해될 수 있는 것, 여러 번역을 비교하여 읽으면 이해가 되는 것, 주석의 도움을 받으면 이해가 되는 것 등으로 분류하여, 해답의 방법론적 틀을 제시하면서 답변을 제시했습니다. 그러나 이 책에서는 질문자가 제기한 문제들을 적용과 번역과 주석으로 분류하여 질문의 성격에 따라 무리를 지어보았습니다.

여기에서 다룬 49가지 질문은 1999년부터 2004년까지 나라 안팎의 여러 성경 독자들이 대한성서공회 홈페이지(http://www.bskorea.or.kr)로 보낸 질문 중에서 대표적인 것들과, 필자가 공동체성서연구원(http://newsprout.org)의 성경연구 월간지 「햇순」에 실었던 것입니다. 질문 중 많은 것들이 「햇순」 독자들과의 사귐에서 나온 것입니다. 그들의 격려와 관심이 이런 일을 지속적으로 하도록 저에게 용기와 보람을 주었기 때문에 그분들에게 제일 먼저 감사의 말씀을 전하고 싶습니다.

제1부 "말씀은 실천하라고 주어진 것이다"는 일상생활에서 실천의 문제와 관련된 문제들을 모은 것이고, 제2부 "번역은 뜻을 옮기는 것이다"는 번역과 관련된 질문들을 한데 모은 것이며, 제3부 "본문의 배경을 알아야 말씀이 보인다"는 개론, 주석, 본문비평, 신학 등의 문제를 한데 모은 것입니다. 여기에서 다루어진 49가지의 질문들은 1, 2, 3부의 세 가지 관련 분야로 분류되기만 했을 뿐, 각 질문이 다루어진 순서에는 특별한 의미가 없습니다. 더러는 유사한 성격끼리 한데 모으기도 했지만, 대다수는 질문을 받은 순서에 따라 배열하였습니다.

특별히 이 책 부제 안에 '49가지'라는 표현이 있는데, 49라는 수는 일곱을 일곱 번 곱하여 얻은 숫자입니다. 히브리적 사고에서 7이나 49는 '마감' 혹은 '꽉 참'이라는 뜻과 무관하지 않습니다. 일곱 째 날 오는 안식일이 그러하고, 칠 년 째에 오는 안식년이 그러하고, 49년이 지나고 맞이하는 희년도 예외가 아닙니다. 물론 앞으로도 성경 독자들의 질문은 끝없이 이어질 것입니다마는 49가지 질문이라 함은, 일단 물을 수 있는 것들은 다 물었다는 뜻입니다. 다른 질문들도 분류하면 다 이 범주 안에 든다는 것을 말하기도 합니다.

간단하게 답할 수 없는 문제들은 "성경 즐기기"라는 이름으로 각 부의 중간 중간에 실었습니다. 제1부를 시작하기 전에 만나게 되는 첫 번째 주제 "반(反) 다빈치코드"는 기독교 경전의 진정성을 흔드는 댄 브라운의 소설 『다빈치코드』에 대해 신약성경 본문 전승에 대한 배경을 밝히면서, 현재의 신약 본문이 기원 4세기 이후에 변경된 것이라고 하는 소설적 진술이 허구임을, 정확히 전달된 신약본문 전승 자료를 가지고 입증한 것입니다. 두 번째 "유다복음서란 어떤 책인가?"는 제2부를 시작하기 전에 만나볼 수 있습니다. 이것은 정통 교회 밖에서 쓰인 것인 만큼, 당시 교회를 풍자하는 반기독교적 기독교비판은 기독교가 오히려 자기반성의 계기로 삼을 수도 있을 것입니다. 제3부 바로 앞에 나오는 세 번째 성경 즐기기 "말씀을 만나서 하나님을 즐긴다"는 성경 말씀이 우리에게 주는 기쁨과 활력의 다양한 측면을 경험적으로 진술해 본 것입니다.

부록 1 "성경, 바로 읽기와 잘못 읽기"는 지금도 자행되고 있는 소위 성경 전문가들의 오독(誤讀)의 실상을 파헤치면서 정독(精讀)의 길을 모색한 것입니다. 부록 2 "성경공부 노래"는 필자가 작사하고 박상욱 선생이 작곡한 것인데, 그 성경공부 노래의 가사와 해설과 곡을 실었습니다. 경기민요 굿거리장단에 맞추어, 성경공부를 시작하기 전이나 후에 부를 수 있는 노래입니다. 부록 3 "내가 너를 잊는다면"에서는 히브리 노래의 우리말 번역 가사와 곡을 실었습니다. 이 노래는 메나헴 둘리츠키가 만든 것으로, 전통 히브리 멜로디에 시편 137편을 근거로 한 노랫말을 얹은 것입니다. 곧 시편 137:1 "우리가 바빌론의 강변 곳곳에 앉아서, 시온을 생각하면서 울었다"를 민요곡에 맞춘 노래입니다. 포로로 사로잡혀가 있던 이스라엘의 시온을 향한 향수가 짙게 배여 있습니다.

독자 여러분께서는 이 책을 읽다가 구석구석에 팁(Tip)과 사진자료들이 들어 있는 것을 발견하실 것입니다. 팁들은 본문 내용을 설명해 주는 것이기보다는 성경에 관한 토막 상식에 속하는 것들입니다. 사진 자료들은 내용과 직접 간접으로 관련이 있는 것들로서 독자 여러분의 이해와 상상을 돕기 위해 고안된 것입니다.

그리고 책의 말미엔 "성구 찾아보기"를 실었습니다. 이 책에서 인용된 성구는 모두 찾아볼 수 있도록 성경책의 장절별로 다 실었습니다. 이 찾아보기를 적절히 사용하면 문제되는 구절들이 어디에 있는지 쉽게 찾을 수 있을 것입니다.

2006년 여름

민영진

번역 성경

우리말 번역 성경

『성경전서 개역한글판』(대한성서공회, 1961)

『관주 성경전서 개역한글판』(대한성서공회, 1962)

『貫珠 聖經全書 簡易 國漢文 한글판』(대한성서공회, 1964)

『聖經全書 改譯改訂版 簡易國漢文』(대한성서공회, 2005)

『성경전서 개역개정판』(대한성서공회, 1998)

『해설 관주 성경전서 독일성서공회판』(대한성서공회, 1997)

『공동번역 성서』(대한성서공회, 1977)

『공동번역 성서 개정판』(대한성서공회, 1999)

『성경전서 표준새번역』(대한성서공회, 1993)

『성경전서 새번역』(대한성서공회, 2001)

영어 번역 성경

The Bible, Authorized Version, London : British & Foreign Bible Society, 1954/1955.

Good News Bible, Today's English Version, United Bible Society, 1976.

The Holy Bible, Containing the Old and New Testament, King James Version, 1611, rpt. New York : American Bible Society, 1816.

The Holy Bible, Containing the Old and New Testament, American Standard

Version, American Revision Community, New York : Thomas Nelson Publishers, 1901.

The Holy Bible, Containing the Old and New Testament, Revised Standard Version, New York : Thomas Nelson and Sons, 1952.

The Holy Bible, New International Version, International Bible Society, Zondervan Bible Publishers, 1978.

Holy Bible, The New King James Version, Containing the Old and New Testament, New York : Thomas Nelson Publishers, 1982.

The Holy Bible, New Revised Standard Version, National Council of the Churches of Christ in the USA, Nashville : Thomas Nelson Publishers, 1989.

The Holy Bible : Contemporary English Version, New York : American Bible Society, 1995.

The Holy Bible : English Standard Version : Containing the Old and New Testament, Wheaton, Illinois : Crossway Bibles, 2001.

The Holy Scriptures, Philadelphia : Jewish Publication Society of America, 1917.

The Jerusalem Bible, London : Darton, Longman and Todd, 1966.

The Living Bible, Wheaton, Illinois : Tyndale House Publishers, 1971.

New American Standard Bible, New York : Thomas Nelson Publishers, 1971.

The New English Bible, London : Oxford University Press, 1970.

The Revised English Bible, London : Oxford University Press, 1989.

TANAKH, A New Translation of the Holy Scripture, according to the traditional Hebrew Text, New York : Jewish Publication Society, 1985.

독일어 번역 성경

Biblia Germanica, Die faksimilierte Ausgabe der Luther-Bibel von 1545, Stuttgart : Deutsche Bibelgeselschaft, 1967/1983.

Die Bibel nach der Üersetzung Martin Luthers, Stuttgart : Deutsche Bibel-gesellschaft, 1987.

Einheitsübersetzung der Heiligen Schrift, Stuttgart : Katholische Bibelaustalt GmbH, 1980.

Die Gute Nachricht, Die Bibel in heutigem Deutsch, Stuttgart : Deutsche Bibelgesellschaft, 1982.

Die Heilige Schrift des Alten und des Neuen Testaments, Verlag der Züricher Bible, 2005(1391[1])

프랑스 어 번역 성경

La Bible Ancien et Nouveau Testament, Traduite de l'hébreu et du grec, en français courant, Société Biblique Conadieune, 1989.

La Bible de Jérusalem, Paris : cerf-desclée de brouwer, 1979.

La Bible traduction oecuménique, Villiers-le-Bel : Société Biblique Française, 2004.

La Sainte Bible, Qui Comprend L'Ancien et le Nouveau Testament, Traduits D'aprés les Textes Originaux Hébreu et Grec, par Louis Segond, Paris : Nouvelle Edition Revue, 1955.

Traduction Oecuménique de la Bible, Comprenant l'Ancien et le Nouveau Testament, Traduits sur les testes originaux hébreu et grec, Alliance Biblique Universelle, 1975.

차례

제2부 번역은 뜻을 옮기는 것이다

반(反)다빈치 코드

2003년, 전 세계의 영어권 소설 부문에서 베스트셀러 1위를 차지한 소설은 댄 브라운이 쓴 『다빈치 코드』입니다.[1)] 이 책은 출간되자마자 첫 36주 동안 430만 부가 팔리면서 「뉴욕타임스」의 베스트셀러 자리를 지켰습니다. 우리나라에서도 2004년 이 책이 번역되어[2)] 나온 뒤로 서점가에서 줄곧 베스트셀러를 차지하였습니다. 아마 독자 중에서도 상당수가 이 소설을 직접 읽었거나 소문을 들으셨을 줄 압니다. 이 소설에 이어, 이 소설에 사용된 중요 용어를 해설한 시몬 콕스의 『다빈치 코드의 진실－사전편』이 나왔고, 작품 전체를 해설한 마틴 룬의 『다빈치 코드의 진실－해설편』과 『다빈치 코드』에 직접적인 영향을 준 것으로 알려진 마가렛 스타버드의 『성배와 잃어버린 장미』라는 책도 나왔습니다. 이러한 책들 역시 많은 관심을 모았습니다.[3)]

기독교가 지배적인 나라들 중에는 이 책의 수입과 번역과 독서를 금하는 곳도 있다는 말을 들었습니다. 교회들은, 가톨릭이나 개신교 가릴 것 없이, 이 책이 흥미 있는 소설임에는 틀림이 없지만 기독교에 유해한 책으로 평가합니다. 그러나 우리가 평소 기독교의 경전에 대한 학문적인 비평적 접근을 통하여 우리의 주관을 뚜렷하게 세울 수 있다면, 기존의 기독교 신앙에 도전적인

영화 〈다빈치 코드〉 포스터.

어떤 정보를 접하더라도 우리의 신앙을 지킬 수가 있을 것이며, 오히려 그러한 문학에서도 새로운 사실을 배워 우리의 신앙을 더 확고하게, 더욱 풍요롭게 할 수 있을 것입니다.

이 소설의 줄거리는 의외로 간단합니다. 역사적 예수의 후손을 보호하고 있고, 성배(聖杯, Holy Grail)를 가지고 있는 것으로 알려진 시온 수도회(Priory of Sion)라는 비밀단체와 바티칸의 성직 자치단인 오푸스데이(Opus Dei)가 쫓고 쫓기면서 치열하게 싸우는 것이지요. 시온 수도회는 어딘가에 성배를 숨기고 있는 것으로 되어 있고, 오푸스데이는 이 성배를 빼앗으려고 살인까지도 서슴지 않습니다.

『다빈치 코드』가 추구하는 것은 바로 성배의 비밀을 밝히는 것입니다. 성배는 본래 최후의 만찬에서 예수가 제자들과 더불어 포도주를 마시던 잔입니다. 전설에 따르면 예수가 십자가에서 처형당하고 피를 흘리실 때, 아리마대 사람 요셉이 바로 그 잔에다가 예수의 피를 받았다고도 합니다. 그래서 성배를 성혈(聖血, Holy Blood)이라고도 합니다. 지난 천 년 동안 유럽의 기독교는 성배의 비밀을 알아내려고 애써왔습니다. 결국 이 소설은 성배가 다름 아닌, 막달라 마리아에 의해 이어진 예수 그리스도의 혈통 곧 성혈과 가계도(家系圖)를 암시하는 것이라고 말합니다. 성배는 여성이고, 막달라 마리아이고, 그의 자궁이고, 그가 임신한 자식의 가계이고, 그의 후손이라는 것이지요.

성서학도로서, 그리스도인으로서, 목사와 설교자로서 이 소설에 관심을 가지게 되는 것은 (1) 이 소설의 작가가 논픽션에 픽션을 가미하여 소설을 전개하면서 기독교의 경전인 신약성경과 초기 기독교 역사를 주요 자료로 활용하고 있는 점, (2) 심지어는 신약성경의 원본이 로마 교회, 특히 기독교를 로마의 종교로 받아들였던 기원후 4세기에 로마를 통치하던 콘스탄티누스 대제(Flavius Valerius Constantinus, 약 273-337)에 의하여 훼손되고 왜곡되어서 본래의 예수의 인간적인 모습이 많이 말살되거나 감추어지거나 변질되어 버렸다고 진술하는 점, (3) 진정성을 검증받은 신약성경은 변개된 것으로 폄하하면서, 검증을 덜 거쳤거나 검증할 가치도 없는 전설 자료집에 기록된 예수에 관한 기록이 오히려 역사적 사실을 반영하는 자료라고 보고 더 신빙성 있는 것처럼 사용하기에 교인들에게 혼란을 준다는 점 때문입니다.

이 소설은 기독교의 발생과 관련하여, 예수의 형제 야고보를 중심으로 한 팔레스타인의 예루살렘 교회와, 터키 지역 태생의 유대인이면서 로마 시민권 소유자인 사도 바울을 중심으로 한 로마 교회로 나눕니다. 예루살렘 교회는 역사적으로 예수를 직접 보고 그와 함께 생활하고 그를 따라다니던 이들이 세운 교회이고, 로마 교회를 포함한 이방 교회들은 예수 그리스도와는 일면식도 없던 바울이라는 이가 서신을 보내어 양육한 교회입니다. 바울은 그리스도인들을 박해하기 위해 다메섹으로 가는 길에 환상 가운데서 예수를 만나 회심한 뒤 예수의 추종자가 되었습니다. 그리고 신약성경 27권 중에 자신의 이름으로 된 책이 무려 14권이나 될 만큼 중요한 인물이 되었습니다.[4] 그뿐 아니라 그는 기독교의 신학을 수립한 사람으로, 네 개의 복음서 저자들에게까지 영향을 미친 인물로 평가를 받습니다.[5]

예루살렘 교회와 로마 교회가 신앙 내용이나 신앙 전승에서 차이를 가지고 출발한 것은 사실입니다. 예루살렘 교회는 예수와 관련된 역사적인 전통을 많이 간직하고 있었고, 반면에 로마 교회는 기독론을 비롯한 신학을 발전시켰습니다. 이러한 것은 고대교회사에서 일반적으로 인정되고 있는 사실입니다.

그런데 문제는 이 소설이 성경 밖의 자료들을 근거로, 그리고 여러 지방의 지명과 관련된 전설을 근거로 하여, 특히 신약성경을 편찬한 이들이 거부한 영지주의파(靈知主義派)의 문서인 『도마복음서』에 근거해서, 막달라 마리아가 처음부터 예수의 친밀한 여성 파트너였다고 주장하는 전통을 예루살렘 교회가 간직한 비밀 전통이었다고 주장하는 것입니다.

심지어는 막달라 마리아가 예수의 아내였고, 가나의 혼인잔치는 바로 막달라 마리아와 예수의 결혼식이었으며, 물로 포도주를 만든 기적은 바로 신랑인 예수가 베푼 기적이었고, 예수의 부활 이후 막달라 마리아가 부활한 예수를 맨 먼저 만났으며(요 20:11-18), 초기 교회의 여성 지도자로서 베드로와 쌍벽을 이루는 지도자가 되었는데, 남성 성직자들을 선호한 로마 교회의 교부(教父)들에 의해 이런 사실들이 감춰졌다고 주장합니다. 이후 막달라 마리아와 그가 이끄는 사람들이 로마 교회와의 대결에서 패배한 뒤 막달라 마리아는 예수와의 사이에서 딸을 낳고 프랑스로 가서 살았는데, 그 딸에게서 프랑스를 지배하던 메로빙가 왕조(447-750)가 나왔다는 것입니다. 이러한 모든 비밀을, 예루살렘 교회의 전통을 이은 시온 수도회가 간직하고 있다는 것이지요. 여기에 반해, 가톨릭 안에는 오푸스데이(神의 使役)라고 하는 비밀결사단체가 있어서 시온 수도회와 정면으로 대결을 합니다.

이 소설에는 탐정소설처럼 긴박한 흥미가 있습니다. 현대의 암호 해독학, 기호학, 유럽의 유명한 박물관과 미술품과 오래된 교회 등에 관한 정보가 풍부합니다. 기독교의 여성 전승을 지닌 시온 수도회와 기독교에서 여성 전통을 억누르고 남자의 종교로 만들어 버린 가톨릭 교회의 역사에 관한 관심이 흥미있게 전개됩니다. 이 소설은 실명이 많이 등장해 어디까지가 픽션이고 어디까지가 논픽션인지 구분하기가 어렵습니다. 사실에 입각한 진술도 많지요. 1099

년에 설립된 유럽의 비밀단체, 시온 수도회는 실제로 존재하는 조직이라고 합니다. 아이작 뉴턴, 보티첼리, 빅토르 위고, 레오나르도 다 빈치를 포함한 수많은 이들이 이 시온 수도회의 회원이었다는 것도 사실이고요. 오푸스데이 역시 아주 독실한 가톨릭의 한 분파라고 합니다. 이 소설에 나오는 예술작품과 건물, 자료, 비밀 종교의식들에 대한 모든 묘사는 사실 그대로의 묘사입니다.

그런데 우리는 여기에서 콘스탄티누스 대제에 대해 좀 알 필요가 있을 것 같습니다. 그는 기독교를 로마의 종교로 만든 최초의 기독교 황제였습니다. 교회사를 볼 것 같으면 그가 통치할 때 그의 주도 아래에서 교회의 중요한 교리가 결정됩니다. 서기 325년 그는 니케아에서 최초의 기독교 공의회를 열었는데, 거기에서 예수와 하나님과 성령이 모두 한 하나님이라는 삼위일체(三位一體) 교리가 만들어집니다. 예수의 신성(神性)이 확정된 것이지요. 이때 예수의 인간적인 측면 곧 인성(人性)을 강조하던 아리우스 파는 이단으로 정죄됩니다. 이 공의회에서는 또한 부활절 날짜를 춘분 첫 번째 보름달 다음의 일요일로 정하고, 신약성서 27권도 확정했다고 합니다.

문제는 『다빈치 코드』가, 콘스탄티누스 대제가 기독교를 로마의 국교로 만든 것을 신앙심의 발로이기보다는 정치적 야망을 실현시키기 위한 욕망에서 비롯된 것으로 보는 것입니다. 콘스탄티누스 대제가 당시 로마의 종교였던 태양숭배, 역시 태양숭배의 일종인 미트라 교, 그리고 기독교를 혼합하여 가톨릭 교회 곧 보편적인 종교, 혼성종교를 만들고, 자신이 그 위에 구세주로 군림했다는 것이지요. 댄 브라운은 콘스탄티누스 대제가 심지어 자기의 종교정책에 반하는 기록들은 파괴하고, 신약성경을 다시 쓰게 하는 등 역사 왜곡을 자행했다고 주장합니다. 예수는 메시아로서 실패하였고, 콘스탄티누스 자신이 종교를 통합하고 로마 제국을 통일한 진정한 구세주라는 생각을 했다는 것입니다. 이때부터 기독교를 창시한 사람은 1세기의 예수가 아니라 4세기의 콘스탄티누스가 되어버렸습니다.

댄 브라운에 따르면, 신약성경은 콘스탄티누스의 영향 아래서 다시 쓰였습니다. 다신 쓰인 신약성경은 예수에게서 인간적인 요소를 제거하여 예수를 신으로 격상시켰고, 예수의 인간적인 가계 곧 그의 가족, 그의 후손 등에 관한 기록조차 다 말살시켰습니다.

그러나 댄 브라운의 주장과 달리 콘스탄티누스의 영향 아래 있던 정경은 물론이려니와, 콘스탄티누스 대제의 영향권 밖에 있던 외경(外經)이나 위경(僞經)[6]은 예수의 막달라 마리아와의 결혼을 말하거나 예수의 아들이나 딸의 출산 가능성에 관한 어떤 가계(家系)도 말하지 않습니다. 다만 낙함마디에서 발견된 『빌립보 복음서』는 예수와 막달라 마리아가 동반자였다고, 서로 입을 맞출 정도로 가까웠다고, 그래서 제자들의 불만이 있었다고 기록하고 있습니다.

콘스탄티누스 대제 이전에 그의 영향력 바깥에서 기록되고 보존되어 온 사본들 중에 이집트에서 발굴된 기원후 2세기와 3세기의 파피루스 단편 사본들이 있는데, 이들 사본 역시 4세기 이후의 사본이 콘스탄티누스 대제에 의해 왜곡되거나 훼손되었을 것이라는 가능성을 배제하고 있습니다.[7]

신약성경 그리스 어 사본만 하더라도 5,500여 개에 이릅니다. "우리 중에 이루어진 사실에 대하여 처음부터 목격자와 말씀의 일꾼 된 자들이 전하여 준 그대로 내력을 저술하려고 붓을 든 사람이 많은지라"(눅 1:1-2)는 말은 참으로 옳습니다. 이 사본들은 서로 완전히 일치하는 것이 없을 만큼 약간씩의 차이를 보입니다. 그러나 그 차이는 왕권이 본문을 날조하거나 변조해서 생긴 것이 아니라 복사 과정에서 흔히 일어날 수 있는, 인간적인 실수로 생긴 것이 대부분입니다. 물론 그 가운데는 그 기원을 밝히기 어려운 이문(異文)도 있습니다. 그러나 최근의 신약성경 본문비평학은 이들 사본들을 비교, 검토하면서 원문에 가까운 본문을 회복하였습니다. 성경 사본 연구 결과가 밝히는 바에 따르면, 사본상의 이문은 필사 과정에서 생긴 것으로서 그 원인들이 속속들이 밝혀지고 있습니다.

콘스탄티누스 대제 이전에 쓰인 파피루스 단편의 내용과 4세기 이후의 대문자 사본 그리고 9세기 이후의 소문자 사본 사이에는 역사가 왜곡되었다고 말할 만큼 그 내용상 심각한 차이가 나타나지 않는다는 점에 유념할 필요가 있습니다. 지난 200여 년 동안 과학적으로 이루어진 성경의 사본 연구, 본문 연구는 신약성경의 본문 전승이 정확하다는 것을 밝혀줍니다. 아무런 검증도 받지 않은 전설이나 자료들이 이것을 뒤집지는 못합니다. 성경 본문이 정확하게 전승되어 왔다는 것은 구약의 경우 사해사본 연구에서도 이미 확인된 것입니다. 말씀은 인간적 오류에도 불구하고 정확하게 전달되어 왔습니다. 따라서 콘스탄티누스 시절에 신약 사본들이 새로 쓰였다거나 기존의 신약성경 내용을 고의적으로 훼손했다거나 하는 일은 없었다고 결론을 내릴 수 있습니다. 복사 과정에서 생긴 오류는 본문비평의 결과로 많이 바로잡혔습니다. 그리고 우리는 바로 그 회복된 본문을 우리말로 번역한 것입니다.

막달라 마리아와 예수의 결혼설, 막달라 마리아의 임신설, 예수의 십자가 처형 사건 이후 막달라 마리아가 아리마대 요셉의 인도로 예수의 어머니 마리아와 함께 이집트의 알렉산드리아로 피신했고, 거기에서 딸을 낳아 딸과 함께 프랑스로 갔고, 메로빙가 왕조를 만들고 하는 이야기는 순전히 전설에 근거한 것이고, 사건이 발생한 지 2,000년이 지난 후에 마가렛 스타버드가 그의 책 『성배와 잃어버린 장미』에서 구체화시킨 상상에 지나지 않습니다. 그리고 댄 브라운은 이 책에 근거하여 막달라 마리아가 예수의 아내였다고 한 것입니다. 소설에선 무슨 말인들 못하겠습니까?

역사적 교회는 신학적 작업을 거쳐 많은 문헌 중에서 진위를 가려 정경을 만들었으며, 필사본의 오류를 바로잡으면서 우리에게 올바른 신약성경을 전해주고 있습니다.

주

1) Dan Brown, *The Da Vinci Code* (Corgi Books, 2003).
2) 댄 브라운 지음, 양선아 옮김, 『다빈치 코드』 (1) (2) (베텔스만 코리아, 2004).
3) 시몬 콕스 지음, 이주영 옮김, 『다빈치 코드의 진실－사전편』(예문, 2004) (*Cracking The Da Vinci Code* by Simon Cox, Michael O'Mara Books Limited, 2004); 마틴 룬 지음, 이주영 옮김, 『다빈치 코드의 진실－해설편』(예문, 2004) (*Da Vinci Code Decoded* by Martin Lunn, The Disinformation Company Ltd., 2004); 마가렛 스타버드 지음, 임경아 옮김, 『성배와 잃어버린 장미』(루비박스, 2004) (*The Woman With The Alabaster Jar* by Margaret Starbird, Inner Traditions, Beear & Company, 1993).
4) 바울 서신: 로마서, 고린도전서, 고린도후서, 갈라디아서, 에베소서, 빌립보서, 골로새서, 데살로니가전서, 데살로니가후서, 디모데전서, 디모데후서, 디도서, 빌레몬서, 히브리서.
5) 신약의 복음서: 마태복음서, 마가복음서, 누가복음서, 요한복음서. 이 밖에 신약에 들어 있는 책으로는 공동서신: 야고보서, 베드로전서, 베드로후서, 요한1서, 요한2서, 요한3서, 유다서, 기타: 사도행전, 요한계시록.
6) 신약의 외경 목록: 야고보복음서, 도마복음서, 예수 유아기에 관한 아르메니아복음서, 이집트인복음서, 베드로복음서, 니고데모복음서, 안드레행전, 도마행전, 빌립행전, 안드레와 맛디아행전, 요한행전, 바울행전, 베드로행전, 라오디게아인에게 보내는 바울의 편지, 제3고린도서 등.
7) Nestle-Aland, *NOVUM TESTAMENTUM GRAECE,* 27판 8쇄(2001)에 보면 모두 116개의 파피루스 조각 사본들이 소개되어 있다. 이중 파피루스 조각 사본들 중에서 P^{52}(복음서 조각), P^{90}(복음서 조각), P^{98}(요한계시록 조각), P^{104}(복음서 조각) 등은 기원후 2세기 사본이다. 파피루스 사본들 중에서 P^{1}(복음서 조각), P^{4}(복음서 조각), P^{5}(복음서 조각), P^{9}(공동서신 조각), P^{12}(바울서신 조각), P^{15}(바울서신 조각), P^{20}(공동서신 조각), P^{22}(복음서 조각), P^{23}(공동서신 조각), P^{27}(바울서신 조각), P^{28}(복음서 조각), P^{29}(사도행전 조각), P^{30}(바울서신 조각), P^{39}(복음서 조각), P^{40}(바울서신 조각), P^{45}(복음서와 사도행전), P^{46}(바울서신), P^{47}(요한계시록), P^{48}(사도행전 조각), P^{49}(바울서신 조각), P^{53}(복음서 조각, 사도행전 조각), P^{64}(복음서 조각), P^{65}(바울서신 조각), P^{66}(복음서), P^{69}(복음서 조각), P^{70}(복음서 조각), P^{75}(복음서), P^{77}(복음서 조각), P^{80}(복음서 조각), P^{87}(바울서신 조각), P^{91}(사도행전 조각), P^{95}(복음서 조각) 등은 기원후 3세기의 사본들이다.

제1부 》

말씀은 실천하라고 주어진 것이다

01

기묘자, 모사는 어떤 사람을 뜻하나요? ⟪ 이사야 9:6-7

민영진 목사님, 안녕하십니까?

지난 성탄 예배에서 교독문 57번을 읽었는데, 무슨 뜻인지 알 것 같으면서도, 도무지 이해가 되지 않습니다. 특히나 이사야 9:6-7 부분에서, '어깨에 정사를 메었다.'는 것이 무슨 말인지 모르겠습니다. '정사'란 말도 모르겠는데, 지금 갓 태어난 어린 아기가 어깨에 메는 정사는 또 무엇입니까? '기묘자'라는 말이 무엇인가 하고 국어사전을 찾아보았는데, 그런 말은 국어사전에는 나오지도 않더군요. '모사'는, 한때 '사기꾼' 같은 말을 좀 누그러뜨려 완곡하게 표현할 때 '모사꾼'이라고 한 것 같은데, 바로 그런 모사꾼을 가리키는 것인지요? 또 아기의 이름이 '전능하신 하나님'이라느니, '영존하시는 아버지'라느니, '평강의 왕'이라느니 하는 것은 말은 어렵지 않은데, 뜻이 너무 어마어마하여 제가 과연 잘 이해하고 있는 것인지 모르겠습니다. 이처럼 이해하기 힘든 번역이라면, 무엇인가 잘못된 것이 아닙니까? 어쨌든 이사야 9:6-7 단락 해설을 좀 부탁드립니다. 안녕히 계십시오. 새해 복 많이 받으십시오.

새문안교회 김궁금 장로

김궁금 장로님께

이 구절은 장로님에게만 어려운 구절이 아니라, 목회자에게도, 신학자에게도, 성서학자에게도, 그리고 성경 번역자에게도 해결이 쉽지 않은 구절입니다. 이 본문은 그 자체로 대단히 심오한 뜻을 가지고 있는 구절이기 때문입니다. 먼저 이사야의 본문을 인용해 보도록 하지요.

> 6 이는 한 아기가 우리에게 났고 한 아들을 우리에게 주신 바 되었는데 그 어깨
> 에는 정사를 메었고 그 이름은 기묘자라, 모사라, 전능하신 하나님이라, 영존하
> 시는 아버지라, 평강의 왕이라 할 것임이라 7 그 정사와 평강의 더함이 무궁하며
> 또 다윗의 위에 앉아서 그 나라를 굳게 세우고 자금 이후 영원토록 공평과 정의
> 로 그것을 보존하실 것이라 만군의 여호와의 열심이 이를 이루시리라 –『개역한
> 글판』 사 9:6-7

본문에 나오는 "어깨에는 정사를 메었고"에서 '정사'라는 말을 국어사전에서 찾아보면, 무려 스무 개가 넘는 올림말이 올라와 있는 것을 볼 수 있습니다. 그중 본문의 것은 열 번째에 나와 있는 '정사'(政事)입니다. 정치 '정'(政) 자에 일 '사'(事) 자를 쓴 것으로 정사란 '정치상의 일' 곧 정치(政治)라고 할 수 있습니다. 그런데 정치를 어깨에 메었다는 표현은 우리말에서 흔한 표현은 아니기 때문에 이해하기 힘들 수 있습니다. "중책(重責)을 짊어지다."라는 표현을 상기하시면 이 말을 조금 더 잘 이해할 수 있으리라고 생각합니다. 그 아기는 정치가로 혹은 통치자로 태어났다는 말입니다. 장차 그 아기가 통치자가 될 것이라는 말이지요.

'기묘자'는 아예 사전에도 없는 말이기는 하지만, '기묘'(奇妙)는 문자 그대로 기이할 '기'(奇) 자에 묘할 '묘'(妙) 자를 쓴 것이니까, '기이하고 묘한 것'입니다. 그러니까 '기묘자'란 '기이하고 묘한 사람'이라고 할 수 있겠지요. '모사'(謀

士) 역시 올림말이 아홉 개나 나오는데, 본문의 것은 여덟 번째에 나오는 '모사'입니다. 꾀할 '모'(謀) 자에 선비 '사'(士) 자를 쓴 것으로 "일을 꾀하여 처리하는 능력이 있는 사람"을 일컫는 것입니다.

그런데 참으로 기이하고 묘한 것은, 여기에 사용된 표현이나 용어의 뜻보다는, 바로 우리의 구세주로 오시는 그분이, 무엇보다도 '어린 아기'의 모습으로 오시어서 사람이 성장하는 절차를 그대로 밟아서, 우리처럼 살아가는 사람으로 오셨다는 것이 아니겠습니까? 갓 태어난 어린 아기, 산부인과의 간호사가 받아들고 보여주는 갓난아기는 완전히 무방비 상태로 세상에 노출된 생명입니다. 어머니나 어머니의 역할을 하는 사람의 오랜 보살핌과 양육이 없이는 제대로 성장하지도 못하는 나약한 존재, 의존적인 존재인 것이지요. 구세주께서는 그런 아기의 모습으로 우리에게 오셔서, 아이들이 자라듯 그렇게 어머니의 품에서 자라나신 분입니다. 우리가 아기를 존귀하게 여기는 까닭 중 하나는 우리 주님께서 아기 됨을 경험하셨기 때문이고, 우리가 어머니를 존귀하게 여기는 까닭 중 하나도 우리 주님이 어머니에게서 태어나셨기 때문이 아니겠습니까!

또 그의 이름이 한두 가지도 아닌, 네다섯 개나 되는데, 그 이름들마저도 보통 작명 과정에서

아기 예수상. 프라하의 '승리의 마리아 가르멜 수도원'에 소장되어 있습니다.

나오는 이름들이 아닙니다. 그것들은 '기묘자'(奇妙者, the Wonderful), '모사'(謀士, the Counsellor), '전능하신 하나님'(Mighty God), '영존하시는 아버지'(Eternal Father), '평화의 왕'(Prince of Peace) 등입니다.

그러나 이 이름들이, 어디 사람에게 붙을 수 있는 이름입니까? 더욱이 여인의 태를 통하여 '사람의 아들'로 태어난 그 아기의 이름이 '하나님'이라니요? 이제 막 태어난 갓난아기의 이름이 '영존하시는 아버지'라니요? 왕궁에서 나기는커녕, 오히려 가축의 구유에서 태어난 평민의 아들이 '평화의 왕'이라니요? 구약에서 이름은 그 이름을 가진 이의 본질을 규정한다고 합니다. 그러기에 어머니에게서 태어난 주님은 아기이고, 아버지이고, 왕이고, 하나님입니다.

구세주로 오시는 아기를 단순히 '하나님의 아들'이라고만 하지 않고, '하나님 자신'이라고 말하는 점에서는 이사야뿐만 아니라 신약의 요한복음서도 대단히 자극적이며 도발적입니다. 예를 들자면, 다음과 같은 구절이 있습니다.

> 일찍이, 하나님을 본 사람이 아무도 없다. 아버지의 품속에 계신 외아들이신 하나님께서 하나님을 알려주셨다. -『새번역』 요 1:18

> 도마가 예수께 대답하기를 "나의 주님, 나의 하나님!" 하니 -『새번역』 요 20:28

> 하나님의 아들이 오셔서, 그 참되신 분을 알 수 있도록, 우리에게 이해력을 주신 것을 우리는 압니다. 우리는 그 참되신 분 곧 하나님의 아들 예수 그리스도 안에 있습니다. 이 분이 참 하나님이시요, 영원한 생명이십니다. -『새번역』 요일 5:20

우리가 이사야 9:6-7의 이 어마어마한 본문의 뜻을 한꺼번에 다 이해할 수는 없을 것입니다. 다만 우리가 믿는 예수 그리스도라는 분이 어떤 분인가를 우리의 생애 동안 계속하여 묵상하자는 뜻에서 이 본문의 말씀을 소개합니다. 이 말씀의 주인공이신 그리스도, 그가 누구이신지요? 그가 누구이기에 우리는 평생 그에게 붙잡혀 있는 것인지요? 그가 누구이기에 우리의 평생을, 아니 우리가 죽은 뒤에도 영원히 우리와 관계를 맺으시는 것인지요?

02

예수님은 왜 죄 없는 무화과나무를 저주하셨나요?

《 마가복음 11:12-25

민영진 목사님

궁금한 것이 있어 이렇게 질문드립니다. 마가복음 11장에 보면 예수께서 무화과나무를 저주하시는 장면이 나오는데, 제가 보기엔 무화과나무가 별 잘못이 없는 것 같아요. 죄도 없는 무화과나무를 왜 저주하시는 것일까요? '무화과의 때'도 아닌데, 열매가 없다고 하여 저주하시는 것은 너무 가혹한 것 아닌지요?

목동에 사는 김은수 올림

김은수 님 반갑습니다. 성경에는 가끔 우리가 이해하기 힘든 이야기들이 기록돼 있는 것이 사실입니다. 김은수 님이 제기한 문제도 그런 것 중 하나인지 모르겠습니다. 이야기를 같이 한번 살펴볼까요? 마가복음서의 본문을 먼저 보도록 하겠습니다.

> **12** 이튿날 그들이 베다니에서 나왔을 때에 예수께서 시장하신지라 **13** 멀리서 잎
> 사귀 있는 한 무화과나무를 보시고 혹 그 나무에 무엇이 있을까 하여 가셨더니
> 가서 보신즉 잎사귀 외에 아무것도 없더라 이는 무화과 때가 아님이라 **14** 예수께
> 서 나무에게 말씀하여 이르시되 이제부터 영원토록 사람이 네게서 열매를 따 먹
> 지 못하리라 하시니 제자들이 이를 듣더라 — 『개역개정판』 막 11:12-14

그런데 이 이야기는 마태복음서에도 나옵니다. 먼저 마태의 이야기를 함께 보시지요. 예수님은 배가 고프셨나 봅니다. 지나가시다가 마침 잎이 무성한 무화과나무를 보고 무화과를 따서 드시려고 가까이 가서 무화과를 찾으시는데, 정작 기대하셨던 과일이 없었습니다. 그래서 예수께서는 잎사귀만 무성한 그 무화과나무를 향해 "이제부터 너는 영원히 열매를 맺지 못할 것이다!"하고 말씀하십니다.(『새번역』 마 21:19) 그러자 그 무화과나무가 곧 말라버리고 맙니다.(마 21:19) 이 광경을 본 제자들이 "무화과나무가 곧 말라버리는 것"이 이상하여 그 까닭을 예수께 여쭈어 봅니다.(마 21:20) 우리 같으면 무화과나무를 왜 저주하시냐고 여쭈어 보았을 법한데, 제자들은 무화과나무가 금방 말라버리는 것만이 이상했던 것 같습니다. 그랬더니 예수께서 말씀하십니다.

> **21** … 진실로 너희에게 이르노니 만일 너희가 믿음이 있고 의심하지 아니하면 이
> 무화과나무에게 된 이런 일만 할 뿐 아니라 이 산더러 들려 바다에 던져지라 하
> 여도 될 것이요 **22** 너희가 기도할 때에 무엇이든지 믿고 구하는 것은 다 받으리

라 하시니라 – 『개역개정판』 마 21:21-22

제자들의 관심은 무화과나무 자체에 있지 않았습니다. 무성한 잎의 무화과나무가 예수님의 말 한마디에 말라버리는 것, 바로 그러한 능력에 제자들은 관심을 보였습니다. 그리고 예수께서도 의심하지 않고 믿기만 한다면 이 정도뿐만 아니라 산을 뽑아 바다에 던질 수도 있다고 대답하십니다. 이까짓 것 나무 하나 말라버리는 것을 보고 뭘 그리 신기해 하느냐고 하시는 것 같습니다.

이제 마가복음서를 살펴볼까요? 마가복음서의 이야기가 마태복음서와 다른 것은, 마가복음서의 기자는 예수께서 그 잎이 무성한 무화과나무를 저주하신 때가 아직 무화과가 열릴 철이 아니었다고 한다는 것입니다. 마가복음서 기자는 무화과나무에 무화과가 달리지 않은 것은 무화과나무에 이상이 있어서가 아니라, 다만 아직 무화과가 열릴 철이 되지 않았기 때문이라고 설명합니다.

그런데 그 다음날 예수님과 제자들이 같은 장소를 지나가다 보니까, 어제까지도 잎이 무성하던 무화과나무가 말라버린 것이지요. 베드로가 보니 바로 어제 아침의 그 나무였습니다. 그래서 베드로는 선생님께서 저주하신 무화과나무가 말랐다고 말하자, 예수께서는 제자들에게 "하나님을 믿으라"(막 11:22)고, "누구든지 이 산더러 들리어 바다에 던져지라 하면 그 말하는 것이 이루어질 줄 믿고 마음에 의심하지 아니하면 그대로 되리라"(막 11:23)고, "무엇이든지 기도하고 구하는 것은 받은 줄로 믿으라 그리하면 너희에게 그대로 되리라"(막 11:24)고, 그리고 "서서 기도할 때에 아무에게나 혐의가 있거든 용서하라 그리하여야 하늘에 계신 너희 아버지께서도 너희 허물을 사하여 주시리라"(막 11:25)고 말씀하십니다. '믿음'과 '용서'에 대하여 말씀하신 것입니다.

예수님과 함께 예루살렘을 드나들던 제자들의 관심과, 오늘날 그런 기록을

읽는 우리의 관심은 사뭇 다릅니다. 마태복음서에 기록된 대로 예수님의 저주의 말이 떨어지자마자 곧바로 그 무화과나무가 말라버렸든, 마가복음서에 기록된 대로 그것이 그 다음날 말라버린 것이 확인되었든 간에, 시간의 차이가 있기는 하지만, 제자들의 관심은 잎이 무성하던 무화과나무가 저주를 받고 말라버린 것에 있었습니다.

그러나 우리의 관심은 어디에 있습니까? 특히 마가복음서에 기록되어 있듯이 "… 한 무화과나무를 보시고 혹 그 나무에 무엇이 있을까 하여 가셨더니 가서 보신즉 잎사귀 외에 아무것도 없더라 이는 무화과의 때가 아님이라"(막 11:13)는 기록을 읽는 우리의 관심은 무엇입니까?

첫째는, 예수께서 무화과가 과실을 내는 철을

무화과나무 열매. 표면은 거칠고 뒷면에는 털이 있으며 상처를 내면 흰 젖 같은 유액이 나옵니다. 봄부터 여름에 걸쳐 잎겨드랑이에 열매 같은 꽃이삭이 달리고 안에 작은 꽃이 많이 달려 있습니다. 겉에서 꽃이 보이지 않으므로 무화과나무라고 부르지요. 열매는 달걀을 거꾸로 세운 모양이고 길이 5-8cm로서 8-10월에 검은 자주색 또는 황록색으로 익으며 날것으로 먹거나 잼을 만들어 먹습니다.

모르시지 않았는가 하는 것입니다. 아직은 무화과 열매가 달리기 전, 먼저 잎사귀부터 나서 점차 무성해져야 하는데, 그리고 아직은 아무도 무화과나무에서 그 열매를 기대하지 않는 철인데, 바로 그런 때에 예수께서는 무화과를 딸 수 있을까 기대하시면서 그 무성한 잎을 헤쳐보신 것입니다.

둘째는, 이 문제를 제기하신 김은수 님의 관심과 마찬가지로 왜 아무런 잘못도 없이 잘 자라고 있는 무화과나무를 저주하시느냐 하는 것입니다. 아직 열매 맺힐 철이 아니어서 열매가 없는 것뿐인데, 따라서 그 무화과나무가 저주를 받아야 할 아무런 까닭이 없는데, 그럼에도 불구하고 예수께서 그 나무를 열매가 없다고 저주하셨으니 우리로서는 예수님의 행동과 저주가 도저히 이해가 안 되는 것입니다.

셋째는, 제자들의 태도입니다. 제자들은 왜 예수께 우리처럼 이런 궁금한 것, 곧 아무런 잘못도 없는 무화과나무를 저주하시느냐고 여쭙지 않고, 기껏 잎이 무성하게 살아 있던 나무가 어떻게 그렇게 마르게 되었는지, 그것만을 문제삼았느냐 하는 것입니다.

넷째는, 예수님의 태도입니다. 의심하지 말고 믿고 기도할 것, 남을 용서하고 자신도 하나님께 용서를 받을 것, 그러면 이런 놀라운 기적을 베풀 수 있다는 것, 이런 것들을 가르치시려고 멀쩡한 무화과나무를 말라서 죽게 하셨다는 말인가요?

불행하게도 김은수 님이 제기하셨고 또 우리가 고민하는 그런 문제에 대한 속 시원한 대답은 없습니다! 마가복음서에 "이는 무화과의 때가 아님이라"(막 11:13)는 말만 없었어도 우리는 이 문제를 가지고 고심하지 않을지도 모르지요. 열매를 맺어야 할 철에 열매는 안 맺고 잎사귀만 무성한 과일나무라면, 그 나무가 저주받는다는 것은 양해될 수 있기 때문입니다. 이 문구만 없었어도 예수님이 무화과 철도 모르시는 분이었는가 하는 우리의 의심이 생기지 않았을 것입니다.

주석서들은 이 문제를 어떻게 처리하고 있을까요? 예루살렘 주변의 무화과나무는 일반적으로 3-4월에 잎이 돋기 시작하고, 열매를 맺는 것은 잎이 무성하게 자라는 6월경이라고 합니다. 따라서 무화과 철도 아닌 유월절 기간(3-4월)에 잎이 무성한 한 무화과나무가 있었다는 것 자체가 대단히 예외적입니다. 마가복음서 기자가 무화과의 철이 아니었다고 말하는 것은, 잎이 무성할 철도 아니라는 말이겠지요. 잎이 무성하면 열매를 맺고 있어야 하기 때문입니다. 잎이 무성할 철이 아님에도 불구하고 잎이 무성했다면, 보는 이가 무화과 열매를 기대하는 것은 당연합니다. 그런데 저주를 받은 그 나무는 잎만 무성했지 열매가 없었습니다. 이 이야기의 초점은 내실이 없이 거품만 있는 당시의 이스라엘, 구체적으로는 이스라엘 민족 지도자들이 어떻게 될 것인지를 비유적으로 말씀하신 것입니다.

확대된 해석

성경의 독자들에게 마가복음서의 본문(막 11:12-26)을 마가복음서 자체의 맥락에서 읽으라고 권하고 싶습니다. 마가복음 11:20-22는, 무화과나무의 교훈이 무엇인지를 말해주고 있습니다. 예수님의 무화과나무 저주(막 11:12-14)는 하나의 '사건'입니다. 산을 옮길 만한 능력에 대한 약속(막 11:20-26)은 '선언'입니다. 이 '사건'과 '선언'의 맥락이 중요합니다.

예수님과 제자들은 예루살렘으로 들어가고 있었습니다. 예수께서는 예루살렘에서 곧바로 처형을 받아 죽게 됩니다.(막 15장) 예수께서 무화과나무에 접근하셨을 때, 예수께서는 그 무화과나무를 하나의 실례로 그리고 하나의 경고로 사용하셨던 것입니다. 곧 하나님 나라가 오시는 것을 반대하는 자들에게 궁극적으로 어떤 일이 미칠지를 경고하시는 실례로 무화과나무를 사용하셨다는 것이지요. 여기에서 하나님 나라의 도래를 반대하는 자들이란 예수님

당시의 유대교 지도자들과 같은 이들입니다. 그들은 유익한 열매를 맺지도 못하고, 자신들의 특권을 잘못 사용하고 있었습니다.(막 11:12-18)

무화과나무를 저주하신 것은 예수님의 사려 없는 행위가 아닙니다. 그것은 제자들을 가르치기 위한 예수님의 교육 방법 가운데 하나입니다. 제자들은 이제 곧 혼란에 빠지게 될 것인데, 그래서 일련의 사건들이 그들을 위협하게 될 것인데, 아마도 그때가 되면, 제자들은 무화과나무에 대한 저주 사건을 회상할 것이고, 이것이 그들에게 어떤 도움이 될 것입니다.

기도를 통하여 산을 뽑아 바다로 옮길 수 있다고 하신 예수님의 말씀은 용서의 능력과 관계된 것입니다.(막 11:25) 예수께서는 기적을 일으키는 것과 같은 신비한 능력을 사적인 욕망을 채우기 위해 마음대로 사용한 것이 아닙니다. 예수께서는 결코 거짓 희망(배가 고프다고 하여 과일나무가 과일 맺지 않은 것을 저주하는 것과 같은)을 과시하려고 하신 것이 아닙니다. 오히려 예수께서는 하늘과 땅을 움직일 수 있는 다른 능력, 곧 '원수를 향한 자비'의 능력이 지니는 중요함에 대하여 말씀하고 계신 것입니다.

03

'손을 거두고 자기 살을 먹는다.' 는 것은 무슨 뜻인가요?

《《 전도서 4:5-6

민영진 목사님

전도서 4:5에서 '손을 거두고 자기 살을 먹는다.'는 것이 무슨 뜻인가요? 좋은 뜻인가요? 아니면 나쁜 뜻인가요? 우매자는 분명 나쁜 것이지요? 어리석은 사람을 가리키지요? 손을 거둔다는 것은 게으르게 살아간다는 것인가요? 이 말씀이 게으르게 살면 안 된다고 권면하는 것인지 아닌지 잘 모르겠어요, 가르쳐주세요. 게을러도 된다는 말인지, 게을러서는 안 된다는 말인지요?

게으름뱅이 올림

게으름뱅이 님

전도서 4:5-6의 이해가 문제지요? 먼저 『개역한글판』과 『개역개정판』의 본문을 보겠습니다.

> 5 우매자는 손을 거두고 자기 살을 먹느니라 6 한 손에만 가득하고 평온함이 두 손에 가득하고 수고하며 바람을 잡으려는 것보다 나으니라 – 『개역한글판』

> 5 우매자는 팔짱을 끼고 있으면서 자기의 몸만 축내는도다 6 두 손에 가득하고 수고하며 바람을 잡는 것보다 한 손에만 가득하고 평온함이 더 나으니라 – 『개역개정판』

『개역한글판』의 표현이 조금 어렵지요? 우매한 자가 손을 거두고 자기 살을 먹는다는 것은, 어리석은 자는 열심히 일하여 먹을거리를 구하지 않고, 꼼짝하지 않으면서 제 몸의 살이나 뜯어먹고 앉아 있다는 말입니다. 잠언 6:9-11에 보면 게으름뱅이가 어떠한지를 잘 묘사한 구절이 있습니다.

> 9 게으른 자여 네가 어느 때까지 누워 있겠느냐 네가 어느 때에 잠이 깨어 일어나겠느냐 10 좀더 자자, 좀더 졸자, 손을 모으고 좀더 누워 있자 하면 11 네 빈궁이 강도같이 오며 네 곤핍이 군사같이 이르리라 – 『개역개정판』

게으름뱅이를 나무라는 말입니다. 잠언의 저자는 게으름을 철저히 비난합니다. 그러나 전도서의 저자 코헬렛은, 게으르다고 반드시 나쁜 것이 아니며, 부지런하다고 반드시 좋은 것만은 아니라는 사실에 착안합니다. 그래서 코헬렛은 사람이 게을러서 비록 조금밖에 벌지 못해도 심신이 평온하다면, 부지런하여 많이 버느라고 수고하며 고생하는 것보다 낫다고 주장하는 것이지요. 전도서 4:5는 게으른 자를 비웃는 속담인데, 코헬렛이 이 말을 인용한 것은 게으름을 비난하기 위해서가 아니라 헛된 부지런함을 경계하기 위해서입니다. 말하자면 5절은 인용구인 셈이지요. 『개역한글판』의 번역에서 5절이 인용으로 보이지 않아 이 구절을 이해하는 데 다소 어려움이 있으셨을 것입니다. 그래서 주석이나 번역 성경들 가운데서는 5절을 인용구로 이해하여, 5-6절을 다음과 같이 번역하기도 합니다.

> 5 속담에 이르기를 '우매자는 손을 거두고 자기 살을 먹는다'고 말하지만, 6 내 생
> 각에는 차라리 한 손에만 가득하고 평온함이 두 손에 가득하고 수고하며 바람을
> 잡으려는 것보다 낫다.

『새번역』은 우리말 표현 기법을 살려 이 구절이 인용문임을 알 수 있도록 따옴표 표시를 하였습니다. 즉 이 구절을 다음과 같이 번역함으로써 문제를 해결하려고 하였습니다.

> 5 "어리석은 사람은 팔짱을 끼고 앉아서, 제 몸만 축낸다"고 하지만, 6 적게 가지
> 고 편안한 것이, 많이 가지려고 수고하며 바람을 잡는 것보다 낫다.

코헬렛의 관찰과 주장은 게으름을 부리는 것이 무조건 비난받을 것만이 아니고, 근면하다고 하여 다 칭찬받을 일도 아님을 말하고 있습니다. 예루살렘을 방문하는 순례자들이, 그늘에 앉아서 줄담배만 빨고 있는 아랍인 남자들을 보고 게으르다고 비난하는 것은 그렇게 틀린 진술이 아닙니다. 또한 산을 허물고 땅의 가슴에 쇠기둥을 박고 사막을 개간하는 유대인들이 자연환경을 파괴하고 있다고 비난하는 것 역시 틀린 진술만은 아닙니다.

지금 우리나라에서는 노동자가 한 주간에 닷새만 일하는 주 5일 근무제를

부분적으로 실시하고 있습니다. 법정 노동 시간인 44시간을 40시간으로 줄이고, 월요일에서 금요일까지만 일하고, 토요일과 일요일은 쉬자는 것이지요. 사용자 쪽에서는 국내의 경기 회복과 국가 경쟁력을 우선적으로 고려하여, 이 제도를 실시하는 것이 시기상조라고 말합니다. 노동자 쪽에서는 삶의 질을 향상하고 노동력을 증강하기 위하여 당장 전폭적으로 실시할 것을 주장합니다. 그런데 여기서 우리는 양쪽의 공통적인 관심사가 '노동력'임을 알 수 있습니다. 쉬지 않고 일하는 노동력의 효과를 말하는 것은 사용자 쪽이고, 쉬면서 노동력을 배가한다는 것은 노동자 쪽입니다. 사용자 쪽에서는 쉬면 생산이 줄어든다고 하고, 노동자 쪽에서는 쉬면 힘이 축적되어 더 효과적인 노동을 하게 되므로 생산이 줄어들기는커녕 오히려 늘어날 수 있다고 주장하는 것입니다.

코헬렛의 견해는 노사 어느 쪽과도 같지 않습니다. 생산을 줄여서라도 국민이 평온하게 살 수 있다면 그렇게 할 일이고, 생산을 늘리고 수출을 증대시켜도 국민이 수고하고 고생만 하는, 바람을 잡는 것 같은 일만 되풀이한다면, 결코 삶의 질이 더 나아지는 것이 아니라는 것입니다.

구약의 창세기에는 이것과는 좀 다른 견해도 있습니다. 구약의 '안식' 개념에서는, 휴식은 노동력 재생산을 위한 수단이 아닙니다. 휴식 그 자체가 '거룩하고' '복 받은' 시간이거든요. 창조 과정에서 성스러움을 맨 먼저 부여받은 것은 장소나 인물이 아니고 시간이잖아요. 시간 중에서도 노동 시간이 아니라 휴식 시간입니다. 창세기는 휴식의 이런 국면을 다음과 같이 진술하고 있습니다.

> 하나님이 그 일곱째 날을 복되게 하사 거룩하게 하셨으니 이는 하나님이 그 창조하시며 만드시던 모든 일을 마치시고 그 날에 안식하셨음이니라 –『개역개정판』 창 2:3

노동 시간은 속(俗)된 시간이지만, 휴식의 시간은 성(聖)스러운 시간입니다. 그러나 우리의 노사 어느 쪽에서도 이런 점을 고려하지는 않는 것 같아 안타깝습니다. 심지어 대형 교회 목회자들 가운데는 우리나라 노동계에서 주 5일 근무제를 실시하여 토요일과 일요일을 휴일로 정할 경우, 주일예배 참석 인원이 줄 것을 걱정하고, 거기에 따른 대책을 강구하고 있습니다. 예배의 중심이 주일 오전 11시에서 토요일 오전 예배로 바뀔 가능성도 고려하고 있다고 합니다. 교회마저도 안식의 중요성보다는 예배 인원의 증가에 더 관심을 쏟고 있는 셈이지요. 교인 확보와 주 1회 큰 예배를 중요하게 여기는 만큼, 노동자가 누려야 하는 휴식의 중요성도 같은 정도로 중요하게 여겨질 수 있기를 바랍니다.

04

불의한 재물로 친구를 사귀어도 되나요?

《 누가복음 16:1-9

민영진 목사님

도저히 이해할 수 없는 본문이 있습니다. 본문의 문장이나 구문이 어려워서가 아니라, 진술된 내용 자체를 용납할 수 없기 때문입니다.

> 8 주인은 그 불의한 청지기를 칭찬하였다. 그가 슬기롭게 대처하였기 때문이다.
> 이 세상의 자녀들이 자기네끼리 거래하는 데는 빛의 자녀들보다 더 슬기롭다.
> 9 그러므로 내가 너희에게 말한다. 불의한 재물로 친구를 사귀어라. 그래서 그
> 재물이 없어질 때에, 그들이 너희를 영원한 처소로 맞아들이게 하여라. ―『새번
> 역』 눅 16:8-9

이 말은 불의한 재물로 친구를 사귀어도 된다는 뜻입니까? 불의한 재물로 친구를 사귄다는 말이 '뇌물'과 다른 게 뭔가요?

열 받은 신자 드림

열 받은 신자 님

이 본문을 그렇게 이해하셨군요? 그렇다니, 열 받을 수밖에 없을 것입니다. 저도 요즘 뉴스에서 '뇌물'이나 '부정축재'에 관한 소식을 들으면 화가 나거든요. 우리 일단 본문을 살펴보도록 하지요.

여기 한 불의한 청지기가 있습니다. 그는 어떤 부자의 재산을 관리하고 있습니다. 그런데 어느 날, 그의 주인은 이 청지기가 자기의 재산을 낭비하고 있다는 말을 듣고 그를 해고하려고 합니다. 그러자 그 청지기는 직업을 잃은 다음을 염려하며 "땅을 파자니 힘이 없고, 빌어먹자니 부끄럽다."는 생각을 합니다. 그래서 그는 자기가 청지기의 자리에서 떨려날 때에, 자기를 괄시하지 못할 사람들을 미리 마련해야겠다고 생각하고, 자기 주인에게 빚진 사람들을 하나씩 불러다가 빚 문서를 내놓으라고 하면서, 기름 백 말 빚진 자에게는 쉰 말이라고 쓰게 하고, 밀 백 섬을 빚진 자에게는 여든 섬이라고 적게 합니다. 그런데 청지기의 그러한 행동을 본 주인은 그 불의한 청지기를 오히려 칭찬합니다. 그것은 청지기가 위기에서 아주 슬기롭게 대처하였기 때문이라는 것입니다.

이것은 예수께서 당신의 어리석은 제자들을 꾸짖으면서 말씀하신 비유입니다. 이 세상의 아들들은 자기네끼리 거래하는 데에서는, 예수님을 따르는 모든 사람 곧 '빛의 자녀들'보다 더 슬기롭다는 것입니다. 그러면서 제자들에게 "내가 너희에게 말한다. 불의한 재물로 친구를 사귀어라. 그래서 그 재물이 없어질 때에, 그들이 너희를 영원한 처소로 맞아들이게 하여라."고 말씀하십니다. 상황을 분명하게 파악하고 단호하게 대처하는 데에서, 빛의 자녀라고 하는 것들이 어둠의 자식들보다 못하다는 것입니다. 어둠의 자식은 자기가 평생 종사하던 청지기라고 하는 직업을 잃고 실직자로서 어려움을 당할 것에 대비하여 현명하게 대처하였습니다. 이제 빛의 자녀들은 하나님의 나라가 오는 현실에 직면하여 회개하고 단호하게 행동하여 미래를 준비해야 하는데, 상황

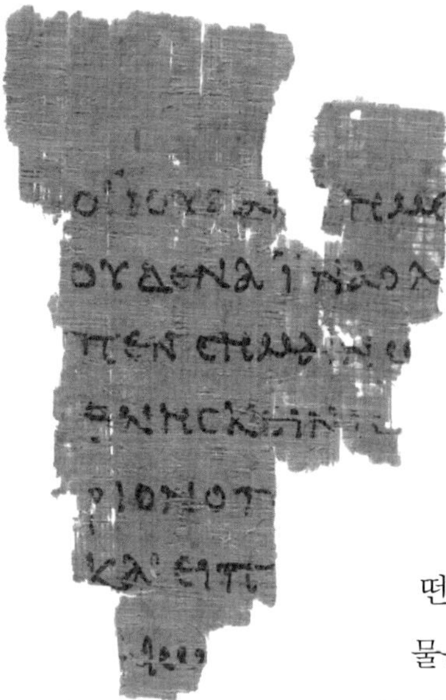

Tip

가장 오래된 신약성경 사본. 현존하는 그리스 어 신약성경 사본 가운데 가장 오래된 것은 120-150년 사이의 것으로 추정되는 요한복음서 사본입니다. 코덱스 형태의 책에서 떨어져 나온 낱장입니다. 안타깝게도 몇 절 들어 있지는 않아, '원문'을 재구성하는 데 크게 도움이 되지는 않지만, 이미 매우 초기부터 기독교 세계에서는 두루마리가 아닌 코덱스 형태의 책이 사용되었다는 것을 보여주는 귀중한 자료입니다.

인식이 둔하고 대처하는 능력도 떨어진다는 것이지요. 그래서 예수께서는 세상 사람들이 "빛의 아들보다 더 슬기롭다."고 하시면서 제자들에게는 "불의한 재물로 친구를 사귀어라. 그래서 그 재물이 없어질 때에, 그들이 너희를 영원한 처소로 맞아들이게 하여라."하고 말씀하신 것입니다.

우리가 공무원이거나 회사원이거나 어떤 직업에 종사하고 있다는 것은, 주인의 재물을 맡아서 관리하는 것과 직접 혹은 간접적인 관련을 맺고 있는 것입니다. 그런데 친구를 사귀는 일이라면, 주인의 재산을 축내도 좋다는 말입니까? 공금을 횡령해서라도 친구를 사귀라는 말인가요? 이것이 예수님이 말씀하시는 의도일까요?

예수께서는 지금 비유를 말씀하고 계십니다. 청지기의 비유는 약은 생각과 사기 행각을 본받으라는 것이 아니라, 하나님 나라의 몫이 약속된 사람들, 곧 '가난한 사람들'("너희 가난한 사람은 복이 있다. 하나님의 나라가 너희의 것이다."—눅 6:20) 가운데서 친구를 사귀라는 것입니다. 이들에게 절박하게 요구되는 것은 그들의 소유를 가난한 이들과 나누는 것입니다. 왜냐하면 이 가난한 사람들이야말로 예수님을 따르는 제자들과 빛의 자녀들로 하여금 하나님 나라에 들어갈 수 있도록 보증해 줄 사람들이기 때문입니다.

우리가 소유하고 있는 재물을 '불의한 재물'이라고 말하면, 우리의 심기가 좀 불편할 것입니다. 그렇다면 본문에서처럼 '없어질 것' 곧 '없어질 재물'이라고 불러보는 것은 어떨까요? 바로 이 '없어질 것'이 우리를 '파멸'로 몰고가기도 하고, 우리를 '구원'으로 이끌기도 한다는 그 사실이 중요하지 않겠습니까? 자신의 탐욕을 위해 불의하게 도적질하여 축재(蓄財)를 하면 망하지만, 불의한 재물, 없어질 재물을, 그 재물이 없어서, 혹은 그 재물 때문에 얽매여 있는 이웃에게 재분배한다면, 그가 스스로 재물 때문에 궁핍한 처지에 몰릴 때, 일찍이 그가 돌보았던 그 이웃이 그를 영접하고 끝내는 '영원한 처소'로 그를 안내한다는 것입니다.

그러고 보니, 우리가 소유하고 있는 '없어질 것'을 어떻게 쓰느냐 하는 것이 우리의 구원을 결정하는 관건인 셈입니다. 우리의 숭고한 구원이 이 한낱 '없어질 것'에 이렇게 긴밀하게 연관되어 있다니요! 우리가 잊고 있는 이웃에 대하여 관심을 가질 때, 그 이웃이 우리의 구원을 결정할 이들이라니요! 그들이 하나님께 우리를 구원해 주시라고 빌면 우리가 구원을 받고, 그들이 하나님 앞에서 우리를 정죄하면 우리가 정죄를 받게 되다니요!

05

주 5일 근무제는 십계명의 법을 어기는 것인가요?

《《 창세기 2:1-3, 출애굽기 31:14

민영진 목사님께

언젠가 모 일간지에 한국의 한 기독교단체를 대표하여 한 대형 교회 목사님이 주 5일 근무제를 반대한다고, 기독교는 그러한 제도에 대하여 영적 전쟁을 선포해야 한다고 입장을 발표한 일이 있습니다. 그 목사님은 주 5일 근무제를 반대하는 이유로 다음의 세 가지 이유를 들었습니다.

첫째, 주 5일 근무제는 십계명에 위배된다. 하나님의 계명 중에는 "엿새 동안 힘써 네 모든 일을 하고 이레 되는 날은 안식일인즉 그 날을 거룩히 지키라."고 했다. 둘째, 주 5일 근무제는 향락산업을 부추기고 소비를 크게 자극할 것이다. 셋째, 주 5일 근무제는 산업경쟁력 약화로 이어질 가능성이 높다.

저는 그리스도인이든 비그리스도인이든 이 문제에 대하여 찬반양론의 의견을 표명할 수 있다고 생각합니다. 그런데 주 5일 근무제를 반대한다고 하면서 십계명을 근거로 제시한 것이 옳은가요? 그리고 과연 그것이 십계명을 우리 삶에 잘 적용한 것인지를 여쭙고 싶습니다. 또 목사님의 사견도 듣고 싶습니다.

구로동에서 궁금해 올림

궁금해 님께

한 기독교 단체가 구체적인 정치적 현안에 대하여 기독교적 입장이라고 하면서 어느 한 입장을 지지하거나 거부한 것이 걱정스럽기는 저도 마찬가지입니다. 주 5일 근무냐 주 6일 근무냐 하는 것은, 신학적인 문제도 신앙적 결단의 문제도 아니기 때문입니다. 그것은 각 나라의 여건과 정책에 따라서 결정될 문제입니다.

전에도 주 5일 근무제에 대해 간단하게나마 설명드린 적이 있는데 오늘은 이 문제에 대해 좀더 자세히 살펴보지요. 궁금해 님이 말씀하신 대로 그리스도인 중에도 주 5일 근무제를 반대하거나 찬성하는 이들이 있을 수 있고, 비그리스도인들 중에도 거기에 관한 의견은 얼마든지 나눌 수 있을 것입니다. 그러나 국가의 정책 결정에 헌법을 들이대듯 십계명을 실정법처럼 거론하고 들이대는 것은 기독교로서는 지혜롭지 못한 선교 방법 같습니다.

달리 헌법이 없이 전통적인 법이나 구약의 법을 실정법처럼 여기는 이스라엘의 경우도 주 5일 근무제를 실시하고 있는데, 정통파 유대교나 기타 유관 단체에서 십계명을 들어 주 5일 근무제를 반대했다는 말은 들어보지 못했습니다.

차제에 저는, 우리 그리스도인들이 노동을 하기 위해 쉬는 것이 아니라 휴식을 하기 위해 노동을 한다고 하는 히브리 종교와 기독교의 인간 존중 개념에 귀를 기울일 필요가 있다고 생각합니다.

그리스적 사고에 길들여진 우리는 으레 작업 시간은 중요한 시간이라고 생각하면서도 쉬는 시간, 노는 시간은 별로 중요하지 않은 것처럼 생각하지요. 그러나 히브리적 사고에서는 모든 만물이 창조될 때 특별히 '거룩하게' 창조된 것 가운데 그 첫 번째 대상이 장소나 물건이나 사람이 아닌 '시간'이었고, 시간 중에서도 창조 활동이 진행되던 작업 시간이 아닌, 창조 활동이 중단된 쉬는 시간이었습니다. 이 '쉬는' 시간이 '복 받은' 시간이고, '거룩하게' 구별된 시간이 되는 것입니다. 따라서 쉬는 시간, 곧 휴식은 시간의 극치가 됩니다. 히브리 사상에서는 공간보다는 시간이 거룩하고, 시간 중에서도 일하는 시간보다 쉬는 시간이 더 거룩합니다.

> [1] 하나님은 하늘과 땅과 그 가운데 있는 모든 것을 다 이루셨다. [2] 하나님은 하시던 일을 엿샛날까지 다 마치시고, 이렛날에는 하시던 모든 일에서 손을 떼고 쉬셨다. [3] 이렛날에 하나님이 창조하시던 모든 일에서 손을 떼고 쉬셨으므로, 하나님은 그 날을 복되게 하시고 거룩하게 하셨다. –『표준새번역』 창 2:1-3

흔히 우리는 일하기 위해서 쉰다고 생각하지만, 성경의 통찰에 따르면 휴식하기 위해 노동한다고도 말할 수 있습니다. 노동은 예사로운 일상생활이지만, 휴식은 '하나님의 안식'에 초대되는 것이기 때문입니다. 휴식이 노동을 하기 위해 힘을 축적하는 수단으로 전락되어서는 안 되는 이유도 여기에 있습니다. 그것은 노동이 우리 인생의 목적이 아닌 것과 같습니다. 휴식은 삶 자체를 위한 시간이기에 '거룩하고,' '복된' 것입니다.

주 5일 근무제가 향락을 부추기고, 이로 인해 노동을 경시하는 풍조가 생길 것을 염려하는 것은 당연합니다. 그럴 가능성이 있으니까요. 그러나 끊임없는 이윤 추구와 휴식을 마다하는 탐욕도 향락만큼이나 문제라는 점을 유의하여야 합니다. 그런 의미에서 제도적 휴식은 인간의 끝없는 탐욕에 제동을 거는 장치이기도 합니다.

안식일을 지키는 유대인들이 안식일에 화폐를 사용하지 않는 것은, 단순히 경제 활동을 하지 않기 위함이 아니라, 화폐를 사용하지 않음으로써 이 세상에서 가장 큰 우상인 돈으로부터 독립을 다짐하며, 사람이 돈의 노예가 아니라는 것을 확인하기 위한 것이라고 합니다.

안식일 전 금요일에 유대인들은 일반적으로 각자 자기 집안일을 합니다.

아이들을 돌보거나 집안 청소를 하거나 밀린 가사를 돌봅니다. 그리고 토요일인 안식일은 철저하게 쉽니다. 안식일에는 전 국민이 집단적으로 일제히 쉬어 버립니다. 버스나 기차도 운행되지 않습니다. 버스로 교인을 회당으로 실어 나르는 일도 없습니다. 유대교인들은 걸어서 갈 수 있는 가까운 동네 회당에 다닙니다. 회당의 업무 처리를 위한 회의 같은 것도 일체 없습니다. 완전히 쉬는 것이지요.

정통파 유대교 주부들은 안식일에는 요리도, 취사 행위도 하지 않습니다. 금요일 해 지기 전까지, 토요일 곧 안식일에 먹을 모든 음식을 미리 준비해서 따뜻한 철판 위에 얹어 놓았다가 꺼내어 먹습니다. 전등을 켜거나 끄거나 하는 일도 하지 않습니다. 경건한 유대인들은 안식일에 유대인들에게 금지된 일, 곧 난방을 줄이거나 소등하는 일 등을 대신 해주는 이방 사람을 고용했는데, 이러한 사람들을 그들은 '샤바트 고이'(shabat goy)라고 부릅니다. '샤바트'는 '안식일'이라는 말이고 '고이'는 '이방인'이라는 말입니다. '샤바트 고이'는 유대인 집의 현관 열쇠를 맡아 가지고 있기 때문에 신임이 두터운 사람만이 할 수 있습니다. 중요한 점은 유대인들이 쉴 때는 이렇게 철저하게 쉰다는 사실입니다.

주 5일 근무제는 가정을 살리는 일에 공헌을 할 수도 있다고 생각합니다. 주 5일 근무제는 단순히 닷새는 일을 하고 이틀은 쉬자는 것이 아닙니다. 닷새를 직장에서 일했으면 이틀은 가정을 위해서 혹은 자신의 삶의 질을 향상시키기 위해서 쓸 수 있기 때문입니다.

노동자들이 주 5일 근무를 하게 되면, 바쁘게 놀러다니는 이들이 왜 안 생기겠습니까마는, 가정을 회복하는 일에 이틀을 쓰는 이들도 많이 생길 것입니다. 좋은 아빠와 좋은 엄마가 되는 일에 그 이틀을 활용할 수도 있겠지요. 노동 때문에 자녀 갖기를 주저하는 이들도 주 5일제 근무가 제도화하면 자녀를 낳아 키우는 일을 더 적극적으로 생각해 볼 수도 있을 것입니다.

그러나 주 5일 근무제가 실시되면 기존의 휴가 제도는 재조정될 필요가 있다고 봅니다. 주 5일 근무제의 실시로 산업 생산에 지장이 생긴다면 기존의 휴가 제도는 필요에 따라서, 그리고 노사간의 합의에 따라서 재조정될 수 있을 것입니다. 과거에서 현재까지 우리 노동자들은 필요에 따라 주 7일을 노동하기도 하였고, 규정된 시간 외에 근무를 하기도 하였습니다. 노동자들이 시간외 근무를 거절한다면, 오히려 고용이 증대되고 직업이 창출되는 효과도 있을 것으로 내다보는 이들도 있습니다.

제가 강조하고 싶은 것은 성경이 휴식에 대하여 대단히 중요한 의미를 부여하고 있다는 점입니다. 노동만 하고 휴식을 하지 않으면 사형으로 처벌한다는 조항을 가진 종교가 어디 있습니까?

> 안식일은 너희에게 거룩한 날이므로, 너희는 안식일을 지켜야 한다. 그 날을 더럽히는 사람은 반드시 죽여야 한다. 그 날에 일을 하는 사람은, 누구든지 자기의 겨레로부터 제거될 것이다. —『새번역』 출 31 : 14

구약성경 안에 이런 법은 있어도 엿새 동안 노동을 하지 않는 자를 사형에 처하라는 법은 없습니다. 그만큼 휴식은 중요한 것입니다.

06

원수를 갚아야 할까요, 용서해야 할까요?

《 시편 137:8-9, 누가복음 6:27-36

민영진 목사님께

2001년 9월, 인류는 역사상 최악의 테러를 경험하였습니다. 보복을 해야 한다는 주장과 보복은 악순환의 고리일 뿐이라는 의견이 분분했습니다. 기독교의 입장은 무엇입니까? 마침, 성경을 보니, "여자 같은 멸망할 바벨론아 네가 우리에게 행한 대로 네게 갚는 자가 유복하리로다 네 어린 것들을 반석에 메어치는 자는 유복하리로다"(시 137:8-9)라는 끔찍한 구절이 있습니다. 그런데 예수께서는 또 원수를 갚지 말라고도 하셨지요? 어떻게 해야 합니까?

뉴욕에서 박요셉 올림

박요셉 님께

뉴욕에 살면서 그런 끔찍한 일을 당하셨으니, 얼마나 놀라셨습니까? 지금쯤은 그 충격에서 벗어나셨기를 바랍니다만, 그것이 어디 쉬운 일이겠습니까? 귀하께서 지적하신 시편 137편은 포로가 된 이스라엘 백성이 귀환을 바라며 시온을 그리워하는 '유랑민의 발라드'입니다. 무너진 예루살렘과 사로잡혀 온 이스라엘 사람들의 원한과 탄식, 혹은 이스라엘을 멸망시키고 자기들을 포로로 잡아 온 바빌로니아에 대하여 복수를 비는 기원이라고도 볼 수 있습니다. 바빌로니아 제국의 포로가 되어 바빌로니아의 여러 강변 포로수용소에서 국치민욕(國恥民辱)에 치를 떨며 예루살렘이 멸망하던 그날을 회상하면서 이스라엘은 복수의 날과 귀환의 날을 기다리고 있었습니다.

이 시를 탄원의식(歎願儀式)과 관련시켜서 설명하는 이들도 있습니다. 탄원의식에서는 비탄의 날을 회고하는 이야기가 반복되고, 국치민욕과 포로생활을 슬퍼하는 노래가 불리며, 원수를 갚아주기를 비는 보복의 기원이 바쳐집니다. 이러한 포로들의 탄원의식은 바빌로니아 당국에서 볼 때는 결코 용납할 수 없는 행사였습니다.

시편 137편에는 그러한 탄원의식이 금지된 배경이 암시되어 있습니다. 바빌로니아 정부 당국은 이스라엘 포로들이 슬픈 노래를 부르는 탄원의식을 그치고, 기쁜 노래 곧 시온의 노래를 부르는 축제의 행사를 실시할 것을 강요합니다. 그러나 이스라엘은 그러한 축제를 강요당할 때마다 오히려 악기를 나무에 걸어두고 노래를 부르지 않는 백성이 되어버리곤 합니다. 아마도 탄원의식 때 부르던 노래가 바로 시편 137편의 1절과 5-6절이었던 것 같습니다. 지금도 이스라엘 사람들은 이 노래를 부릅니다. 하나는 시편 137:1 "바벨론의 여러 강변 거기에 앉아서 … 울었도다"를 반복하여 부르는 "알 나하로트 바벨"(By the Rivers of Babylon)이라는 노래이고, 다른 하나는 시편 137:5-6을 중심으로 예루살렘에 대한 애정을 읊은 "임 에슈카헥"(내가 너를 잊는다면, If I

Forget Thee, 이 책의 부록 3 참조)입니다.

"여자 같은 멸망할 바벨론아 네가 우리에게 행한 대로 네게 갚는 자가 유복하리로다 네 어린 것들을 반석에 메어치는 자는 유복하리로다"라는 구절에는 받은 대로 갚고 싶어하는 민족적 울분과 적개심이 그대로 나타나 있습니다. 가해자에게 목숨은 목숨으로, 눈은 눈으로, 이는 이로, 손은 손으로, 발은 발로, 화상은 화상으로, 상처는 상처로, 멍은 멍으로 갚아야 한다는 것 (출 21:23-25, 레 24:20, 신 19:21)이 바로 동해복수법(同害復讐法) 혹은 동태복수법(同態復讐法)입니다. 이 법은 잔인한 법이 아니라, 오히려 공정한 보복 원칙으로서, 얼마든지 더 지나치게 보복할 수 있는 원시적인 사적 보복을 제한하는 진일보된 법으로 해석되기도 합니다. 라멕이 자기 아내들에게 다짐한 보복은, 상처(傷處)를 입은 경우에는 살상(殺傷)으로 보복한다는 것입니다. 숫자로 표시하여 일흔일곱 갑절로 보복한다고 선언합니다.(창 4:23-24)

동해복수법 같은 잔인한 보복을 비는 이 시에서 오늘의 독자들은 혼란을 느낍니다. 예수께서 이런 복수를 금하시고 대신에 사랑의 법칙을 말씀하셨기 때문입니다. 주님께서는 바로 동해복수법을 지적하시면서 보복하지 말라고 하십니다.(마 5:38-42, 눅 6:29-30) 한없는 자비를 베풀

:: Tip

정경이란 무엇일까요? 구약성서의 경우, 여러 '거룩한' 문서들이 유포되고 있었는데, 1세기 말 얌니아에서 정경의 범위가 확정되었습니다. 그러나 신약의 경우는 이러한 공식적인 회의가 없었습니다. 대략 4세기에 접어들면서 신약의 범위가 정해진 것으로 알려져 있지만, 정경화가 정착되기까지는 더 오랜 세월이 걸렸습니다. 서방에서는 5-6세기경, 동방에서는 10세기경에 이르러서야 오늘날 우리가 보는 27권의 신약성서 범위가 정착된 것입니다. 여기에 포함된 것들을 정경이라고 하고, 여기서 제외된 것들을 외경이라고 합니다.

라는 것이지요. 다른 길이 없습니다. 복수를 하고 싶으면, 자기 책임하에 할 수 있을 것입니다. 많은 이들이 말하듯이 계속적인 테러는 복수의 악순환일 뿐입니다. 그러므로 테러는 범죄 예방의 차원에서 막음으로써 억제할 것이지, 보복으로 발본색원할 수는 없을 것입니다.

테러로 고통을 당하고 있는 사람들에게는 탄원의식이 필요할 것 같습니다. 이것은 복수심을 고취하는 것이 아니라 복수로 멍든 마음을 어루만져 주는 의식입니다. 그것은 또한 원수를 향해 타오르는 적개심을 서서히 없애는 의식이기도 합니다. 자기들을 저주한 사람들에게 복을 빌어줄 수 있는 길을 모색하는 것이지요. 자기들을 모욕한 그 가해자들을 위하여 기도할 수 있는 경지를 사모하는 것입니다. 복수를 포기하고 자비를 베푸는 것은 가능의 윤리라기보다는 당위의 윤리입니다. 비록 못미쳐도, 당위라고 하는 가치 앞에서 보복은 정당성을 상실합니다.

시편 137편을 읽는 독자에게는 바빌로니아 포로와 같은 처지에 있는 사람들에 대한 이해가 선행되어야 합니다. 그들로 하여금 원한을 망각하게 할 것이 아니라 계속하여 상기하도록 촉구해야 합니다. 이것은 적개심을 부추기기 위한 것이 아니라 인간의 잔악함을 인식하기 위한 것입니다. 본문을 노래로 부르거나 위에 인용된 탄원의식의 노래들을 함께 부르는 것은, 포로들의 경험에 동참하게 하는 것이며, 이미 경험한 아픈 역사를 진술할 언어와 음률에 익숙하게 하는 것입니다. 탄원의식은 적개심의 축적이 아니라, 원수를 용서하는 영적 체험으로 승화됩니다. 승화된 단계가 바로 우리 주님의 말씀에 순종할 수 있는 경지에 이르는 것입니다.

27 … 너희의 원수를 사랑하여라. 너희를 미워하는 사람들에게 잘 해 주고, **28** 너희를 저주하는 사람들을 축복하고, 너희를 모욕하는 사람들을 위하여 기도하여라 … **35** 그러나 너희는 너희 원수를 사랑하고 –『새번역』 눅 6:27-35

07

선교를 위한 것이라면 교회에서 장사를 해도 되나요?

⟪ 마가복음 11:15-16

민영진 목사님께

복음서에 보면 예수께서 성전에서 장사하는 사람들의 장사판을 뒤엎으시면서 "내 집은 기도하는 집"이라고 말씀하십니다. 그러나 현재 교회 내에서는 선의의 목적을 가지고 무상으로 후원을 받거나 혹은 물건을 가져다가 약간의 이익을 붙여 물건을 파는 특매장을 벌이는 행사가 열리고 있습니다. 사실 이것도 성전에서 장사하는 행위인데 과연 이러한 행위가 성경적으로 용납되는 것인지, 아니면 비성경적인지 궁금합니다. 어떤 분은 무상으로 기증을 받아 바자회를 열면 문제가 안 된다고도 합니다만, 이것 또한 사는 행위는 없지만 파는 행위가 있기에(이익은 더 좋음) 비성경적인 것이 아닌가요?

농촌에 있는 미자립 교회는 서울의 큰 교회에 특산물 판매를 의뢰하여 그 이익금을 교회 운영에 쓰고 있는 형편인데 이 또한 상행위인지라 어떻게 이해해야 하는지 궁금합니다. 진정 예수께서 상인의 상을 뒤엎으신 행위가 상행위(판매 행위)를 했기에 그러신 건지, 아니면 성전을 개인의 이익을 추구하는 장소로 사용했기에 그러신 건지 궁금합니다. 목적이 선하다고 해도 교회 내의 판매 행위가 비성경적이라면 의미가 없는 게 아닐까요?

용두동교회 홍순택 권사

홍순택 권사님께

첫째, 교회에서 하는 일 하나하나에 대하여 성경적인지 비성경적인지를 물어보시는 신중한 태도를 존경합니다.

둘째, 귀하께서 제기하신 문제는 불행하게도 누구라도 쉽게 대답할 수 없는 문제입니다.

셋째, 개인적인 이익을 목표로 하지 않고 오직 선교를 목적으로 하는 판매 행위는 양해가 되고, 미자립 농촌교회에서 올라온 농산물을 팔아주는 것은 상행위이기 때문에 문제가 된다고 하는 것도, 보기에 따라, 그리고 '선교'라는 개념의 규정 여하에 따라 전혀 의미 없는 구분일 수 있습니다.

넷째, 오늘날 많은 교회들이 주일날 교회 구내에서 선교 목적의 바자회 형식으로든, 농촌교회를 돕는 상행위의 형식으로든, 그 목적이야 어떠하든, 형식적으로는 판매 행위를 하고 있습니다. 그런데 이런 것을 볼 때마다 그 선한 목적에도 불구하고, 예수께서 예루살렘 성전 구내에서 물건을 사고파는 이들을 쫓아내시고, 환전하는 이들의 상과 제물을 파는 이들의 의자를 엎으신 것(막 11:15-16)이 생각나서, 과연 이것이 합당한 일인지 아닌지를 묻게 됩니다.

다섯째, 예수님 당시 성전의 바깥 뜰 한정된 구역에서 제사용 짐승을 팔거나 희생제물을 사거나 성전세를 내기 위한 환전은 성전 당국이 이미 허가한 일이었습니다. 여러 나라에 흩어져 사는 유대인들이 절기를 맞아 성전에 제사를 드리러 올 때 그들의 편의를 봐주기 위한 의미 있는 일이었습니다.

여섯째, 그래서 선교 바자회라 하더라도, 예수께서 성전을 '깨끗하게' 하신 그 정신에 위배된다고 판단한 교회들은 이런 판매 행사를 일절 금합니다. 그런 교회들 중 더러는 주일에는 예배하는 것 외에 임원회를 하거나 목사, 장로, 권사 등의 안수식을 하는 행사까지 주일을 거룩하게 지키는 것에 위배된다고 하여 금하고 있습니다.

일곱째, 그러나 선교 바자회 행사의 뜻을 이해하는 교회들은 교인들의 편

의를 위해 그러한 행사를 허용하고 있습니다.

여덟째, 따라서 이런 행사를 하고 안 하고는 어디까지나 신앙적 판단에 따라 자기 책임하에서 결단이 이루어져야 할 것이라고 생각이 됩니다. 예수님의 성전 숙청 사건과 관련지어서 오늘날 교회 안에서 이런 행사를 하고 안 하고를 판단하기에는 예수님의 성전 숙청 사건의 의미가 전혀 다른 데 있고, 또 그 의미가 너무나도 중요하고 크기 때문입니다.

끝으로, 그러나 결코 간과해서는 안 될, 한 가지를 더 언급하고자 합니다. 예수께서 성전 구내

성전 숙청.(The Purification of the Temple, 1570년 작) 스페인의 종교 화가 엘 그레코(El Grego, 1541-1614)의 작품입니다. 그는 그리스 출신으로 스페인에서 종교화가로서 활동하였습니다.

에서 판매 행위를 하는 이들을 쫓아내신 것은 '성전을 깨끗하게 하여,' '성전'을 다시 '만민의 기도하는 집'으로 그 기능을 회복시키기 위해 그렇게 하신 것이 아니라는 점입니다. 예수께서는 이미 과일은 맺지 못한 채 잎만 무성한 무화과나무를 저주하심으로써 무화과로 비유되는 유대교의 종언을 당신 자신의 '행위 비유'로 연출하신 바 있습니다.(막 11:13-14) 그것에 이어 성전에서의 매매 행위를 금지하는 매매자의 숙청 사건이 벌어지는데, 이것은 한편으로는 성전 예배의 종언과 성전의 파괴를 예고하시고, 다른 한편으로는 교회의 탄생을 예고하신 상징 행위입니다. 하나님 나라의 도래에 직면하여 성전은 이제는 더 이상 '만민의 기도하는 집'일 수 없다는 것을 행동으로 설교하신 것입니다. 만민의 기도하는 집은 이제는 더 이상 사람이 손으로 지은 이런 성전일 수 없습니다. 만민이 기도하는 집은 "손으로 짓지 않은 다른 성전"(막 14:58), 곧 예수님의 부활과 그 부활하신 분을 통하여 세워지는 '그리스도의 몸이신 교회'입니다.

> 여러분은 하나님의 성전이며, 하나님의 성령이 여러분 안에 거하신다는 것을 알지 못합니까? – 『새번역』 고전 3:16

우리의 성전을 깨끗하게 지키는 것이 중요합니다.

08

아이를 낳지 못하는 여자는 구원받지 못하나요?

디모데전서 2:15

목사님

디모데전서 2:15에 참으로 이상한 말씀이 있습니다.

> 그러나 여자들이 만일 정절로써 믿음과 사랑과 거룩함에 거하면 그 해산함으로 구원을 얻으리라. –『개역한글판』

여자는 임신하여 아이를 낳아야 구원을 받게 된다는 말로 이해가 됩니다. 저는 결혼한 지 10여 년이 지나도 아직 아이를 갖지 못하고 있습니다. 남편에게는 아무런 이상이 없는데, 저에게 문제가 있다고 합니다. 여러 가지 방법을 시도해 보았으나, 아직 성공을 하지 못했습니다. 제가 그리스도인으로 구원을 받고 안 받고 하는 문제보다는 저 자신이 아이를 가지고 싶은 생각이 간절합니다. 어느 정도인지 짐작하시겠습니까? 제가 구원을 받지 못하는 한이 있어도 아기는 가지고 싶습니다. 그런데 이런 본문은 우리 같은 석녀(石女)를 너무나도 괴롭힙니다.

석녀 올림

자매님께

하나님께서 어떤 뜻을 가지고 계신지 모르겠습니다. 그러나 스스로 석녀라고 하지 마시고, 기도하면서 기다려 보시면 어떤 해결책을 주실 것 같습니다. 자매님이 물어보신 본문은 참으로 설명하기 어려운 본문임에는 틀림없으나, 이 본문이 자매님과 같은 경우를 두고 한 말씀이 아닌 것만은 분명하다는 것을 우선 급히 말씀드립니다. 성경 말씀은 아주 구체적인 상황에서 구체적인 인물들에게 주어진 말씀이기 때문에, 말씀의 배경을 생각하지 않고 그대로 우리에게 적용하려고 할 때는 문제가 생깁니다. 이 말씀은 임신하지 못하는 여인은 구원을 받지 못한다는 말이 아닙니다. 오히려 예수님은, 경우에 따라서는, 수태(受胎)하지 못하는 여성과 해산(解産)하지 못한 태와 아이에게 빨려보지 않은 젖이 복이 있다고 말씀하기도 하셨습니다.

> 보라 날이 이르면 사람이 말하기를 수태 못하는 이와 해산하지 못한 배와 먹이지 못한 젖이 복이 있다 하리라 – 『개역한글판』 눅 23:29

그렇다고 예수께서 하신 이 말씀을 여성들의 수태 거부 운동의 근거 구절로 삼아야 하겠습니까? 오히려 수태와 임신과 수유를 복되다고 한 곳도 있습니다.

> 이 말씀 하실 때에 무리 중에서 한 여자가 음성을 높여 가로되 당신을 밴 태와 당신을 먹인 젖이 복이 있도소이다 하니 – 『개역한글판』 눅 11:27

성경의 말씀은 늘 그 말씀이 주어졌던 배경을 고려하여 이해하여야 합니다. 여자는 해산함으로써 구원을 받는다는 이 말씀을 두고도 여러 가지 해석이 있습니다. 제 개인에게 설득력 있게 들리는 해석 중의 하나는, 이 말씀이 영지주의의 영향을 받은 이들이 아이 갖기를 거부하는 상황에서 주어진 말이라는 것입니다. 기독교가 시작되면서부터 아주 일찍이 교회 안에 영지주의라고 하는 것이 들어옵니다. 영지주의는 '하나님의 빛'인 '생명'이 인간의 육체 안에 갇히는 것을 막기 위해 남녀간의 성생활과 자녀 낳기 같은 것을 피하였습니다. 영지주의자들은 성생활과 남녀간의 육체적인 애정을 사악한 신인 데미우르그(Demiurge)가 만든 것으로 이해하였습니다. 정통 기독교에서는 이러한 영지주의의 주장에 동의할 수가 없었습니다. 그래서 정통 기독교에서는 영지주의의 이런 주장과 운동을 막기 위해서라도 여성들이 더욱더 집안일을 하는 것에 힘쓰게 하고, 자녀를 낳는 출산에 주력하도록 촉구하기에 이릅니다. 디모데전서 2:15의 이 말씀, 여자는 해산함으로써 구원을 받게 된다는 이 말씀은 오직 영지주의의 이러한 금욕생활과 자녀 생산에 대한 적대감을 고려할 때에만 이해할 수 있는 말입니다.

디모데전서 2:15의 이 말씀은 여성의 구원이 자녀 출산과 결부되어 있다고 말하지만 이것이 어디 여성만의 구원이겠습니까? 지구 생태 환경의 변화로(결코 그런 일이 있어서는 안 되겠지만요.) 여성이 임신을 못하게 되거나, 혹은 여성들이 화가 나서 여성들 스스로 아기 낳기를 거부한다면, 인류의 미래는 없는 것입니다. 비록 생명공학이 발달하여 생식세포가 아닌 일반 체세포에서 핵을 떼어내어 생명을 복제한다 해도 그것을 수정란에 이식하고, 그것을 다시 대리모의 자궁에 이식시켜야만 생명을 복제할 수 있기 때문에, 여성의 협조가 없이는 생명복제마저도 불가능한 것입니다. 그런 의미에서 저는 "여성이 멈추면 세상이 멈춘다."는 말을 합니다. 인류 최초의 여성의 이름이 '하와'입니다. 이 이름은 '생명 있는 모든 것의 어머니'라는 뜻을 지니고 있습니다.

자매님은 분명히 여성이십니다. '생명 있는 모든 것의 어머니인 하와'의 후손이십니다. 그러기에 '생명을 지닌' 여성이십니다. 자매님을 통해서 많은 사람들이, 다친 생명을 치유받고, 새 생명을 얻고, 그 생명을 축하할 수 있기를 바랍니다. 귀여운 자녀를 품에 안으시기를 함께 빌겠습니다.

09

죽기 직전 회개한 사람도 구원을 받을 수 있나요?

누가복음 23:32-43

민영진 목사님께

이런 것을 여쭈어 봐도 될까요? 목사님께서는 늘 우리말 번역 성경의 난해 구절을 여러 번역을 대조해 가면서 말씀해 주셨는데요, 오늘 여쭙고자 하는 것은 성격이 조금 다른 것입니다. 누가복음 23장을 읽다가 내용에 좀 의문이 생겨서 여쭙는 것인데요, 예수께서 십자가 처형을 받으실 때 양 옆에서 예수님과 함께 처형된 사형수들 중에서 한 사람에게 관심이 가거든요. '강도'로 처형되면서도 죽는 그 순간에 예수님께 간구하여 낙원을 허락받은 것이 제 비위에 많이 거슬려서 목사님 말씀 좀 듣고 싶어요. 그 도둑이 낙원을 훔친 걸 보면 그 자는 진짜 도둑임에는 틀림없네요. 조언 부탁드립니다.

대전에서 오혜선 올림

오혜선 자매님께

오혜선 자매님의 심정을 충분히 이해합니다. 가계부 적듯이 혹은 은행에 예금을 하고 일정 금액을 찾아 쓰고 남은 잔액이 얼마고, 하는 식으로 계산한다면, 여기 도둑의 낙원 요청과 예수님의 낙원 허락은 수학적 계산에서 벗어나지요. 평생을 올곧게 살다가 인생의 마지막 순간에 잘못된 길로 빠져들어 평생 올곧게 산 것이 무효가 되고, 반대로 평생 잘못된 길을 걷다가 마지막 죽는 순간에 회개하여 구원을 받는다고 할 경우나 마찬가지이지요.

> … 의인이라고 해도 죄를 짓는 날에는 과거의 의가 그를 구원하지 못하고, 악인이라고 해도 자신의 죄악에서 떠나 돌이키는 날에는 과거의 악이 그를 넘어뜨리지 못한다. –『새번역』 겔 33:12

이 말씀은 하나님의 논리입니다. 이 두 경우, 에스겔서에서 의인과 악인을 대하시는 하나님의 논리나 복음서에서 강도를 대하시는 예수님의 논리가 동일합니다. 그래서 합리적으로 생각하시는 자매님은 이런 처사에 불만을 나타내신 것입니다.

'낙원을 훔친 도둑'이란 표현이 참 재미있네요. 정말 도둑은 끝까지 도둑인 것 같습니다. 우리 같으면 염치가 없어서도 못할 일을 그 도둑은 거뜬히 해냈고 자신의 소원을 이루었습니다. 목숨이 넘어가는 그 최후의 순간에 그는 함께 죽어가는 메시아에게서 낙원의 약속을 얻어냈습니다. 도둑은 도둑이라고 칩시다. 그러나 우리 주님은 또 무엇입니까? 왜 그 도둑의 청을 그렇게 쉽게 들어주시는 겁니까? 저는 이 도둑을 별로 주목하지 않았습니다. 그러나 자매님의 질문을 받고 저도 같은 심정을 가지고 이 도둑 혹은 강도에 관한 생각을 깊이 하였습니다.

주석가들은 이 도둑을 이렇게 관찰합니다. 그 도둑은 첫째, 하나님을 두려

그리스도의 십자가 처형. (Kreuzigung Christi) 독일의 상징주의 계열 화가이자 조각가였던 막스 클링거(Max Klinger, 1857-1920)의 작품입니다.

워하는 마음을 가지고 있다, 둘째, 자기의 잘못을 인정하는 태도를 지니고 있다, 셋째, 마땅한 형벌을 달게 받는 자세를 보이고 있다, 넷째, 무엇보다도 예수를 참되고 실제적인 메시아로 믿고 깊은 신뢰심으로 그에게 의지하는 모습을 보이고 있다고…….

찬송가 519장 2절을 보면 "너는 기억하고 있나 구원받은 강도를 저가 회개하였을 때 낙원 허락받았다"라는 가사가 있습니다. 이 찬송은 강도의 회개를 그가 구원받은 이유라고 보고 있습니다. 자매님은 이 답변에도 수학적으로 정확한 계산이 없다는 것에 불만을 토로하실 수 있을 것입니다.

제가 정확한 답변을 못 드리는 것을 용서해 주시기 바랍니다. 같은 본문을 가지고 달리 생각한 이가 있기에 그의 생각을 자매님에게 소개하려고 합니다. 아르헨티나의 시인 호르헤 루이스 보르헤스(1899-1986)의 시 중에 〈누가복음 23장〉이라는 시가 있습니다. 여기에 소개합니다.

누가복음 23장

이교도일까, 유태인일까?
아니면, 그냥 세월에 얼굴이 지워진 사람일까?
침묵하는 그의 이름자를
더는 망각으로부터 구원치 못하리라.
유태인이 십자가에 못박은 그 도둑은
도적이라면 알 만한 자비에 대하여 알고 있었을 것이다.
그의 이전 세월에 관해서는
오늘날 아무것도 알지 못한다.

십자가에 못박혀 죽는 그 최후를 마감하면서
그 도둑은 사람들의 비웃음 속에
곁에서 죽어가는 이가 신이라는 것을 듣고서
무턱대고 말을 건넸다.

"당신이 당신의 나라에 들어갈 때, 나를 기억해 주십시오."
언젠가는 전 인류를 심판할 그 목소리가

들릴락 말락 한 목소리로
끔찍한 십자가에서 그 도둑에게 낙원을 약속하신다!
최후를 맞이할 때까지
그들은 더 이상 아무 말도 하지 않았다.
그러나 역사는 그 둘이 죽은 그 오후에 대한
기억을 묻어두지 않는다.

아, 벗들이여,
예수 그리스도의 이 친구의 천진난만(天眞爛漫)함이라니!
형벌의 치욕 속에서도
낙원을 요구해 얻어내다니!

그를 죄와 피로 범벅된 운명에게
무수히 던져버린 천진(天眞)함이었다.

10

결혼하지 않는 것이 더 성경적인가요?

⟪ 고린도전서 7:27

민영진 목사님

고린도전서 7:27에 보니까 바울 사도께서 남자들에게 주시는 권면의 말씀이 있는데요. 골자는 뭔고 하니, 기혼 남자는 이미 결혼을 하여 한 아내에게 매였으니까 그 아내에게서 놓여나려고 애쓰지 말 것이고, 미혼 남자는 자기가 얽매일 아내가 없으니 아예 결혼을 하지 말라는 것입니다. "네가 아내에게 매였느냐 놓이기를 구하지 말며 아내에게서 놓였느냐 아내를 구하지 말라." 이것은 『개역한글판』의 번역이고요, 혹시 이게 오역이 아닐까 하여 『공동번역』을 찾아봤는데 마찬가지더군요.

사실 저는 노총각입니다. 언젠가 결혼하여 가정을 꾸리고 싶은 생각이 간절한데, 먼저 결혼한 친구들이 이 구절을 들이밀면서 저에게 장가 갈 생각을 말라는군요. 장가 들어봤자 아내에게 얽매일 것이 뻔한데, 이 나이에 무슨 결혼이고, 가정이냐는 겁니다. 그런데 성경의 말씀이 참 이상하네요. 하나님께서 사람을 남자와 여자로 창조하시고 서로 결혼하여 아들 딸 잘 낳고 잘 살라고 복을 베풀어 주신다는 말씀이 있는가 하면, 이렇게 또 장가 가지 말라는 교훈도 함께 들어 있으니 말입니다. 이래도 되는 겁니까?

회기동 노총각 드림

노총각 님께

하루빨리 좋은 짝을 만나 결혼하여 하나님께서 베푸시는 복을 받으며 행복하게 살 수 있기를 바랍니다. 노총각이 많듯이 노처녀들도 많습니다. 낙망하지 마십시오. 이것은 결혼 금지법이 아닙니다. 지금 바울 사도는 고난과 박해가 예상되는 종말을 목전에 둔 상황이니 만큼 당시의 미혼 남녀들에게 그들의 처지를 바꾸지 않는 것이 더 좋겠다는 자신의 견해를, 주님의 지시가 아닌, 자신의 생각을 밝힌 것입니다. 총각께서 『공동번역』을 언급하셨으니 저도 『공동번역』의 본문으로 바울 사도의 의도를 밝혀 드리고자 합니다. 성경 본문을 읽으실 때는 한 구절만 똑 따서 읽지 말고 전체 문맥을 살펴 읽으시면, 말하는 이의 의도를 잘 알 수 있습니다.

25 미혼 남녀에 관해서는 주님께서 나에게 지시하신 바가 없으므로 내 의견을 말
하겠습니다. 나는 주님의 자비를 입은 사람이므로 내 말을 믿어도 좋습니다.
26 지금 우리가 겪고 있는 재난을 생각한다면 남자는 현재 상태를 그대로 유지하
는 것이 좋다고 생각합니다. 27 아내가 있는 사람은 아내와 헤어지려고 하지 말
고 아내가 없는 사람은 아내를 얻으려고 하지 마십시오. 28 그러나 남자가 결혼
한다고 해서 죄를 짓는다거나 처녀가 결혼한다고 해서 죄를 짓는다는 것은 아닙
니다. 다만 결혼한 사람들은 세상 고통에 시달릴 터이므로 여러분을 아끼는 마
음에서 이 말을 하는 것입니다. —고전 7:25-28

11

성탄의 진정한 의미는 무엇인가요? 《《 요한복음 3:16

민영진 목사님께

복된 성탄과 새해에 큰 복 받으시기 바랍니다. 계절이 계절인 만큼, 성탄의 뜻을 한번 여쭙고 싶습니다. 성탄절 행사가 단순히 아기 예수의 탄생을 축하하거나 우리 주 예수 그리스도의 생일을 축하하는 것이라면 무언가 너무 세속적인 것 같다는 생각이 자꾸 들면서, 성탄을 어떻게 맞이해야 하는지에 대한 의문이 생깁니다. 친구나 가족 생일에 생일 케이크를 가져다 놓고 생일 축하 노래나 부르듯이 성탄절도 예수님의 생일을 축하하는 정도의 것인지요?

압구정동 신순란 드림

신순란 자매님

고맙습니다. 금년 들어 처음으로 성탄과 새해 축하 인사를 받고 보니 아주 신선하고 기쁩니다. 반대로 자매님의 질문을 받고 보니, 머리를 한 대 얻어맞은 것처럼 띵하기도 합니다. 성탄절을 지키는 것이 단순히 예수님의 생일잔치나 하는 것 정도로 알고 있는 우리에게 성탄의 의미를 좀 심각하게 물어보자는 충격적인 도전이기 때문입니다. 그러고 보니, 이제 곧 다가올 성탄을 어떻게 보낼 것인지를 다시 한 번 숙연하게 생각하게 됩니다. 저는 성탄 즈음이면 생각나는 시 한 수가 있습니다. 김종길 시인의 〈성탄제〉(聖誕祭)라고 하는 시입니다. 한번 읊어볼까요?

어두운 방 안엔
바알간 숯불이 피고,

외로이 늙으신 할머니가
애처러이 잦아가는 어린 목숨을 지키고 계시었다.

이윽고 눈 속을
아버지가 약을 가지고 돌아오시었다.

아, 아버지가 눈을 헤치고 따오신
그 붉은 산수유 열매—

나는 한 마리 어린 짐생,
젊은 아버지의 서느런 옷자락에
열로서 상기한 볼을 말없이 부비는 것이었다.

이따금 뒷문을 눈이 치고 있었다.
그날 밤이 어쩌면
성탄제의 밤이었을지도 모른다.

어느새 나도
그때의 아버지만큼 나이를 먹었다.

옛 것이란 거의 찾아볼 길 없는
성탄제 가까운 도시에는
이제 반가운 그 옛날의 것이 내리는데,

서러운 서른 살 나의 이마에
불현듯 아버지의 서느런 옷자락을 느끼는 것은,

눈 속에 따오신 산수유 붉은 알알이
아직도 내 혈액 속에 녹아 흐르는 까닭일까.

이 시인은 자기의 병이 기적적으로 나았을 때가 바로 성탄제의 밤이었다고 기억하고 있습니다. 열병으로 죽어가던 어린 시절 아버지와 할머니의 사랑으로 치유받은 그날이 바로 성탄제였다는 것이지요. 죽어가는 어린 핏줄의 목숨을 건지기 위해 시인의 아버지는 마지막 수단으로 산수유 열매가 열병에 좋다더라는 속설에 마지막 희망을 걸어보았습니다. 그런데 한 마리 어린 짐승처럼 무력하게 죽어가던 그 어린것은 산수유 그것 자체보다는 자신을 살리려고 애쓴 아버지의 사랑에 감복하고 있습니다.

추운 겨울밤, 그 추운 방안에 화로가 없었고, 꺼져가는 목숨 옆에서 함께 아

성요셉과 어린 예수.(St. Joseph and the Christ Child, 1648년 작) 스페인의 화가 에레라(Francisco de Herrera)의 작품으로 Museo Lazaro Gáldiano, Madrid에 소장되어 있습니다.

파하는 할머니가 없었고, 눈길을 헤쳐가며 산수유 열매를 따오는 아버지가 없었다면, 찬 겨울, 밤공기에 서늘해진 아버지의 겉옷에 짐승처럼 자기의 뜨거운 볼을 부빌 수 없었다면, 이 아이는 싸늘하게 목숨이 잦아들고 말았을 것입니다.

저는 이 시인에 대해서 아는 것이 별로 없습니다. 그의 종교도 그의 신앙에 대해서도 아는 것이 없습니다. 이 시는 나중에 알았습니다만, 시인이 1955년에 「현대문학」에 발표하여 등단한 시라고 합니다. 분명한 것 하나는 그가 아버지의 사랑을 인식하던 어린 시절을 회고하면서 그날이 바로 성탄제였다는 것을 기억한다는 것입니다. 그러면서 이 시를 읽는 이들로 하여금 성탄은 곧 사랑이라고 하는 메시지를 깨닫게 합니다. 그것도, 목숨이 잦아들던 여린 생명을 살려낸 사랑을 체험한 그날이 바로 성탄제였다고 회고하는 이 시인은 우리에게 성탄의 의미를 다시 한 번 발견하게 합니다. 그가 이 시의 제목을 〈성탄제〉라고 한 것도 우리에게 어떤 메시지를 주고 있는 것입니다.

성탄은 바로 사랑입니다. 성탄은 우리를 창조하신 하나님께서 이 세상에서 살고 있는 피조물인 우리를 향하신 당신의 사랑을 확증하시는 사건입니다. 그러기에 사도 요한은 일찍이 아주 쉬운 말로 우리에게 이 큰 은총의 사실을 증언하였습니다. 그것은 바로 하나님께서 세상을 지극히 사랑하신다고 하는 것, 그래서 하나님께서는 죽어가는 세상을 살리시려고 당신의 외아들을 우리에게 보내주셨다고 하는 것, 하나님께서는 당신의 외아들을 믿는 사람마다 죽지 아니하고 오히려 영원한 생명을 누리게 하려고 하신다는 소식입니다.

> 하나님이 세상을 이처럼 사랑하사 독생자를 주셨으니, 이는 그를 믿는 자마다 멸망하지 않고 영생을 얻게 하려 하심이라 –『개역개정판』 요 3:16

12

성경에는 성행위의 방식에 대한 규정이 있나요?

《 로마서 1:26-27

민영진 목사님께

바울이 로마 교회 교인들에게 한 말에 대하여 말씀드리고자 합니다.

26 이런 까닭에, 하나님께서는 사람들을 부끄러운 정욕에 내버려 두셨습니다.
여자들은 남자와의 바른 관계를 바르지 못한 관계로 바꾸고, 또한 남자들도
27 이와 같이, 여자와의 바른 관계를 버리고 서로 욕정에 불탔으며, 남자가 남자
와 더불어 부끄러운 짓을 하게 되었습니다. 그래서 그들은 그 잘못에 마땅한 대
가를 스스로 받았습니다. –『새번역』

로마서 1:26-27에서, 여자들이 남자와의 바른 관계를 바르지 못한 관계로 바꾸었다거나, 남자들이 여자와의 바른 관계를 버리고 서로 욕정에 불탔다는 말은 바울 당시 로마 사람들 사이에 단순히 동성애가 퍼져 있었음을 말하는 것이 아니라, 이성간의 사랑에서도 각종 변태 성행위라든가, 근친이나 동물과의 성행위가 성행하고 있었음을 말하는 것이 아닌지요? 예를 들면, 근친상간이나 동물과의 성행위나, 비록 부부간이라 하더라도, 구강성교나 항문성교 같은 것이 만연했고, 그렇기 때문에 심판을 받았다는 말이 아닌지요?

궁금남 올림

궁금남 님께

궁금남 님은 제가 감당할 수 없는 문제를 물어오셨습니다. 저는 다만 문제의 본문 로마서 1:26-27이 주석가들 사이에서 어떻게 설명되고 있는지만 말씀드리겠습니다. 대다수 주석들은 바울이 여기서 여성과 남성의 비정상적인 성관계, 변태적인 성관계에 대한 심판을 말하는 것이 아니라, 레즈비언이나 호모와 같은 동성애 관계를 말하는 것이라고 설명합니다.

성관계를 언급하는 성경의 다른 곳의 규정들을 보면 근친간의 성관계, 동물과의 성관계를 금지하는 규정은 있습니다.(레 20장) 예를 들면, 남자의 경우를 두고 성관계를 금지한 대상은 다른 남자의 아내, 아버지의 아내, 며느리, 장모, 누이, 이모, 고모, 숙모, 형수, 제수 등입니다. 짐승과의 성교는 남녀간에 모두 금지되어 있습니다. 부부간이라도 아내가 월경 중일 때의 성관계는 금지되어 있습니다. 호모 관계도 금지되어 있습니다.

그러나 구체적인 성행위의 방식이나 자세에 대한 확연한 언급은 성경에서 찾아보기 어렵습니다. 그런데 귀하의 관심은 이성애자들 사이에서도 비정상적인 변태 성행위가 규제를 받아야 하지 않느냐 하는 것 같습니다. 귀하께서 말씀하신 구강성교나 항문성교 등에 관해서는, 그리고 동물과의 성관계 등에 관해서는 성의학 전문가들과 상의해 보시기 바랍니다.

13

동성애자는 그리스도인이 될 수 없나요?

마태복음 19:11-12

민영진 목사님께

저는 오랫동안 목사님께서 답변해 주시는 성경 난해구에 대한 해설을 즐겨 읽어온 독자입니다. 제게도 여쭙고 싶은 것이 있었으나, 번번이 망설였습니다. 그런데 목사님께서 쓰신 어떤 글을 읽다가 목사님께서 다음 본문을 인용하시면서 동성애가 성경에서는 금지된 관계라고 말씀하신 일이 있습니다.

> 남자가 같은 남자와 동침하여, 여자에게 하듯 그 남자에게 하면, 그 두 사람은 망측한 짓을 한 것이므로 반드시 사형에 처해야 한다. 그들은 자기 죄값으로 죽는 것이다. –『새번역』 레 20:13

저도 이 구절을 벌써부터 잘 알고 있습니다. 저를 몹시 괴롭힌 구절이기 때문입니다. 저는 타고난 동성애자입니다. 저는 사춘기에 제 동반자를 만났고 그를 사랑합니다. 우리는 10년 넘게 동거를 하고 있습니다. 이웃에서는 우리가 형제인 줄 알지만 우리는 커플입니다. 우리는 둘 다 모태신앙을 지닌 그리스도인들입니다. 그런데 부모님들께서는 우리가 남다른 성정(性情)을 가진 것에 큰 상처를 입고 우리를 포기하신 상태입니다. 우리를 받아주시지 않습니다. 그러나 우리는 부모님들로부터 물려받고 가르침을 받은 기독교 신앙을 버리지는 않았습니다. 주변의 몰이해 속에서도 지금까지 살아올 수 있는 용기를 주신 분은 우리 주님이십니다. 기독교 신앙이 아니었다면, 우리는 진작 폐인이 되었을 것입니다. 우리를 지켜준 것이 이 신앙이기 때문입니다.

교회가 우리를 축출하지만 않는다면 우리는 언제까지나 교회를 떠나지 않을 것입니다. 그런데 동성애자들에 대한 교회의 편견 때문에 언제까지 교회에 머물러 있을지는 우리도 모릅니다. 교회는 그렇다 치더라도, 성경은 우리와 같은 동성애자들에게 무엇을 말합니까? 우리가 되고 싶어서 동성애자가 된 것이 아닙니다. 우리는 동성애자로 태어났을 뿐입니다. 동성애자라고 하나님께서 허락하신 우리의 출생, 우리의 이 생명은 축복이 아니고 저주입니까? 혹시 주님께서 우리 같은 사람에게 하시는 위로와 격려의 말씀은 없습니까?

신촌에서 동성애자 올림

성실한 사랑을 실천하는 동성애자 님께

제가 여러 곳에 발표한 성경 난해구에 대한 해설을 읽으셨다니 기쁩니다. 그런데 어떤 경우에는 저의 답변에 상처를 입으신 것 같아 죄송한 마음을 금할 길이 없습니다. 저는 디모데처럼 그렇게 눈물이 흔한 사람이 아닙니다. 그런데 귀하가 보낸 메일을 읽으면서 어느새 디모데를 닮아버린 저 자신을 발견합니다. 귀하에게 무엇인가 말을 하려고 하면 목이 멥니다. 귀하는 제게 글을 썼지만, 제겐 귀하가 말을 걸어오고 있는 것처럼 들립니다. 귀하는 제게 귀하의 모습을 보여주지 않지만, 귀하가 제 주변을 맴돌고 있는 것 같은 느낌을 받습니다. 제 주변에도 귀하와 같은 형제와 자매들이 있기 때문입니다.

구약의 율법서나 역사서, 신약의 바울 서신이나 베드로의 서신 등에는 호모나 레즈비언의 삶의 양식에 대하여 부정적으로 평가하는 말이 나옵니다. 예를 들면, 귀하가 인용하신 것 외에도 다음과 같은 구절들이 더 있습니다.

> 26 이 때문에 하나님께서 그들을 부끄러운 욕심에 내버려 두셨으니 곧 그들의 여자들도 순리대로 쓸 것을 바꾸어 역리로 쓰며 27 그와 같이 남자들도 순리대로 여자 쓰기를 버리고 서로 향하여 음욕이 불 일듯 하매 남자가 남자와 더불어 부끄러운 일을 행하여 그들의 그릇됨에 상당한 보응을 그들 자신이 받았느니라 – 『개역개정판』 롬 1:26-27

> 불의한 자가 하나님의 나라를 유업으로 받지 못할 줄을 알지 못하느냐 미혹을 받지 말라 음행하는 자나 우상 숭배하는 자나 간음하는 자나 탐색하는 자나 남색(男色)하는 자나 – 『개역개정판』 고전 6:9

> 음행하는 자와 남색(男色)하는 자와 인신매매를 하는 자와 거짓말하는 자와 거짓맹세하는 자와 기타 바른 교훈을 거스르는 자를 위함이니 – 『개역개정판』 딤전 1:10

제가 이 본문들을 인용하는 것은 귀하를 더 괴롭히려고 함이 아닙니다. 저는 다만 우리 주님께서는 이런 말씀을 한번도 하지 않으신 것에 착안하고 위로받고 놀랄 때가 있습니다. 또 우리 주님께서는, 좀 다른 경우이기는 하지만, 결혼을 할 수 없는 이들과 할 수 있는 이들에 대하여 말씀하실 때 생래적으로 '타고난' 본성에 관하여 이해하시는 입장에서 말씀을 하신 적이 있습니다.(마 19:11-12) 예를 들면, 고자(鼓子)를 두고서 일반적인 결혼을 할 수 없는 특정 사람들에게 적용되는 예외적인 상황을 언급하신 적이 있다는 말입니다. 어머니의 태로부터 고자가 된 이들, 사람이 만든 고자, 스스로 고자가 된 경우를 존중하신 것입니다. 태어날 때부터 특별한 이유로 일반적인 결혼 관계를 가지는 것이 육체적으로 불가능한 사람을 이해하시는 말씀을 하셨다는 말입니다. 사도 바울도 사람에 따라 결혼을 할 수도 있고 하지 않을 수도 있는 사정이 있는 것에 대한 이해를 밝힌 바가 있습니다. 물론 이것은 독신이냐 결혼이냐와 관련된 문제이지만(고전 7:6-9), "이 사람은 이러하고 저 사람은 저러하다"(고전 7:7)라는 말 속에는 특수한 경우를 이해하고자 하는 여유가 있습니다.

당신들이 교회를 떠나지 않기를 바랍니다. 믿음을 지키시기를 바랍니다. 저는 다만 당신들이 성령의 도우심으로 우리 주님께서 주시는 위로와 격려의 말씀을 들을 수 있기를 바랍니다. 이 성애에서 깨닫는 그러한 사랑의 신비를 동성애에서도 누릴 수 있기를 바랍니다. 사람을 창조하신 하나님의 창조의 신비를 발견하기를 바랍니다. 개신교단 중에는 동성애자나 레즈비언이 목회자가 되어 동성애자들과 이성애자들의 신앙 지도를 맡아 수고하고 있는 분들도 있습니다. 동성애자들끼리 모이는 교회도 있습니다만, 하나님 나라의 구성원들은 다양해야 할 것 같기에, 동성애자들끼리 한 교회로 모이라고 추천하고 싶지는 않습니다. 혹시 귀하가 이미 그러한 특수 교회에 소속해 계시다면, 그 교회의 형제자매들과 함께 이렇게 말한 저를 너그러이 용서해 주시기 바랍니다.

:: Tip

구약의 외경은 15권인데, 이 가운데 7권은 가톨릭에서 하나님의 영감으로 된 말씀이라고 공식적으로 인정받고 있는 반면, 개신교에서는 이것들을 인정하지 않습니다. 신약의 외경은 가톨릭이나 개신교에서 모두 '거룩하고 권위 있는' 문서로 인정하지는 않습니다. 그 수 또한 정확히 몇 개라고 말하기가 힘듭니다. 정경의 범위에 포함되지 못한 복음서만 해도 그 제목이 알려진 것이 50여 개에 달합니다. 이 가운데 본문을 온전히 알고 있는 것이 약 20개 정도 되는데, 최근에 발표된 『유다복음서』가 여기에 포함됩니다.

14

질외사정이나 자위도 죄가 되나요? 《《 창세기 38:6-10

민영진 목사님께

좀 쑥스러운 것을 여쭤 보아도 되겠습니까? 어떤 책에서 읽은 건데요. 성교중단(性交中斷)이나 자위(自慰)를 뜻하는 영어의 오나니슴(onanism)이란 말이 성경의 인물과 관련되어 있다고 합니다. 창세기 38장에 오난이라는 남자가 여자와 성교를 할 때 임신을 피하기 위해 정자를 여자의 질 속에 사정하지 않고 몸 밖에다가 버린 일이 있는데, 그의 이름이 오난이어서 그러한 피임법을 오나니슴이라고 한다는 것입니다.

제가 궁금한 것은 첫째, 질외사정과 같은 피임이 죄가 되어 오난이라는 남자가 하나님께 벌을 받아 죽었는지, 둘째, 하나님께서 그런 식의 피임을 괘씸하게 생각하시어 그 남자를 복상사(腹上死)로 죽게 하셨는지 하는 것입니다. 이것과 함께, 셋째, 홀로된 형수나 제수와는 성관계를 할 수 있다는 것이 성경의 가르침인지, 넷째, 저는 결혼을 해서 아이들도 있는데 저 역시 질 밖에다가 사정하는 방법으로 피임을 하기도 합니다. 때로는 자위도 하는데, 이런 것들이 다 하나님께서 보실 때 괘씸죄에 걸리는 것들인지요? 또 제 형제의 아내들이 홀로되면 제가 그들과 관계를 할 수 있는지요? 다섯째, 자손번식을 전제로 하지 않는 성행위는 죄가 되나요?

서초동에서 별걱정 다 하는 사나이 올림

별걱정 님께

진짜 별걱정을 다 하시는군요. 정말 뭘 모르시는 것 같기도 하네요. 그리고 그렇게 많은 질문을 한꺼번에 막, 숨도 쉬지 않고 물어대면 저더러 어떻게 대답하란 말입니까? 그리고 무엇보다도 이 난은 성경을 읽다가 본문이 잘 이해되지 않거나 하는 것이 있으면 묻는 난인데, 그리고 답변자 역시 본문에만 관심이 있는 사람인데, 성경과 관련이 있다고 해서 별걸 다 물으시면 답변자는 바보가 되고 말지요. 그렇지만 창세기 38장에 나오는 오난 이야기의 배경과 상세한 상황에 대한 오해가 있으신 것 같아 약간의 설명을 부연하겠습니다.

첫째, 하나님께서 오난이라고 하는 남자를 죽게 하신 것은 그가 피임을 한 방법을 문제삼으셨기 때문이 아니라, 피임의 동기를 문제삼으셨기 때문입니다. 옛 이스라엘에서는 남편을 여읜 여인이 시형제와 결혼을 하는 수혼법(嫂婚法, levirate law)이 있었습니다. 이에 따라 오난은 아들이 없이 죽은 형을 위해 홀로 남은 형수와 성관계를 하여 형의 이름을 이을 아들을 낳아야 할 의무가 있었는데, 그 의무를 피한 것이 죄가 된 것입니다.

둘째, 오난이 복상사로 죽은 것이 아닌가 상상하셨는데, 창세기 38장에 나오는 오난과 다말의 성관계 묘사 본문에서는 복상사를 상상할 근거가 희박합니다. 설마 저에게 질외사정 피임이 죄냐 아니냐를 물으시는 것은 아니겠지요? 이미 말씀드린 것처럼, 하나님께서는 오난이 죽은 형에 대한 형제의 의무를 규정한 법을 어긴 것을 문제삼으신 것입니다.

셋째, 시형제와 결혼하는 수혼법은 남자 형제들 사이에서 누구라도 가문의 뒤를 이을 아들을 남기지 못하고 고인이 되었을 경우, 살아 있는 형제가 고인이 된 형의 이름을 잇기 위해 고인의 아내와 관계하여 아들을 낳도록 하는 옛 이스라엘의 가족법이었습니다. 이 법은 특정 지역에서 특정 민족에게 한시적으로 한정된 법이었을 뿐, 보편적인 법은 아닙니다. 그러니까 혹시라도 귀하께는 제수나 형수에 대하여 그들이 홀로되었을 때를 상상하고 다른 생각을 품지는 마십시오.

넷째, 자위를 죄로 본 때도 있었던 것 같습니다. 18세기 영국에서는 자위를 자신을 오염시키는(self-pollution) 범죄로 다스린 적이 있다고 합니다. 한때는 편집광(偏執狂)이나 미치광이 현상으로 혹은 그런 병에 걸리는 예비적 단계로 위험시한 적도 있다고 합니다. 그러나 요즘 성의학에서는 이런 자위행위를 전혀 달리 설명하고 있는 것 같습니다. 이 방면에 관해서는 별도로 성의학 전문가에게 상담을 받아보시기를 바랍니다.

다섯째, 저는 이미 기혼자이신 귀하께서 그동안 얼마나 섹스를 하셨는지 그 빈도를 알 까닭이 없지만 혹시 매번 섹스를 할 때마다, 자손 번식이 아닌 단순한 섹스를 할 때마다, 그것이 죄가 되는지 안 되는지 걱정을 하셨다면 퍽 불행한 성생활을 하신 것 같습니다. 짐승들 중에서도 많은 종들이 새끼 번식 없는 짝짓기(coupling)를 한다고 합니다. 특히 80-98%의 바다사자는 새끼 번식 없는 짝짓기를 한다고 합니다. 그 동물들의 성생활을 연구해 보시면 시사를 받는 바가 약간은 있을 것 같습니다.

15

지진이나 해일은 하나님의 분노의 표현인가요?

《 이사야 13:4-13

민영진 목사님께

세계 도처에서 일어나는 지진이나 해일 같은 재해를 이해할 수가 없습니다. 인간을 아끼시느라 속죄의 제물마저 짐승으로 대신하는 대속제물을 받으시는 하나님이신데, 인류를 구원하시기 위해서 인류에게 합당한 심판을 내리지 않고 대신 자신의 독생자를 대속제물로 희생하신 하나님이신데, 더욱이 인간의 실수로 빚어진 일이 아닌 이러한 사태는 이해할 수가 없습니다. 인간의 죄악으로 가득 찼던 니느웨 도성마저 자비롭게 처리하신 하나님이신데, 큰 잘못을 저지르지도 않은 지역에 하나님께서 분노의 잔을 쏟으시는 까닭은 무엇입니까? 지난번 서남아시아에서 일어난 해일로 수십만 명이 죽음을 당했고 뒤이어 발생한 전염병으로 수많은 사람들이 희생되었습니다. 이게 바로 "하나님께서 세상을 창조하신 뒤로부터 지금까지 없었고, 앞으로도 없을" 환난이 아닌가요?

용두동교회 김재경 장로

김재경 장로님께

서남아시아에서 엄청난 해일이 발생했을 때 저도 줄곧, 장로님과 같은 생각을 했습니다.

재해의 규모와 현상은 하나님의 진노의 심판과 같습니다만, 서남아시아의 경우는 죄에 대한 심판으로서는 설명이 안 됩니다. 오히려 서남아시아의 섬들과 해변 마을들은 지구에서 가난한 사람들이 사는 곳입니다. 장로님도 지적하신 바와 같이 성경에도 보면 하나님은 그렇게 잔인한 분이 아닙니다. 하나님께서는 좌우를 가릴 줄도 모르는 사람이 십이만 명도 더 되고 짐승들도 수없이 많은(욘 4:11) 니느웨 성도 아끼신 분이었습니다. 더구나 서남아시아 지역은 파멸의 대상이 되는 지역도 아니었습니다.

서남아시아의 재해가 바다 속 지진과 그것으로 인한 해일 피해였으니까, 인재로도 설명이 되지 않습니다. 우리가 미물이라고 하는 동물들도 이 해일을 미리 알고 다 피했다고 하는데, 만물의 영장이라고 으스대던 인간이 자연현상 앞에서 속수무책으로 당하고 말았으니 바다 속 지진과 해일에 대한 예방을 하지 못한 무지가 문제라면 모를까, 인재로는 설명이 되지 않습니다.

그렇다고 하나님께서 인류에게 알 수 없는 분노를 발하시는 것이라거나 무슨 경고를 발하시는 것이라고 생각하기에는 그 방법이 너무나도 잔인하고 그 피해 규모가 너무나도 큽니다. 주님께서 오시는 날은 무자비한 날일 것입니다. 진노와 맹렬한 분노의 날, 땅을 황폐하게 하고 그 땅에서 죄인들을 멸절시키는 날일 것입니다. 하나님께서 세상의 악과 흉악한 자들의 악행을 벌하실 날일 것입니다. 교만한 자들의 오만을 꺾어 놓고, 포학한 자들의 거만을 낮추어 놓으실 날일 것입니다. 예언자들은 이미 우리에게 이런 경고를 충분히 했습니다. 그러나 분명한 것은 서남아시아 지역의 섬들과 해변의 도시는 이런 파멸의 대상일 수가 없다는 것입니다.

아직은 하늘의 해가 어두워지지 않았고, 달이 그 빛을 잃지 않았고, 별들이 하늘에서 떨어지지 않았고, 하늘의 세력들이 흔들리지 않았다고 안심할 수도 없습니다. 희생자들에게는 우주의 역사가 끝난 것이나 마찬가지이고, 차라리 죽기를 바라는 살아남은 자들의 비탄과 굶주림과 질병과 고통은 오히려 형벌일 테니까요.

하나님께서는 왜 지진을 일으키실까요? 왜 해일이 일어 해안을 덮치게 하고, 섬들을 가라앉게 하고, 그 숱한 목숨을 순식간에 앗아가고, 지구의 지형마저 바뀌게 하며, 세상 사람들의 간담을 서늘케 하실까요? 모릅니다.

다만, 눈앞에서 전개되는 목불인견, 망연자실, 아연실색의 현실만이 있을 뿐입니다. 이웃이 죽어가고 있습니다. 사건을 해석하기에 앞서서 현장에 대한 구조가 급선무입니다. 우리는 세계 도처에서 지진과 해일로 피해를 입어 어려움에 처한 이웃들에게 관심과 도움의 손길을 펼 수 있을 뿐입니다.

장로님의 질문에 아무런 답변도 못했습니다. 장로님 덕분에 마가복음 13장과 이사야 13장과 34장을 읽고 또 읽고 묵상했습니다. 그리고 우리의 난처한 처지를 두고 장로님과 함께 잠간 탄식할 수 있었던 것에 대하여 감사드립니다.

:: Tip

초대 교부 히폴리투스가 묘사하는 초대교회의 세례식에 보면, 옛사람을 상징하는 옷을 벗고 물속으로 들어갔다가, 나오면서 새사람을 상징하는 새 옷을 입습니다. 말하자면, 로마 교회에서는 옷을 벗고 세례를 받은 셈이지요. 이 그림은 중세 시대의 사본인 소문자사본 1361번의 그림인데, 옷을 벗고 알몸으로 세례를 받는 예수의 모습이 인상적입니다.

16

성경과 친해지려면 어떻게 해야 하나요?

《《 디모데후서 3:16-17

민영진 목사님께

저는 초등부 학생들을 지도하는 교회학교 교사입니다. 교재를 가지고 학생들 앞에 서지만 시험공부에만 익숙한 아이들에게 성경을 가르치려고 하니까, 실은 저도 성경을 잘 모르거든요, 참 힘듭니다. 아이들의 주의는 늘 산만하고 공과에 나온 내용을 말하려고 해도 흥미를 느끼지 않습니다. 그 이유가 뭘까 곰곰이 생각해 보니, 사실은 저 자신이 성경에 대하여 아무것도 모른다는 것을 깨달았습니다. 제가 먼저 성경과 친숙해지지 않으면 이 문제는 해결되지 않을 것 같다는 생각이 요즘 부쩍 듭니다. 교사를 맡고서 한 가지 새롭게 안 사실은, 제가 소속한 교단에서는 교회학교 어린이들에게 『새번역』 성경을 읽히고 있는데, 말로만 듣던 『새번역』 성경을 직접 읽어보니 우선 종전의 『개역한글판』 성경과는 달리 너무나도 쉽게 이해가 된다는 것입니다. 그리고 우연한 기회에 「햇순」을 보게 되었는데, 이 또한 제게는 새로운 경험이었습니다. 또 목사님의 성경 난해구 해설이 연재되고 있다는 것도 이번에 알게 되어, 이번 기회에 성경하고 좀 친해지고 싶어서 이렇게 조언을 부탁드립니다.

태안교회 교회학교 교사 장지연 드림

장지연 선생님께

모두가 자기 일에 몰두하고, 남의 일엔 곁도 주지 않는 각박한 세상인데 교회학교 교사로 봉사하신다니 우선 존경과 함께 감사의 말씀을 드리고 싶습니다. 어린이들에게 효과적으로 성경을 가르치기에 앞서 교사 자신이 먼저 성경과 좀더 친해지고 싶다는 말씀은 아주 감동적입니다. 아이들에게 성경을 가르치기 전에 교사 자신이 성경에 재미를 느낄 필요가 있다는 의견에 저도 전적으로 동의합니다.

선생님께서 말씀하신 대로 교회학교 교사는 성경을 들고 학생들 앞에 섭니다. 물론 성경의 한 구절이나 문맥을 해설하고 우리 삶에 적용시키는 교재를 함께 들고 학생들을 대하게 되지요. 그러므로 교사는 주어진 공과의 내용을 완전히 파악하여 그것을 학생들과 함께 나눌 뿐만 아니라 공과에 담긴 정보를 더 넓고, 더 깊게 보기 위해서 성경을 참고하게 됩니다. 그러나 젊은 교사들에게, 특히 성서학을 전공하지 않은 교사들에게 우리말 번역 성경은 이해하기 어려울 수도 있습니다.

그런데 선생님께는 성경하고 이렇게 한번 친해 보라고 말씀을 드리기가 쉬울 것 같습니다. 장 선생님께서는 이미 공동체성서연구원의 월간지인 「햇순」을 보고 계시기 때문입니다. 거기에 나오는 "공동체성서연구"를 혼자서라도 한번 해 보면서 성경에 대한 새로운 접근을 체험해 보시기 바랍니다. 저로서는 다음의 몇 가지 자료를 소개하는 것으로 장 선생님이 요청하신 것에 대한 대답을 대신하고자 합니다.

첫째, 성경은 『새번역』을 활용해 보시기 바랍니다. 우선 기존의 『개역한글판』이나 『개역개정판』 대신에 『표준새번역』 개정판인 『새번역』을 기본 성경으로 사용할 경우에는 성경 이해와 관련된 문제들이 일단은 많이 해결됩니다. 이 번역에서는 소위 우리말 경전체나 고어체 사용이 최소화되어 있고 현대어 활용이 극대화되었기 때문에, 언어 장벽이 제거되었다고 말씀드릴 수 있습니

새번역 어린이 성경.

다. 『새번역』은 의미 전달을 우선적으로 고려한 번역이기 때문에 직역에서 오는 오독을 최대한으로 줄일 수 있다는 것입니다. 『새번역』 중에서도 컬러 일러스트레이션이 들어 있는 판을 사용할 경우에는 거기에 나와 있는 선화(線畵)와 거기에 칠해진 컬러를 보실 수 있습니다. 이런 것들은 단순히 본문 내용을 요약해 줄 뿐 아니라, 독자의 상상력을 키워주기 때문에, 독자로 하여금 성경의 신비하고 깊은 세계로 푹 빠져들게 하는 힘이 있습니다.

둘째, 이야기 만화 성경을 활용해 보시기 바랍니다. 정보 전달이나 흥미와 감동을 주는 매체로서 오랜 역사를 지닌 것이 있다면 그것은 단연코 '이야기'일 것입니다. 장 선생님께서도 훌륭한 교사가 되려면 훌륭한 이야기꾼이 되셔야 합니다. 이야기에 그림을 곁들일 수 있으면 정보와 흥미와 감동을 효과적으로 줄 수 있을 것입니다. 이때, 이야기는 단연코 어린이들이 이해할 수 있는 현대어여야 하고, 용어는 어린이들에게 친숙한 용어여야 할 것입니다. 그림은 아무리 만화라 하더라도, 성경 시대의 세계를 반영하는 것인 만큼 반드시 전문가의 역사적 고증을 거친 것이어야 합니다. 그리고 설명이나, 등장인물들 사이의 대화는 성경 본문을 이탈한 것이어서는 안 될 것입니다.

이런 자료는 그 제작자가 누구인지, 어느 기관에서 출판된 것인지를 아는 것이 도움이 될 것입니다. 예를 들면, 미국성서공회가 출판하고 대한성서공회가 번역한 것이 이런 목적에서 유용하게 활용될 수 있는 자료 중 하나라고 생각합니다. 물론 이 책은 어린이용입니다. 그러나 부모나 교사가 어린이와 함께 읽고 보고 느끼고 배우도록 편집된 것으로서, 성경 전체의 핵심 내용을 어린이들에게 들려주는 100여 가지 성경 이야기로 구성되어 있습니다. 교사들은 이런 자료를 통하여 자신들이 성경을 배울 뿐만 아니라 어린이들을 성경의 세계로 이끄는 방법까지 터득할 수도 있습니다. 특히 이 책은 그림 위주로 되어 있고 설명이나 대화는 필요한 것만 아주 짧게 되어 있기 때문에, 말 자체의 어려움이 없을 뿐만 아니라, 한영대조 성경이라 초등학생들의 경우에는 영어를 흥미 있게 배울 수 있다는 이점도 있습니다.

독일성서공회 판 해설 성경.

셋째, 해설 성경, 시디(CD) 성경, 비주얼 바이블도 활용해 보시기 바랍니다. 일반 성경 독자를 위한 해설 성경은 종류가 많습니다. 인쇄매체로 된 책으로부터 시디롬 자료는 물론이려니와 영상매체에 이르기까지 그 수와 양이 방대합니다.

인쇄매체로 된 해설 성경 가운데서는 독일성서공회와 미국성서공회가 내놓은 해설 성경을 추천하고 싶습니다. 두 해설 성경 모두 대한성서공회에서 번역되어 나왔습니다. 권위를 인정받는 성서공회들이 연구를 하고 저작하여 출판한 것일 뿐만 아니라, 이미 최근 몇 년 사이에 검증을 거친 것이기 때문에 역시 안심하고 사용할 수 있는 해설서들입니다.

시디 성경 역시 여러 종류가 나와 있습니다. 대한성서공회에서 출간한 시디 바이블 2.0 버전을 위시하여 주변에서 많이 활용되는 것들을 소개받을 수 있을 것입니다.

영상매체로 된 성경도 있습니다. 교사 자신을 위해서라면 영어로 된 여러 종류의 비주얼 바이블을 성서학 도서실이나 성서학 자료실에서 대출받아 활용할 수도 있을 것입니다. 교회에 따라서는 교회 자체가 교사와 학생을 위해서 이런 자료를 구비해 놓은 곳도 있습니다.

16 모든 성경은 하나님의 영감으로 된 것으로서 교훈과 책망과 바르게 함과 의로 교육하기에 유익합니다. **17** 성경은 하나님의 사람을 유능하게 하고, 그에게 온갖 선한 일을 할 수 있게 하는 것입니다. –『새번역』 딤후 3:16-17

『유다복음서』란 어떤 책인가?

스위스의 메세나 고미술재단과 미국 내셔널지오그래픽은 수년 간의 공동 연구를 통해 고증과 번역을 끝내고 지난 4월 6일 『유다복음서』(*The Gospel of Judas*)라는 문서를 공개하였습니다. 내셔널지오그래픽 학회에서는 "방사성 탄소연대 측정법, 잉크 분석법, 적외선 사진, 문맥상의 증거 등으로 고대 기독교 시대의 복음서임이 증명되었다."라고 말했습니다. 『유다복음서』는 서기 180년 당시 교부 성 이레니우스(Irenaeus)가 통렬하게 비판함으로써 그 존재가 언급되었지만, 그동안 존재 여부가 불투명했는데 이제 그것이 발견되고 해독되어 공개되기까지 하였습니다. 『유다복음서』는 어떤 책이며, 그리스도인으로서 이 책을 어떻게 보아야 합니까?

연합공보 이재수 외 다수

궁금하신 분들께

지난 4월 초순에 독자들로부터, 그리고 각종 언론 기관의 문화부 기자들로부터 같은 질문을 받고는, 인터뷰도 하고 짧은 글을 쓰기도 했습니다. 내셔널

공개된 「유다복음서」의 콥트어 사본.

지오그래픽이 전 세계에 공개하고 각종 매체가 다룬 『유다복음서』에 관한 소식을 접하면서, 일찍이 경외전 문서가 인류에게서 이러한 주목을 받은 적이 있나 싶어 놀랐습니다. 『유다복음서』는 기원후 3-4세기경의 문서임에도 불구하고, 그 소재가 파악되지 않아 잊혀진 책이었습니다. 그런데 이 콥트 어로 번역된 사본이 발견되어 복원되고, 그 본문이 영어로 번역되어 나옴으로써, 밀서(密書)와도 같은 경외전의 실체가 만천하에 공개되기에 이른 것입니다.

경외전 문헌 중 하나일 뿐

우선 말씀드릴 수 있는 것은 『유다복음서』는 신약의 복음서에 들어오지 못한 영지주의 문헌 중의 하나라고 하는 사실입니다. 금년 4월 초에 외신은 『유다복음서』의 발견 과정과 그 본문의 복원 및 영어 번역을 전 세계에 전하였습니다. 이러한 보도는 일반인들로 하여금 마치 신약성경 안의 네 복음서 외에 제5의 복음서가 발견된 것으로 잘못 이해하게 만들었습니다. 특히 『유다복음서』는 주님을 배반한 유다가 전하는 복음서라는 점에서 세인의 주목을 많이 끌었습니다. 그러나 『유다복음서』는 다른 경외전 문헌들 곧 『빌립복음서』, 『도마복음서』, 『베드로복음서』, 『참복음서』, 『완전복음서』 등과 함께 경전 복음서에 들어오지 못한 영지주의 문서들 중 하나일 뿐입니다. 다만 그동안 문헌에만 언급되어 있고, 그 내용 일부가 간접적으로만 알려진 2-3세기의 문헌이 비록 파손된 부분이 많긴 하지만, 또 그리스 어에서 콥트 어로 번역된 것이기는 하지만, 당시 영지주의 이해에 관한 상당한 정보를 지닌 실물로 발견되었다는 점이 특기할 만합니다.

발견, 본문 복원, 번역에 이르기까지

학계의 연구 결과에 따르면 『유다복음서』는 2세기에 쓰인 것으로 보입니다. 성격상 밀서 곧 비밀계시(秘密啓示)인데다가 이단으로 몰리면서 전해 내려오는 과정에서 실체가 상실되었습니다. 서기 180년 당시 영향력이 컸던 교부인 성 이레니우스가 이 문서를 비판함으로써 그 존재가 언급된 바 있습니다. 『유다복음서』는 본래 그리스 어로 되어 있었지만, 3세기경에 이집트에서 사용하던 콥트 어로 번역되었고, 이번에 발표된 사본은 4세기경에 이 번역본이 파피루스 용지에 기록된 것으로 추정됩니다.

현존하는 콥트 어 본문은 모두 26페이지 분량입니다. 이것은 1970년대 초에 이집트 골동품 시장에서 우연히 발견되었고, 스위스 메세나 고미술재단이 이를 입수, 소장하고 있었는데, 그동안 메세나 재단 측이 미국의 내셔널지오그래픽과 협력해 영어와 프랑스 어와 독일어 번역 작업을 마쳐, 2006년 4월 초에 전 세계에 공개하기에 이른 것입니다. 정경 복음서들이 서기 70년에서 100년 사이에 저술된 것에 비해, 『유다복음서』는 이보다 뒤늦은 2세기에, 영지주의의 한 분파인 가인 파(Cainites)에 의해 만들어진 것으로 보고 있습니다. 이번에 공개된 콥트 어 번역문은 300년경의 것으로 추정됩니다.

내셔널지오그래픽이 제공한 자료에 따르면, 2005년 1월 애리조나 대학의 방사성 탄소 분석법 연구소는 파피루스와 가죽의 샘플들을 정밀 조사했다고 합니다. 그 결과 고대 문서가 서기 220년에서 340년 사이의 것으로 추정된다는 사실을 밝혀냈습니다. 이 밖에도 잉크 측정법, 다중분광 이미징(MSI) 등을 통한 연구에서도 이 문서가 3-4세기에 쓰인 것으로 나타났다고 합니다. 그러나 이 문서의 상태는 페이지가 없어지거나 반 이상이 찢기거나 천여 개 정도의 파편들로 부서져 있는 등 보존 상태가 최악이었다고 합니다. 그렇기 때문에 저명한 고대 문서 번역가 케이서와 파피루스 보존 전문가인 스위스의 다르브, 독일 아우스버그 대학의 콥트 학자 워스트는 이들 문서를 마치 퍼즐 맞추듯 복원했다고 합니다.

총 26페이지짜리 『유다복음서』는 13장의 파피루스의 앞뒤 면에 쓰여 있습니다. 이것들은 부서지기 쉬운 조각들이었기 때문에 유리 두 장 사이에 끼워 넣은 후, 조각들과 각 페이지의 사진을 찍고 컴퓨터로 파피루스 섬유의 연속성에 맞는지 등을 검사하는 방식으로 5년 만에 문서의 80% 이상을 짜맞추었다고 합니다.

『유다복음서』를 이제는 영어 번역이나 우리말 번역으로도 읽을 수 있습니다. 그리스 어 본문은 현존하지 않습니다만, 그것을 번역한 콥트 어 본문은 이번에 내셔널지오그래픽이 자체의 홈페이지에 공개하였고, 누구나 볼 수 있도록 하였습니다. 우리나라의 경우 인터넷 신문인 프레시안이 한문덕 씨가 번역한 우리말 번역본을 재빨리 홈페이지에 올렸기 때문에 부지런한 이들은 이미 우리말로 번역된 『유다복음서』를 읽어보기도 하셨을 것입니다.

영어 번역으로는 *The Gospel of Judas*(Translated by Rodolphe Kasser, Marvin Meyer, and Gregor Wurst, in collaboration with Francois Gaudard. The National Geographic Society, 2006)가 있습니다.

전통 종교 바깥에서 전해져 온 『유다복음서』는, 기성종교를 비판하는 풍자로서 그 가치가 높습니다. 문학적으로 고찰해 본다면 『유다복음서』는 일종의 풍자문학(諷刺文學, Satirical Literature)으로 분류할 수 있습니다. 『유다복음서』에 따르면, 종교 지도자들이 된 예수의 열두 제자와 예수는 늘 적대관계에 있었습니다. 짧은 『유다복음서』 안에는 예수가 제자들의 행태를 비웃는 장면이 여러 번 나옵니다. 제자들이 그들의 신에게 기도할 때, 그들의 신에게 엄숙하게 종교의식을 행할 때, 자신들이 성업에 종사하는 성직자라고 자처할 때, 거룩한 존재라고 주장할 때, 그들이 교회에서 성창(聖娼)을 제도화하고, 어린이를 희생제물로 바치는 인육제사를 합법화하고, 더욱이 이 모든 일을 예수의 이름으로 행하는 것을 언급하면서, 예수는 그들을 비웃습니다. 그때마다 제자들은 예수를 선생이라고 부르면서도 그에게 화를 내고, 마음속에서 분을 참지 못하고, 속으로 자신들의 선생을 경멸합니다. 글 전체에 예수와 그의 제자들의 갈등이 가득 차 있습니다. 예수는 자기의 제자들이 종교 지도자들이 되어 혹세무민하고 있는 횡포를 신랄하게 비판합니다. 그들에게 그런 헛된 제사를 당장 집어치우라고 호통을 치는 예수에게서 우리는 거짓 예배를 규탄하는 이사야의 예언(사 1:11-13)이 다시 울리는 것을 듣습니다. 유다를 배신자라고 규탄하는 기성종교, 그 종교를 비판하고 풍자하면서, 유다를 그 열둘에서 분리시키고, 오히려 유다가 예수의 비밀 교훈을 간직하고 있는 참 제자였다고 묘사하는 데서 『유다복음서』의 풍자는 그 극에 달합니다.

퍽 개인적인 살핌이겠지만 『유다복음서』를 보면 18-19세기 유럽의 타락한 기독교를 풍자했던 블레이크, 보들레르, 로트레아몽, 랭보 등의 반기독교적 문학의 기원을 만나는 것 같은 느낌이 듭니다. 교회의 타락을, 아직 경전이 확정되기도 전인 기원 2-3세기경에 이렇게 신랄하게 묘사하다니요!

제2부 »

번역은 뜻을 옮기는 것이다

17

'두 줄 길이의 사람은 죽이고 한 줄 길이의 사람은 살렸다.' 는 것은 무슨 뜻인가요?

사무엘하 8:2

민영진 목사님

『개역한글판』 사무엘하 8:2가 잘 이해되지 않습니다. 본문은 "다윗이 또 모압을 쳐서 그들에게 땅에 엎드리게 하고 줄로 재어 그 두 줄 길이의 사람은 죽이고 한 줄 길이의 사람들은 살리니 모압 사람들이 다윗의 종들이 되어 조공을 드리니라"고 되어 있습니다. 첫째, 키 큰 사람은 죽이고 키 작은 사람은 살렸다는 말인가요? 둘째, 힘센 사람은 죽이고 힘없는 어린이는 살렸단 말인가요? 셋째, 줄의 실제 길이는 얼마인가요? 넷째, 한 줄 길이와 두 줄 길이의 사람이라고 할 때 거기에 해당되지 않는 사람들은 어떻게 처리되었나요? 예를 들면, 반 줄 길이의 사람, 혹은 한 줄 반 길이의 사람들, 말하자면 두 줄이나 한 줄에 해당되지 않는 이들도 많았을 터인데, 그들은 어떻게 되었나요?

용두동교회에서 문명한 권사 올림

문명한 권사님께

참으로 흥미 있는 것을 물어주셔서 대단히 고맙습니다. 권사님이 지적하신 본문은 히브리어 본문 자체가 예사로운 표현이 아니고, 그 내용 역시 일반적인 것이 아닙니다. 또한 번역에도 문제가 있는 본문입니다. 좀더 정확히 말하자면, 위에서 인용하신 『개역한글판』의 번역은 본문의 뜻을 분명하게 전달하지 못합니다. 이런 점에서는 『개역개정판』도 마찬가지입니다. 마치 줄로 사람의 키를 재어서 두 줄 길이의 키 큰 사람은 죽이고, 한 줄 길이의 키 작은 사람은 살린 것 같은 오해를 불러일으키기 때문입니다. 뿐만 아니라, 본문이 "두 줄 길이의 사람"과 "한 줄 길이의 사람"만을 말하고 있기 때문에, 다른 치수의 사람은 어떻게 처리되었는가 하는 엉뚱한 의문을 갖게 합니다.

히브리어 원문의 뜻을 살려서 번역하면, 다음과 같습니다.

> 다윗이 모압 나라를 굴복시켰다. 다윗은 전쟁 포로들을 줄 세워 땅에 엎드리게 한 다음에, 매 석 줄마다 두 줄은 처형하고 한 줄은 살렸다. 그리하여 모압 사람들은 다윗의 종이 되어 그에게 조공을 바쳤다.

다른 번역들을 참고해 보면 다음과 같습니다.

『킹 제임스 역』(*KJV*)은, 전쟁 포로들을 몇 개의 줄로 세운 다음에 매 석 줄마다 두 줄은 처형하고 한 줄은 사면했다고 합니다. 문제가 된 본문만을 인용하여 번역하면 다음과 같습니다.

> And he smote Moab, and measured them with a line, casting them down to the ground; even with two lines measured he to put to death, and with one full line to keep alive.
>
> 그가 모압을 쳤다. 그는 그들을 여러 줄로 세워, 땅에 엎드리게 하였다. 매 석 줄

중에 두 줄은 처형하고, 한 줄은 살렸다.

『신국제역』(*NIV*)은, 두 줄은 처형하고 셋째 줄은 사면했다고 합니다.

David also defeated the Moabites. He made them lie down on the ground and measured them off with a length of cord. Every two lengths of them were put to death, and the third length was allowed to live.
다윗이 모압 사람들을 쳤다. 그는 그들을 땅에 엎드리게 하고, (몇) 줄로 나누었다. 매번 두 줄을 처형하고, 셋째 줄은 살렸다.

『현대영어역』(*TEV*) 같은 것은, 세 사람마다 둘을 처형했다고 번역합니다.

Then he defeated the Moabites. He made the prisoners lie down on the ground and put two out of every three of them to death.
그때에 다윗은 모압 나라를 쳐부수었다. 그는 포로들을 땅에 엎드리게 하고 매 세 명마다 둘을 처형하였다.

『새생활역』(*NLT*)은 전체 포로를 세 그룹으로 나누고 그중 두 그룹은 처형하고 한 그룹은 사면했다고 번역합니다.

David also conquered the land of Moab. He made the people lie down on the ground in a row, and he measured them off in groups with a length of rope. He measured off two groups to be executed for every one group to be spared.
다윗은 모압 땅을 정복하였다. 사람들을 줄 세워 땅에 엎드리게 하였다. 줄을 가

저다가 줄로 길이를 재어 사람들을 세 무리로 나누었다. 두 무리는 죽이고 한 무리는 살렸다.

위에서 보듯이, 전쟁 포로의 처형과 사면을 말하는 이 구절은 처형 대상자와 사면 대상자의 비율과 그 선정 방법을 말하는 것입니다. 비율은 2 대 1입니다. 선정 방법은 일종의 제비나 주사위의 기능을 가진 끈이나 노끈이나 밧줄을 던지거나 밧줄로 재는 방법을 쓴 것 같습니다.(미 2:5) 혹은 몇 열 종대나 몇 열 횡대로 서게 한 다음에 두 줄마다 처형하고 한 줄은 사면하는 방법을 사용했을 수도 있습니다. 전쟁 포로들을 몇 열 종대로 세웠는지, 몇 열 횡대로 세웠는지는 현재의 본문만을 가지고서는 알 수 없습니다. 다만 우리가 추측해 볼 수 있는 것은 포로들을 여러 줄로 세우고, 한 줄 건너 두 줄씩 사람을 처형했다는 것입니다. 그러니까, 매 석 줄마다 두 줄은 처형을 하고 한 줄은 사면을 한 것입니다. 결과적으로는 3분의 2는 처형하고 3분의 1은 살린 것이지요.

본문의 정확한 이해를 위해서 우리말 번역은 과감하게 그 뜻만을 옮기고 원문의 문장 구조나 구문을 옮기려 해서는 안 될 것입니다. 전쟁 포로들을 세워 놓고, 3분의 2는 처형하고 3분의 1은 살렸다고 번역해야 합니다.

열왕기상 11:15-16에 보면 다윗은 에돔을 정복한 다음에 그곳에 여섯 달을 머물면서 에돔의 남자는 다 죽여버린 일이 있습니다. 모압의 경우보다 훨씬 더 잔인하지요. 왜 그런 잔인한 처형을 했는지는 알 길이 없습니다. 포로들을 다 먹여 살릴 수 없었기 때문인지, 여러 가지 잡역에 동원시키기에는 포로의 수가 너무 많았는지, 아니면 이스라엘 국가의 안전을 위한, 전쟁 재발을 막기 위한, 강자의 기획(企劃)이었는지 우리로선 알 길이 없습니다.

18

같은 구절이 성경마다 다르게 번역될 수도 있나요?

사무엘하 20:8-10

민 목사님

『개역한글판』과 『공동번역』과 『새번역』을 비교해 가면서 읽다가, 사무엘하 20:8-10의 내용이 세 가지 번역에 모두 달리 번역된 것을 발견하였습니다. 그 배경을 밝혀주시기 바랍니다.

8 기브온 큰 바위 곁에 이르매 아마사가 맞으러 오니 때에 요압이 군복을 입고
띠를 띠고 집에 꽂은 칼을 허리에 매었는데 저가 행할 때에 칼이 빠져 떨어졌더
라 9 요압이 아마사에게 이르되 형은 평안하뇨 하며 오른손으로 아마사의 수염
을 잡고 그 입을 맞추려는 체하매 10 아마사가 요압의 손에 있는 칼은 주의치 아
니한지라 요압이 칼로 그 배를 찌르매 그 창자가 땅에 흐르니 다시 치지 아니하
여도 죽으니라 – 『개역한글판』

8 그들은 기브온에 있는 큰 바위에 다다랐을 때 아마사를 만나게 되었다. 마침
요압은 군복을 입고 허리에 칼을 차고 있었다. 9 요압은 성큼 다가서서 "장군, 안
녕하시오?" 하며 오른손으로 아마사의 턱수염을 잡고 입을 맞추었다. 10 그러면
서 요압은 칼집에서 칼을 빼었는데, 아마사는 그것을 미처 보지 못했다. 요압이

그 칼로 아마사의 몸을 찌르자 내장이 땅바닥에 쏟아졌다. 이렇게 요압은 아마사를 단칼에 찔러 죽였다. ―『공동번역』

8 그들이 기브온의 큰 바위 곁에 이르렀을 때에, 아마사가 그들의 앞으로 다가왔
다. 요압은 군복을 입고, 허리에 띠를 띠고 있었는데, 거기에는 칼집이 달려 있
고, 그 칼집에는 칼이 들어 있었다. 요압이 나아갈 때에, 칼이 빠져 나와 있었다.
9 요압은 아마사에게 "형님, 평안하시오?" 하고 말하면서, 오른손으로 아마사의
턱수염을 붙잡고 입을 맞추었다. **10** 요압이 다른 손으로 칼을 빼어 잡았는데, 아
마사는 그것을 눈치채지 못하였다. 요압이 그 칼로 아마사의 배를 찔러서, 그의
창자가 땅바닥에 쏟아지게 하니, 다시 찌를 필요도 없이 아마사가 죽었다. ―『새
번역』

Moon 올림

Moon 님께

건성으로 읽으면 아무런 문제 없이 그냥 지나쳐 버릴 수 있는 것도 정독을 하다 보면 문제가 되어 걸리는 본문들이 있습니다. 특히 요즘 같은 멀티미디어 시대를 맞아 성경의 어떤 본문을 그림으로나 동영상으로 시각화하고자 할 때, 표현이 불분명한 본문은 그대로 노출되게 마련입니다. Moon 님께서 지적하신 대로 사무엘하 20장에 바로 그러한 장면이 있습니다.

다윗에게 가장 신임을 받던 군사 지도자 요압 장군은 다윗의 노여움을 사서(삼하 18:14-15) 뒷자리로 물러나게 되고, 엎친 데 덮친 격으로 한편으로는 자기의 동생 아비새 장군에게 다윗의 용병 부대의 지휘권을 빼앗기고, 다른 한편으로는 민병대를 통솔하는 지휘권마저 아마사 장군에게 빼앗기고 맙니다.

이때 다윗 왕국에서는 반란이 일어납니다. 세바라고 하는 북쪽 지파 사람

이 남쪽 지파 중심의 다윗의 권력 구조에 항의하여 북쪽 지파들을 규합하고 다윗과의 유대를 끊자고 합니다. 그리하여 북쪽 지파 사람들은 다윗에게 등을 돌리고 세바를 따릅니다. 다윗 왕은 아마사와 아비새 두 장군에게 이러한 반란을 평정해 줄 것을 명합니다.

요압은 바로 이런 위기를 자신의 지위를 되찾을 기회로 활용하고자 합니다. 자기의 심복들을 데리고 동생 아비새 장군이 영도하는 군대를 따라 세바 반란군 토벌에 나선 요압 장군은 반란군 평정을 위해 유다 군사를 징집해서 오고 있는 아마사 장군을 길에서 만납니다. 요압 장군은 불투명한 권력 관계에 뛰어들어 자신이 강자임을 입증해 보이려고 경쟁자인 아마사 장군을 살해할 음모를 꾸밉니다. 요압 장군은 군복을 입고 있었고, 띠를 띠고 있었는데, 그 띠에는 단검(短劍)이 들어 있는 칼집이 매달려 있었다고 합니다.

그런데 우리말 『개역한글판』 본문에 따르면, 이 칼이 칼집에서 땅바닥으로 떨어졌다고 합니다. 『공동번역』은 칼이 땅에 떨어진 것에 관해서는 아무런 언급이 없습니다. 『새번역』은 칼이 칼집에서 빠져나와 있었다고 번역합니다. 지적하신 대로, 우리말 세 번역을 비교해 보면 차이가 분명히 드러납니다.

요압 장군은 아마사 장군에게 다가서서 오른손으로 아마사 장군의 수염을 잡고, 입을 맞추는 체하면서 왼손으로는 칼을 뽑아 아마사 장군의 복부를 찔러 살해할 계획을 세웠습니다. 오른손으로 상대편의 수염을 잡는다는 것은 우리말 표현에서는 예외적이거나 무례한 몸짓인 데 반하여, 주석들은 이것이 오른손에 아무런 무기를 들지 않고 평화의 인사를 나누겠다는 몸짓, 곧 상대방이 안심하고 그의 접근을 받아들일 수 있는 몸짓이었다고 설명합니다.

그런데 요압 장군이 어떻게 아마사 장군이 눈치를 채지 못하도록 하면서 그의 복부를 공격할 수 있었느냐 하는 것이 문제입니다. 『개역한글판』에 따르면 칼이 칼집에서 빠져나와 땅바닥에 떨어졌는데, 그것을 주워서 공격하기에는 사실상 시간이 부족합니다. 그래서 『개역한글판』 본문을 가지고 요압의 행동

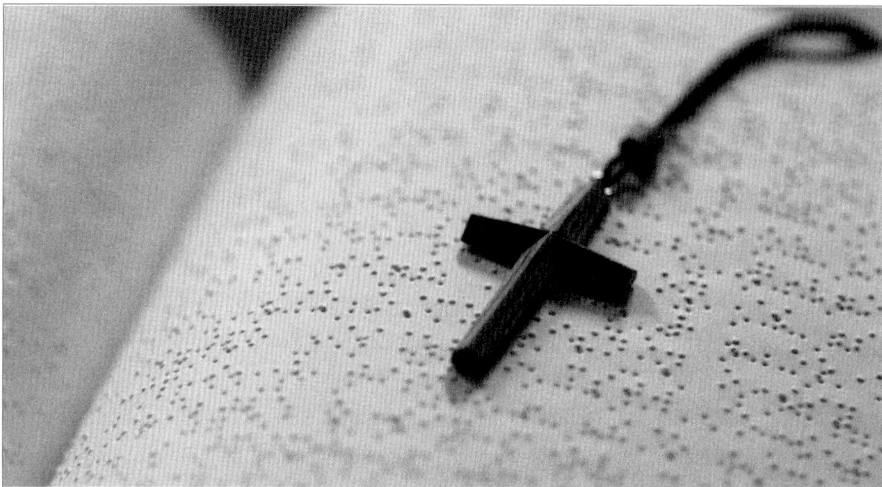

:: Tip

점자성경 및 수화성경. 시각장애인들을 위한 우리말 점자성경은 『마태복음』(1931)부터 나오기 시작하여, 『사복음서와 사도행전』(1935), 『신약전서』(1940), 『성경전서 개역』(1957), 『공동번역 신약』(1973), 『공동번역 성서』(1979), 『성경전서 개역한글판』(1982), 『성경전서 개역개정판』(2001)까지 나왔습니다. 현재 대한성서공회에서 제작하고, "(사)장애인과 사랑나눔본부"를 통하여 일괄적으로 반포되고 있습니다. 『성경전서 개역개정판』의 경우 20권이 한 세트로, 우리말 점자성경 제작 이후 2005년도 말까지 16만여 부가 반포되었습니다. 점자성경은 우리에게 그나마 친숙한 반면, 청각장애인들을 위한 수화성경은 우리나라에서는 아직 나오지 못하고 있습니다. 청각장애인들이 부분적으로 글을 읽기는 하지만, 한글을 익힌다는 것은 마치 외국어를 하는 것과 같다고 합니다. 따라서 수화성경 제작 및 반포는 앞으로 우리가 꼭 해야 할 과제입니다. 사진은 시각장애인을 위한 실로암사회복지관의 안성일 님께서 제공해 주셨습니다.

을 시각화하거나 동영상으로 만들려고 할 때에는 어떻게 연출을 해야 할지 망설이게 되는 것이 사실입니다.

위 본문에서 보듯이 『공동번역』의 경우에는 별 문제가 없습니다. 칼이 떨어졌다는 표현이 없는데다가, 요압이 오른손으로는 아마사의 수염을 잡고 입을 맞추었고, 왼손으로는 칼을 끄집어 내어 상대의 복부를 공격한 것으로 되어 있기 때문입니다. 『개역한글판』 본문에 있는 "칼이 빠져 떨어졌다"는 말이 『공동번역』에서는 왜 나타나지 않느냐 하는 것은 또 다른 문제가 됩니다.

이것과는 달리, 『새번역』은 요압이 오른손으로는 아마사의 수염을 잡고 입을 맞추고, 그렇게 몸이 밀착된 사이, 왼손으로는 칼을 칼집에서 쉽게 빼어 공격할 수 있도록 미리 칼을 칼집에서 약간 헐겁게 빼놓은 것으로 이해하고 있습니다.

이러한 세 가지 이해 중에 과연 어느 것이 맞

는가 하는 것이 우리의 문제입니다. 대답은 간단합니다. 히브리어 본문의 문자대로의 번역은 『개역한글판』의 것이 맞습니다. 다만, 칼이 칼집에서 빠져나와 땅바닥에 떨어졌는데, 그래서 그것을 다시 주워들고 상대의 복부를 공격할 시간이 없었을 터인데 어떻게 살해가 가능했느냐 하는 문제는 해결되지 않습니다.

『공동번역』이나 『새번역』은 번역 과정에서 사건 진행 절차를 적절하게 조정해 본 것입니다. 『공동번역』은 요압 장군의 칼이 땅에 떨어졌다는 표현을 생략하고 있습니다. 『새번역』은 칼이 칼집에서 빠져나와 땅바닥으로 떨어진 것이 아니라 다만 칼집에서만 빠져나와 있어서, 요압이 아마사를 공격할 때 왼손으로 쉽게 그 칼을 뺄 수 있었다는 것을 암시합니다.

분명한 것은 요압 장군이 자기의 경쟁자 아마사 장군을 '형제'라고 부르면서, 한 팔로는 그를 끌어안고 입을 맞추면서, 다른 한 팔로는 단검을 잡고 그를 찔러 살해하였다는 것입니다.

19

온전한 하나님의 말씀을 다양하게 번역해도 문제가 안 될까요? 《 잠언 22:16

민영진 목사님

『공동번역』 잠언 22:16에는 "어려운 사람을 학대하면 그가 부자가 되고 부자에게 자꾸 갖다 주면 그가 가난해진다."라고 되어 있는데, 번역이 이상해서 『개역한글판』과 『표준새번역』 성경을 보니 『공동번역』과는 뜻이 완전히 달랐습니다. 『개역한글판』에 보면 "이(利)를 얻으려고 가난한 자를 학대하는 자와 부자(富者)에게 주는 자는 가난하여질 뿐이니라"고 되어 있어요. 『표준새번역』에는 "이익을 탐해서, 가난한 사람을 학대하는 사람과, 부자에게 자꾸 가져다주는 사람은, 가난해질 뿐이다."라고 되어 있고요. 저는 분명 『공동번역』의 번역이 틀린 것이라고 생각합니다. 정확한 답변 부탁드립니다. 샬롬!

남대문시장에서 이숙정 드림

이숙정 자매님께

우선 흥미 있는 문제를 물어주셔서 우리 모두가 이 본문을 다시 볼 수 있도록 하여주신 것을 감사드립니다. 아마 『공동번역』을 보시다가, "어려운 사람을 학대하면 그가 부자가 되고"라고 하는 내용이 너무나도 도발적이어서 다른 두 번역을 비교해 보신 것 같습니다. 그렇게 비교해 보시니까 『공동번역』만 번역이 다른 것 같고, 다른 두 번역은 같은 것처럼 보이지요? 그래서 아마도 『공동번역』의 번역이 틀린 것 같고, 서로 일치하는 다른 두 번역은 맞는 것 같다고 생각하신 것 같습니다. 그리고 더욱이, 성경의 말씀인데, 부자가 되는 방법으로 어려운 사람을 학대하는 길을 제시하였을 까닭도 없을 것이라고 생각하신 것 같고요.

그러나 구약성경의 욥기나 전도서를 포함하여 잠언과 같은 지혜 문학에는 여러 종류의 격언과 금언과 처세 교훈과 속담 등이 자주 인용되어 있고, 그러한 격언이나 금언이나 속담 들은 경험된 현실을 그대로 진술하고 고발하는 역할도 합니다. 부자들이 어떻게 부자가 됩니까? 정당하게 벌어서 부자가 된 이들도 있지만, 동서고금을 막론하고, 가난한 사람의 등을 쳐서 부자가 된 이들도 많지 않습니까? 그런데 가난한 이들을 착취하여 부자가 된 사람들 중에는 자기들보다 권력이 더 많은 또 다른 착취자에게 착취를 당하는 사람들이 있게 마련입니다. 그래서 일찍이 전도서의 저자도 이렇게 말했습니다.

어느 지방에서든지
가난한 사람을 억압하고,
법과 정의를 짓밟아도,
너는 그것을 보고 놀라지 말아라.
높은 사람 위에 더 높은 이가 있어서,
그 높은 사람을 감독하고,

그들 위에는 더 높은 이들이 있어서,

그들을 감독한다. -『표준새번역』 전 5:8

착취의 먹이사슬을 말한 것으로 볼 수도 있습니다. 약자를 착취한 자는 기회가 있을 때마다, 때만 되면, 자기보다 더 높은 지위에 있는 부자들에게 혹은 권력자들에게, 불순한 동기에서, 뇌물성 선물을 가져다 바치기도 하지요. 자신이 남에게서 빼앗기도 하지만 자기 역시 자기보다 더 높은 권력자에게 빼앗기니까 결국, 착취한 재물로는 부자가 되지 못한다는 말입니다. 그런 사람은 상대적으로 평생 가난하다는 것입니다. 이것이 『공동번역』의 이해입니다.

그러면 다른 번역들은 왜 『공동번역』과 다를까요? 표현에서는 서로 다른 것 같은데, 사실상 근본적인 내용은 같다고 볼 수 있습니다. 가난한 사람들을 학대하여 얻은 재물을 가지고(약간 부자가 되었네요!) 자기보다 훨씬 더 부자이며 권력자인 사람에게 뇌물이나 바치면서(약간 빼앗겼네요!) 부귀와 영달을 꿈꾸는 자는, 그런 식으로 부를 누리려는 자는 결국 가난하게 된다는 것 아닙니까?

그렇다면 히브리어 원문은 어떨까요? 히브리어를 아시면 곧바로 그 본문을 보시면 되겠지만, 히브리어 원문을 보실 수 없으면, 히브리어 본문을 글자 그대로 번역한 로버트 영(Robert Young)이란 사람의 『축자역성서』(逐字譯聖書, *Literal Translation of Bible*)의 번역을 소개할 터이니 한번 참고해 보시기 바랍니다.

He is oppressing the poor to multiply to him, He is giving to the rich - only to want.

그는 재산을 늘리려고 가난한 이들을 학대한다. 그는 부자에게 갖다 바친다. - 궁핍할 뿐이다.

히브리어로 쓰인 구약을 다른 말로 최초로 번역한 것이 그리스 어 『칠십인역』인데, 그것도 한번 보겠습니다. 그것을 그대로 직역하면 다음과 같습니다.

> He that oppresses the poor, increases his own substance, yet gives to the rich so as to make it less.
>
> 가난한 자를 억압하는 자는 제 재산을 늘린다. 그러나 부자에게 갖다 바치니, 여전히 궁핍하다.

오히려 『공동번역』의 이해가 더 원문의 형식과 뜻에 가깝지 않습니까? 그렇다고 『개역한글판』이나 『표준새번역』의 번역이 틀린 것도 아닙니다. 결과를 볼 때 결국 착취자는 부자가 못 된다는 점에 착안하여 『개역한글판』은 "이(利)를 얻으려고 가난한 자를 학대하는 자"라고 문장 구조를 달리하여 번역하였고, 『표준새번역』은 "이익을 탐해서, 가난한 사람을 학대하는 사람"이라며 문장 구조를 달리하여 번역한 것뿐입니다.

번역자들이 원문을 번역할 때, 그들이 파악한 원문의 뜻을 어떻게 표현하느냐에 따라, 우리 독자들이 받는 인상도 서로 달라집니다. 원문의 의미가 복합적이기 때문입니다. 어느 하나의 고정된 의미는 없는 것이지요. 의미뿐 아니라 표현 방식도 번역판에 따라 다양합니다. 표현이 다르면 독자가 받는 인상도 달라지고요. 그러나 귀하께서 비교하신 세 번역은 근본적인 내용에 있어서는 일치합니다. 아무리 번역을 다양하게 한다 하더라도, 번역은 일정한 원칙의 통제를 받으면서 수행되는 작업이기 때문에, 의미의 차이와 함께 의미의 유사성도 동시에 가지고 있습니다. 여러 번역을 비교하여 읽으시면서 성경 속의 신비한 세계를 즐겨 보시기 바랍니다.

20

프레스뷔테로스는 '장로' 인가요, '나이 많은 이들' 인가요? 《 베드로전서 5:5

저는 신앙생활을 오래 했습니다만, 교회에서 이렇다 할 중책을 맡을 만큼 열심히 봉사를 하지는 못했습니다. 다른 친구들은 장로가 되어 봉사하는데 저는 그렇게 되지도 못하고 어느새 이렇게 나이만 먹고 말았습니다. 그런데 베드로전서 5:5를 읽다가, 혹시 우리말 번역문에 문제가 있는 것은 아닌가 하는 생각이 들어서 한 말씀 여쭈어 봅니다. 제가 주로 보는 것은 영어 번역판인 *NIV*입니다. 거기에 보면 젊은이들에게 말하길, 노인에게 순종하라는 충고가 나옵니다. 그런데 우리말 번역판들은 모두 "장로들에게 순종하라."고 되어 있습니다. 장로가 못 된 것도 서러운데, 장로가 못 된 우리 같은 노인들을 소외시키는 것 같아서 번역의 정확성 여부를 여쭈어 봅니다. 좋은 답변 주시기 바랍니다.

동대문구 보문동 불만 노인 올림

불만 어르신께

듣고 보니 이해가 갑니다. 저도 늙어가고 있는데 '장로'가 아니거든요. 우선 어르신께서 주신 본문을 여러 번역에서 확인을 해보았습니다. 확인 결과 번역판들마다 베드로전서 5:5의 그리스 어 '프레스뷔테로스'가 교회 안의 직제(職制)로서의 '장로'(長老)를 가리키는 말이냐, 아니면 일반적인 '노인 어른'을 가리키는 말이냐 하는 것에 대하여 일치된 견해가 없다는 것을 알았습니다.

우선 영어 번역들을 보니까, (1) 일반적으로는 '장로'를 가리키는 "the elder"(*KJV*, *ASV*) 혹은 "the presbyters"(*NAB*), (2) 더러는 '나이가 많은 이들'을 가리키는 "those who are older"(*NIV*, *NIB*), "the older ones"(*BBE*), (3) 심지어는 장로 개인이 아니라 그 장로가 지니고 있는 권위에 순종하라는 뜻에서 아예 '장로'라는 말을 "장로의 권위"(the authority of elders/*NRSV*, *NLT*)라고까지 번역한 것도 있습니다.

문제는 이것이 직제로서의 장로만을 가리키는 말이냐, 아니면 일반적인 어른을 가리키는 말이냐 하는 것입니다. "those who are older"나 "the older ones"는 노인 어른을 가리킵니다. 그러나 "the presbyters"는 직제로서의 장로를 가리키는 것이고, "the elder"는 둘 다를 가리키는 모호한 표현일 수도 있지만, 현재의 성경 번역에서 "the elders"는 일반적으로 직제로서의 장로를 가리킵니다. 베드로전서 5:1에 두 번 거듭 나오는 직제로서의 장로를 가리키는 '프레스뷔테로스'를 영어 번역들이 일반적으로 "the elders"라고 번역한 것을 보면 이러한 사실을 알 수 있습니다.

그리스 어 사전에서 이 말을 찾아보면, 그 기본적인 뜻은 '두 대상 중에서 더 나이가 많은 대상'입니다.

먼저, 교회의 직제로서의 '장로'를 가리키는 것으로 이해하고 번역한 것으로는 다음의 것들이 있습니다.

젊은 자들아 이와 같이 장로들에게 순복하고 다 서로 겸손으로 허리를 동이라 하나님이 교만한 자를 대적하시되 겸손한 자들에게는 은혜를 주시느니라 – 『개역한글판』

이번에는 젊은이들에게 말합니다. 여러분은 원로들에게 복종하십시오. 여러분은 모두 겸손의 옷을 입고 서로 섬기십시오. 하느님께서는 교만한 자를 물리치시고 겸손한 사람에게 은총을 베푸십니다. – 『공동번역』

젊은이 여러분, 이와 같이 여러분도 장로들에게 순종하십시오. 모두가 서로서로 겸손의 옷을 입으십시오. "하나님께서는 교만한 자를 물리치시고, 겸손한 사람에게 은혜를 주십니다." – 『표준새번역』

젊은 자들아 이와 같이 장로들에게 순종하고 다 서로 겸손으로 허리를 동이라 하나님은 교만한 자를 대적하시되 겸손한 자들에게는 은혜를 주시느니라 – 『개역개정판』

Likewise you that are younger be subject to the elders. Clothe yourselves, all of you, with humility toward one another, for "God opposes the proud, but gives grace to the humble." – *RSV*

In the same way, you who are younger must accept the authority of the elders. And all of you must clothe yourselves with humility in your dealings with one another, for "God opposes the proud, but gives grace to the humble." – *NRSV*

Likewise, you younger members, be subject to the presbyters. And all of you, clothe yourselves with humility in your dealings with one another, for: "God opposes the proud but bestows favor on the humble." — *NAB*

한편, '프레스뷔테로스'를 '노인 어른'을 가리키는 말로 이해하고 번역한 것들로는 다음과 같은 것들이 있습니다.

젊은이 여러분, 이와 같이 여러분도 나이가 많은 이들에게 복종하십시오. 모두가 서로서로 겸손의 옷을 입으십시오. 하나님께서는 교만한 자를 물리치시고, 겸손한 사람에게 은혜를 주십니다. — 『새번역』

Young men, in the same way be submissive to those who are older. All of you, clothe yourselves with humility toward one another, because, "God opposes the proud but gives grace to the humble." — *NIV*

And in the same way, let the younger men be ruled by the older ones. Let all of you put away pride and make yourselves ready to be servants: for God is a hater of pride, but he gives grace to those who make themselves low. — *BBE*

그렇다면 베드로전서 5장의 문맥에서는 그리스 어 '프레스뷔테로스'가 직제로서의 장로이겠습니까, 아니면 일반적인 어른을 가리키는 말이겠습니까? 베드로전서에서 '프레스뷔테로스'는 다음과 같이 두 절에서 세 번 나옵니다.

너희 중 장로들에게 권하노니 나는 함께 장로 된 자요 그리스도의 고난의 증인

:: Tip

1947년, 이스라엘의 사해 북서쪽에 위치한 쿰란이라는 곳에서 대량의 고대문서들이 발견되었는데, 이를 '사해 사본' 또는 '쿰란 사본'이라고 합니다. 여기에는 구약성경 사본과 외경 사본과 주석서와 기타 종교 문헌들이 포함되어 있습니다. 구약성경의 형성과 전승 과정에 대한 귀중한 자료이지요. 물론 가장 초기의 구약성경 사본이기도 하고요. 사진은 사해사본이 발견된 쿰란 동굴입니다.

이요 나타날 영광에 참예할 자로라 –『개역한글판』 벧전 5:1

젊은 자들아 이와 같이 장로들에게 순복하고 다 서로 겸손으로 허리를 동이라 하나님이 교만한 자를 대적하시되 겸손한 자들에게는 은혜를 주시느니라 –『개역한글판』 벧전 5:5

베드로전서 5:1의 경우는 직제로서의 장로직을 가리키는 것이 문맥 자체에서 분명히 드러나 있습니다. 그러나 5절의 경우는 두 해석이 다 가능합니다.

넓은 뜻으로 번역하면, 이 단어는 '장로'와 '어른/나이 많은 이들'을 다 포함합니다. 제 개인적으로는 베드로전서 5:5의 그리스 어 '프레스뷔테로스'는 '어른' 혹은 '나이 많은 이들'이라고 하면 좋을 것 같습니다. 여기에는 두 가지 이유가 있습니다. 하나는, '나이 많은 이들'이라고 하면 거기에는 장로도 포함되고 장로가 아닌 노인 어른들도 포함되기 때문입니다. 다른 하나는, 이 말이 바로 같은 절에 나오는 '젊은이들'에게 준 충고이지, 장로가 아닌 교인 일반에게 준 충고가 아니기 때문입니다.

"젊은이 여러분, 이와 같이 여러분도 나이 많은 이들에게 순종하십시오. 모두가 서로서로 겸손의 옷을 입으십시오."

『표준새번역』이 본문에서는 "장로들에게"라고 번역하고, 난외주에는 "나이가 많은 이들에게"라고 번역해 놓았습니다. 본문과 난외주의 것을 함께 보시면 좋을 것 같습니다. 그리고 『새번역』은 이것을 본문에서 "나이가 많은 이들에게"로 번역하였습니다. 젊은이들이 어르신께 불손하게 대하면, 다음과 같은 구절들을 인용하시면서 버르장머리 없는 젊은이를 훈계해 보시기 바랍니다.

> 백발이 성성한 어른이 들어오면 일어서고, 나이 든 어른을 보면 그를 공경하여라. 너희의 하나님을 두려워하여라. 나는 주다. –『표준새번역』 레 19:32

> 너를 낳아 준 아버지에게 순종하고 늙은 어머니를 업신여기지 말아라. –『표준새번역』 잠 23:22

21

'학대로 옷을 가리우는 자'는 어떤 사람인가요?

《《 말라기 2:16

민 목사님

말라기 2:16을 보면 이해하기 어려운 구절이 있습니다.

이스라엘의 하나님 여호와가 이르노니 나는 이혼하는 것과 학대로 옷을 가리우는 자를 미워하노라 만군의 여호와의 말이니라 그러므로 너희 심령을 삼가 지켜 궤사를 행치 말지니라 – 『개역한글판』

여호와께서 이혼하는 것을 미워하신다는 것은 알겠는데, "학대로 옷을 가리우는 자"를 미워하신다고 할 때의 '학대로 옷을 가리운다.'라는 말은 무슨 뜻입니까? 또 이번에 새로 개정되어 나온 『개역개정판』을 보니까 이 표현을 거꾸로 하여 "옷으로 학대를 가리는 자"라고 번역하였습니다. 어느 분은 "옷으로 학대를 가리는 자"가 남편이 아내를 구타한 다음에 "그 구타의 흔적을 자기의 옷으로 가리는 자"라고 말하기도 하는데, 잘 이해가 되지 않습니다.

시카고 살렘교회 김명자 올림

김명자 님께

그런 어려운 표현이 우리말 번역 성경에 들어 있었군요. 말라기 2:16의 전체적인 내용은 조강지처를 버리지 말라는 말씀입니다. 특히 이혼을 하지 말라는 말씀이 강조되어 있습니다. 그런데 제가 보기에도 '학대로 옷을 가리우다.' 라는 『개역한글판』의 표현은 아무래도 히브리어 본문이 지닌 뜻을 분명하게 반영하는 것 같지는 않습니다. 히브리어의 표현을 문자대로 직역하면 "자기의 옷을 학대로 덮는 자"라는 말입니다. 이것은 곧 "학대를 옷처럼 몸에 입고 다니는 자"라는 말이지요. 다시 말하면 "남 학대하기를 마치 옷 입고 다니듯 하는 자"라는 말입니다.

또 남편이 아내를 구타하여 상처가 났을 때, 남편이 아내의 상처를 자기의 옷으로 가려준다는 것도 그렇게 명확한 표현은 아닙니다. 상처를 가리는 옷이라면 아내의 옷이어야지 남편의 옷으로 가린다는 것은 이해가 되지 않습니다. 원문은 남편의 옷이거든요.

*KJV*는 "학대를 자기의 옷처럼 입고 있는 자"(one [who] covereth violence with his garment)라고 하였습니다. 남을 학대하기를 밥 먹듯 하는 것을 말합니다.

> For the LORD, the God of Israel, saith that he hateth putting away: for one covereth violence with his garment, saith the LORD of hosts: therefore take heed to your spirit, that ye deal not treacherously.

*NIV*는 번역하길 "사람이 옷으로 자신을 감싸듯이 폭력으로 자신을 감싸는 것"(man's covering himself with violence as well as with his garment)이라고 하였습니다.

:: Tip

기원전 3세기경에, 구약성경의 맨 처음에 나오는 다섯 개의 책들인 토라가 히브리어에서 코이네 그리스어로 번역되었습니다. 이집트의 알렉산드리아에서 이루어진 이 번역은 『칠십인역』(*Septuagint*)이라고 합니다. 72명의 번역자가 밀실에 들어가 독자적으로 번역을 마치고 나왔는데, 각각이 번역한 것들을 비교해 보니, 모두의 번역이 똑같았다는 이야기가 함께 전해지고 있습니다. 구약의 다른 책들은 나중에 번역이 되었고, 또 다른 나머지 책들은 기원전 1세기에 번역되었습니다. 그림은 『칠십인역』 번역자들이 연회를 즐기는 모습입니다.

"I hate divorce," says the Lord God of Israel, "and I hate a man's covering himself with violence as well as with his garment," says the Lord Almighty. So guard yourself in your spirit, and do not break faith.

어쩌면 '학대의 화신(化身)'이라는 말과 비슷하다고도 할 수 있습니다. 우리의 문맥에서는 '아내와 이혼하는 것'과 '아내에게 폭력을 가하는 것,' 이 두 가지가 한 가지의 두 측면을 말하는 것일 수도 있고, 두 가지 서로 다른 행동일 수도 있습니다. 참고삼아 다른 두 번역을 함께 제시합니다.

나는 이혼하는 것을 미워한다. 주 이스라엘의 하나님이 말한다. 아내를 학대하는 것도 나는 미워한다. 나 만군의 주가 말한다. 그러므로 너희는 명심하여, 아내를 배신하지 말아라. – 『새번역』

"I hate divorce," says the LORD God of Israel. "I hate it when one of you does such a cruel thing to his wife. Make sure that you do not break your promise to be faithful to your wife." – *TEV*

"나는 이혼을 미워한다." 이스라엘의 하나님 주께서 말씀하신다. "아내에게 그런 잔인한 일을 하는 것을 나는 미워한다. 네 아내에게 성실하겠다고 한 그 약속을 깨뜨리지 않도록 명심하여라."

22

'양피'는 '양의 피'인가요, '양의 가죽'인가요?

《 사무엘상 18 : 25 – 27

민영진 목사님

성경에 보니까, "너희는 양피를 베어라 이것이 나와 너희 사이의 언약의 표징이니라"(『개역한글판』 창 17:11)고 하였는데, 여기서 '양피'란 양의 피를 말하나요? 아니면 양의 가죽을 가리키나요? 또 양피를 베는 것이 언약의 표징이라고 하는데, 그 '양피'란 무엇인지요?

어린 양 올림

어린 양 님께

창세기 17:11의 '양피'는 양의 피도 아니고, 양의 가죽도 아닙니다. 사실 이 낱말은 우리가 잘 쓰지 않는 것이기 때문에, 이해하는 데 어려움이 있습니다. 우리말 번역 성경 가운데 『개역한글판』 구약성경에는 '양피'라는 말이 열 번 나옵니다. 어린 양 님께서 말씀하신 구절도 여기에 속해 있습니다. 예를 들어 봅시다.

너희는 양피를 베어라 이것이 나와 너희 사이의 언약의 표징이니라 – 창 17:11

이에 아브라함이 하나님이 자기에게 말씀하신 대로 이 날에 그 아들 이스마엘과 집에서 생장한 모든 자와 돈으로 산 모든 자 곧 아브라함의 집 사람 중 모든 남자를 데려다가 그 양피를 베었으니 – 창 17:23

25 사울이 가로되 너희는 다윗에게 이같이 말하기를 왕이 아무 폐백도 원치 아니
하고 다만 왕의 원수의 보복으로 블레셋 사람의 양피 일백을 원하신다 하라 하
였으니 이는 사울의 생각에 다윗을 블레셋 사람의 손에 죽게 하리라 함이라 …
27 다윗이 일어나서 그 종자와 함께 가서 블레셋 사람 이백명을 죽이고 그 양피
를 가져다가 수대로 왕께 드려 왕의 사위가 되고자 하니 사울이 그 딸 미갈을 다
윗에게 아내로 주었더라 – 삼상 18:25-27

사울의 아들 이스보셋에게 사자들을 보내어 이르되 내 처 미갈을 내게로 돌리라 저는 내가 전에 블레셋 사람의 양피 일백으로 정혼한 자니라 – 삼하 3:14

말씀드린 바와 같이 『개역한글판』에는 '양피'라는 낱말이 열 곳에서 나타납니다. 한글 전용으로 된 성경을 읽는 독자로서 '양피'가 무엇인지 모를 경우,

우리말 국어사전을 보게 될 것입니다. 국어사전들을 찾아보면, '양피'(羊皮)라고 하는 말이 올라 있고, 그 뜻풀이를 보면, '양의 가죽'이라고 설명되어 있습니다. '양피'에 대한 다른 올림말은 없습니다. 그러므로 국어사전을 참고한 이들은 이런 곳에 나오는 '양피'를 '양의 가죽'으로 이해할 것입니다. 이런 일은 필자가 아는 어느 교회의 설교에서 실제로 일어난 사건이기도 하였습니다.

그런데 한글학회에서 나온 『우리말 큰사전』에는 다행스럽게도 볕 '양'(陽) 자에 가죽 '피'(皮) 자를 한 '양피'(陽皮)라는 올림말이 올라 있고, 그 뜻풀이를 보면, '자지의 끝을 덮은 살가죽,' '포피'(包皮)라고 되어 있습니다. 일반적으로 '양피'(陽皮)는 잘 알려져 있지 않은 낱말이지요. 더욱이 이 말은 양 '양'(羊) 자에 가죽 '피'(皮) 자를 한 '양피'(羊皮) 곧 '양의 가죽'으로 더 많이 알려져 있습니다. 『개역한글판』이 말하는 '양피'는 '양피'(羊皮)가 아니라 '양피'(陽皮)입니다.

『개역개정판』은 이것을 '포피'(包皮)로 고쳐서 오해의 여지를 없앴습니다. 『공동번역』 역시 이 말을 '포경'(包莖)이라고 번역하여 오해의 소지를 없앴습니다. 그런데 최근에 번역된 『표준새번역』(1993)은 현대어와 쉬운 말을 사용하여 번역한다는 원칙에도 불구하고, 그냥 '양피'라고 번역하였습니다. 한글 전용판밖에 없는 『표준새번역』이 '양피'를 고집한 것은 이해가 잘 안 됩니다. 그러나 다행히 표준새번역 개정판인 『새번역』에서는 이것을 다시 '포피'로 개정하였습니다.

위의 예문에서 창세기(17:11, 23)의 경우는, '할례'(割禮) 곧 남자의 포경수술과 같은 것에 종교적인 의미를 부여하여 실시하는 의식과 관련된 것입니다. 이스라엘의 남자들은 모두 포피를 잘라내는 할례의식을 행함으로써 하나님의 계약 백성이 되었습니다.

그러나 사무엘기(삼상 18:25, 27, 삼하 3:14)의 경우는, 전쟁에서 적군의 포피를 베어내는 것을 뜻합니다. 전쟁에서 적군의 포피를 베어내는 것은 전쟁에서 적을 얼마나 죽였는지를 확인하기 위한 것이었습니다. 사울 왕은 지금 다윗을 사위로 삼으려고 하기보다는 그를 전쟁터로 몰아내어 죽일 의도에서 다윗에게 위험한 모험을 시키고 있습니다. 그래서 그는 다윗에게, 자기는 사위가 될 사람 쪽에서 가져오는 어떠한 결혼 예물도 바라는 것이 없고, 다만 사울의 원수인 블레셋 사람들을 백 명 죽여, 그 증거로 시체에서 포피를 베어오라고 요구한 것입니다. 이것이야말로 다윗을 격전지에 몰아넣어 죽게 할 의도였던 것이지요. 그러나 다윗은 그의 부하들을 데리고 가서 블레셋 사람 이백 명을 죽이고, 그 포피를 베어 가지고 왕에게 가져다 주었습니다. 그리하여 하는 수 없이 사울은 자기의 딸 미갈을 다윗과 결혼시키고 그를 사위로 맞아들였습니다.

우리말 번역이 '양피'(陽皮)라고 하는 아주 드물게 쓰이는 말, 일반적으로 사전에도 잘 오르지 않은 말을 써서 번역을 한 배후에는 완곡어법(婉曲語法, euphemism)을 쓰려는 의도가 들어 있는 것이 분명합니다. 『표준새번역』의 경우도 그렇게밖에 설명이 되지 않습니다.

영어 번역을 살펴보면, 직접적인 표현을 한 것과 신체상의 특수 부위에 대한 언급을 피하고, 완곡어법을 쓴 예가 보입니다. *TEV* 같은 것은 '음경(陰莖)의 포피'를 뜻하는 'foreskins'라는 말을 직접 쓰고 있습니다.

> All the king wants from you as payment for the bride are the foreskins of a hundred dead Philistines, as revenge on his enemies. —1Sam 18:25
> 결혼 선물로 왕이 원하는 것은 다만 그의 원수 블레셋 사람의 양피 백 개를 가져와서 그의 원수를 갚아주는 것이다.

반면에 *CEV* 같은 것은 완곡한 표현을 쓰고 있습니다.

> All you have to do is to bring back proof that you have killed a hundred

Philistines! — 1Sam 18:25

너희가 해야 할 것은 블레셋 사람 백 명을 죽였다는 증거를 가져오는 것이다.

『개역한글판』에는, 『공동번역』이나 『표준새번역』에 비해, 동음이의어가 비교적 많은 편입니다. 따라서 『개역한글판』을 읽는 독자들은 그러한 동음이의어에 각별히 유념해 가면서 본문을 읽어야 합니다. 예를 들면, 가장(家長)/가장(假裝)/가장(家藏), 연락(連絡)/연락(聯絡)/연락(宴樂), 이상(異常)/이상(以上)/이상(異狀)/이상(異像), 적당(適當)/적당(賊黨), 전사(戰死)/전사(戰士), 지체(遲滯)/지체(肢體), 표적(標的)/표적(標跡) 등입니다.

23

남편을 주인으로 부르는 것이 성경적인가요?

《《 베드로전서 3:1-6

1 아내 된 자들아 이와 같이 자기 남편에게 순복하라 이는 혹 도를 순종치 않는
자라도 말로 말미암지 않고 그 아내의 행위로 말미암아 구원을 얻게 하려 함이
니 2 너희의 두려워하며 정결한 행위를 봄이라 3 너희 단장은 머리를 꾸미고 금
을 차고 아름다운 옷을 입는 외모로 하지 말고 4 오직 마음에 숨은 사람을 온유
하고 안정한 심령의 썩지 아니할 것으로 하라 이는 하나님 앞에 값진 것이니라
5 전에 하나님께 소망을 두었던 거룩한 부녀들도 이와 같이 자기 남편에게 순복
함으로 자기를 단장하였나니 6 사라가 아브라함을 주라 칭하여 복종한 것 같이
너희가 선을 행하고 아무 두려운 일에도 놀라지 아니함으로 그의 딸이 되었느니
라 – 『개역한글판』 벧전 3:1-6

남자이신 민영진 목사님, 위의 본문 읽어보셨겠지요? 이 본문을 읽으면 읽을수록 짜증이 나고 화가 나요. 세 가지 이유 때문입니다.

첫째, 우선 우리말로 번역된 본문이긴 한데, 무슨 말인지 모르겠어요. 남편들과 아내들에게 주는 권면 같기는 한데, 그리고 대체로 아내들은 남편에게 복종하라는 말 같긴 한데, 1절 끝부분 "도를 순종치 않는 자라도 말로 말미암지 않고 그 아내의 행위로 말미암아 구원을 얻게 하려 함이니"도 무슨 말인지

모르겠고, 2절 "너희의 두려워하며 정결한 행위를 봄이라"도 무슨 말인지 모르겠습니다. 4절 "오직 마음에 숨은 사람을 온유하고 안정한 심령의 썩지 아니할 것으로 하라"는 말은 또 무슨 말입니까? 원문이 이렇게 난해한 것입니까, 아니면 번역이 엉터리라서 그런 것입니까?

둘째, 여자들의 화장이나 단장에 대해서 베드로 사도께서 뭘 아신다고 이래라 저래라 하십니까? 아내들더러 남편들에게 복종하라는 것은 이해됩니다. 옛날에는 다 그렇게 해서 가정의 평화를 지켰으니까요. 그런데 3-4절을 보니까, "너희 단장은 머리를 꾸미고 금을 차고 아름다운 옷을 입는 외모로 하지 말고 오직 마음에 숨은 사람을 온유하고 안정한 심령의 썩지 아니할 것으로 하라"고 하니, 단장을 하란 말입니까, 하지 말란 말입니까? 여자들에게 몸단장이나 얼굴 화장은 생명과도 같은 것인데, 머리를 다듬고, 패물을 차고, 옷을 신경 써서 입는 것 등이 해서는 안 될 일을 하는 것입니까? 서울 시내의 내로라하는 교회에 가보세요. 비싼 머리 손질을 하고, 고상한 액세서리를 차고, 유행을 따르는 멋진 옷을 입은 여자들이 없습니까? 그런 이들은 다 비성경적, 반성경적인 사람들입니까? 그리고 기껏 하신다는 말씀이 "전에 하나님께 소망을 두었던 거룩한 부녀들도 이와 같이 자기 남편에게 순복함으로 자기를 단장하였나니"라고 하니, 해도 해도 너무 심한 것 아닙니까?

셋째, 또 6절에 보니까 "사라가 아브라함을 '주'라 칭하여 복종한 것 같이 너희가 선을 행하고 아무 두려운 일에도 놀라지 아니함으로 그의 딸이 되었느니라"고 하니, 구약성경에 어디 그런 기록이 있습니까? 속 시원하게 좀 대답해 보세요, 남자 목사님!

서초동의 울분 여신도 올림

코덱스 책 형태.

두루마리 책 형태.

울분 님께

세 가지로 나누어 말씀하셨으니까, 저도 그 순서를 따르겠습니다.

첫째, 번역 내용이 어렵다는 말을 듣고 있으면 저도 짜증이 나고 화가 납니다. 울분 님은 어쩌자고 개화기에 번역된 『개역한글판』만 알고, 그 후에 여러 차례 새롭게 번역되거나 개정된 성경은 전혀 모르고 계신단 말입니까? 울분 님이 무슨 말인지 모르겠다고 하신 본문은, 『새번역』 같은 것을 보시면 명확하게 알 수 있습니다. 여기에 그대로 인용하겠습니다. 훨씬 이해하기 쉬울 것입니다.

:: Tip

한 쪽 면에만 글이 쓰인 긴 용지를 둘둘 말아서 사용하는 두루마리와는 달리, 코덱스는 양쪽 면에 글이 쓰인 여러 낱장이 함께 제본된 책 형태를 말합니다. 두루마리에서 특정 부분을 찾으려면 이리저리 말고 펼쳐야 하는 데 비해, 코덱스는 특정 부분을 찾는 것이 훨씬 용이합니다. 또한 양쪽 면을 모두 사용하니, 비용도 저렴합니다. 기독교 문서들은 처음부터 코덱스 형태의 책에 기록되었으며, 일반 사회에서는 4세기에 이르러서야 코덱스가 보편화하였습니다. 비록 회당에서는 여전히 두루마리를 표준으로 사용하고 있지만, 유대인들은 7세기에 이르러 코덱스 형태의 책을 많이 사용하게 되었답니다.

> 1 아내가 된 이 여러분, 이와 같이 여러분은 자기 남편에게 순복하십시오. 그리하면, 비록 말씀에 복종하지 않는 남편일지라도, 말을 하지

않고도 아내 여러분의 행실로 말미암아 구원을 얻게 될 것입니다. 2 그들이 여
러분의 경건하고 순결한 행실을 보고 그렇게 될 것입니다. 3 여러분은 머리를
꾸미며 금붙이를 달거나 옷을 차려 입거나 하여 겉치장을 하지 말고, 4 썩지 않
는 온유하고 정숙한 마음으로 속 사람을 단장하도록 하십시오. 이것이 하나님
께서 보시기에 값진 것입니다. 5 전에 하나님께 소망을 두고 살던 거룩한 여자
들도 이와 같이 자기를 단장하고, 자기 남편에게 순복하였습니다. 6 사라가 아
브라함을 주인이라고 부르면서 그에게 순종하던 것과 같습니다. 여러분은 선을
행하고, 아무리 무서운 일도 두려워하지 않으니, 사라의 딸이 된 것입니다. —벧
전 3:1-6

둘째, 화장을 하지 말라서나 단장을 하지 말라는 말은 아닐 것입니다. 겉치장에만 신경 쓰지 말고 속 단장도 좀 하라는 말이겠지요. 속 단장이라는 것이 어떤 인격 도야와는 무관한 '남편에게 순종하기'에 연관시킨 것은 저도 유쾌하지 않습니다.

셋째, 사라가 자기 남편 아브라함을 '주'(主)나 '주인'(主人)이라고 불렀다고 하는 것에 대하여 한 말씀을 드리겠습니다. 창세기 18:12에 보면 늙은 사라에게 천사가 득남할 것을 예고하니까, 사라가 속으로 웃으면서, "내가 노쇠하였고 내 주인도 늙었으니 내게 어찌 낙이 있으리요"(『개역한글판』)라고 한 말이 있습니다. 같은 본문이 "나는 기력이 다 쇠진하였고, 나의 남편도 늙었는데, 어찌 나에게 그런 즐거운 일이 있으랴!"하고, 속으로 웃으면서 중얼거렸답니다.(『표준새번역』)

히브리어 '아도니'는 그 문자적인 뜻은 '주인'이지만, 사라는 이 맥락에서는 단지 '남편'이라는 뜻으로 쓰고 있습니다. 자기도 늙고 자기 남편도 늙었는데 어떻게 임신이 가능하기라도 하겠느냐는 것입니다. 히브리서 기자는 히브리어 '아돈'이 지닌 문자적인 의미를 강조하고 있고, 현대의 다른 여러 번역들,

예를 들면, 우리말 『새번역』, 『공동번역』, 영어의 *RSV, NRSV, BBE, NAB, NJB* 등이 단순히 '남편'으로 번역하고 있습니다. 화를 좀 진정시킬 수 있으셨다면 다행입니다.

24

우리말 번역과 영어 번역은 왜 차이가 날까요?

《《《 창세기 25:18

민영진 목사님께

저는 성경을 읽을 때, 우리말 번역을 영어 번역 *NIV*와 비교해 가면서 읽고 있습니다. 창세기를 읽다가 두 번역이 크게 다른 한 곳을 발견하여 목사님께 여쭙습니다. 창세기 25:18입니다. 우리가 교회에서 읽고 있는 『개역한글판』에는 "그 자손들은 하윌라에서부터 앗수르로 통하는 애굽 앞 술까지 이르러 그 모든 형제의 맞은편에 거하였더라."고 되어 있습니다. 그런데 *NIV*에 보니까 달리 번역되어 있습니다.

> His descendants settled in the area from Havilah to Shur, near the border of Egypt, as you go toward Asshur. And they lived in hostility toward all their brothers.
>
> 그 자손들은 하윌라에서부터 앗수르로 통하는 애굽 앞 술까지 이르렀다. 그들은 자기들의 형제들과 적대감을 가지고 살았다.

이렇게 번역이 서로 달라 그 배경을 여쭙고 싶습니다.

서강교회 방순애 드림

방순애 자매님

문제의 본문 창세기 25:18은 이스마엘의 후손에 관한 기록인 12-18절의 문맥 속에 들어 있습니다. 사라의 여종인 이집트 사람 하갈과 아브라함 사이에서 태어난 아들들의 이름이 순서대로 기록되어 있는데 그들은 느바욧, 게달, 앗브엘, 밉삼, 미스마, 두마, 맛사, 하닷, 데마, 여두르, 나비스, 게드마로서 모두 열두 명입니다. 이 이름들은 (1) 이스마엘의 열두 아들의 이름이면서, (2) 동시에 마을 이름이기도 하고, (3) 그들이 세운 열두 지파의 통치자들의 이름이기도 합니다.(12-16절) 17절은 이스마엘이 137세에 죽은 것을 말하고, 문제의 18절은 이스마엘 후손들과 아브라함의 다른 열두 아들의 정착에 관해서 진술하고 있습니다. 그런데 문제는 히브리어 본문 “알 프네 콜 에카브 나팔”이 번역을 하기가 어려운 본문 중의 하나라는 점입니다.

그러므로 번역판들마다 이 문제의 본문을 조금씩 다르게 처리하였습니다. 서로 다른 의미를 번역에 반영시킨 것입니다. 자매님은 『개역한글판』과 *NIV*를 비교하셨습니다만, 번역판마다 조금씩 다릅니다. 예를 더 들면, 『공동번역』은 *NIV*와 비슷합니다.

> 이스마엘 사람들은 하윌라에서 수르에 이르는 지방에 퍼져 살았다. 수르는 에집트 동(東)쪽 아시리아로 가는 도중에 있다. 이렇게 그들은 모든 골육의 형제들과 맞서 자리를 잡았다.

『공동번역』은 이스마엘의 후손들이 그들의 형제들인 이삭의 후손들과 대결하는 위치에, 즉 맞서서 대항하는 위치에 자리를 잡고 살았다고 번역합니다. 여기에 반하여 어떤 번역들은 문제가 되는 본문을 아예 번역하지 않습니다. 『새번역』 같은 것이 여기에 속합니다.

그의 자손은 모두 하윌라로부터 술 지방에 이르는 그 일대에 흩어져서 살았다. 술은 이집트의 동북(東北)쪽 경계 부근 앗시리아로 가는 길에 있다.

다양한 영어 성경 번역본들.

영어 번역 중에 *TEV*는 이 구절을 다음과 같이 번역합니다.

The descendants of Ishmael lived in the territory between Havilah and Shur, to the east of Egypt on the way to Assyria. They lived apart from the other descendants of Abraham.

이스마엘 자손들은 하윌라와 술 사이 지역에 정착하였다. 술은 이집트 동쪽 앗시리아로 가는 길에 있다. 그들은 아브라함의 다른 자손들과는 떨어져서 살았다.

히브리어 본문이 난해한 본문일 경우에는 이렇게 여러 가지로 추측하여 번역을 합니다. 히브리어 본문을 글자 그대로 우리말로 옮기면, "그들이 형제들의 동쪽에 정착하였다."인데, 이는 지리적으로 맞지 않습니다.

귀하께서 참고하신 *NIV*의 번역이 기존의 『개역한글판』보다는 더 의미가 통하는 번역입니다.

25

히브리어 '크도쉼'은 성도인가요, 우상인가요?

《 시편 16:3

민영진 목사님께

어지러워 죽겠습니다. 시편 16:3이 번역판마다 서로 달리 번역되어 있어서 눈이 뒤집힙니다. 그 다른 정도가 너무나 크기 때문입니다. 우선 『개역한글판』과 『표준새번역』을 비교해 보세요.

> 땅에 있는 성도는 존귀한 자니 나의 모든 즐거움이 저희에게 있도다. – 『개역한글판』

> 땅에 사는 성도들을 말하라면 '성도들은 존귀한 사람들이요, 나의 기쁨이다' 하겠습니다. – 『표준새번역』

이것도 큰 차이인데, 『공동번역』은 전혀 다릅니다.

> 이 땅에 있는 거룩하다는 신들, 그런 것들을 좋아하는 자들에게 저주를 내리소서. – 『공동번역』

도대체 같은 히브리어 본문이 어떻게 이렇게 서로 달리 번역될 수 있다는 말입니까? 우리나라 성서 번역자들이 오역을 했을 것 같지는 않지만, 어디, '요로케' 달라지는 그 기막힌 곡절이나 한번 들려주십시오.

HCH 올림

HCH 님께

여러 번역을 읽다가, 번역판마다 번역 방법이나 표현만이 아니라 아예 내용 자체가 달리 나오면, 독자들은 적지 않게 당황하게 됩니다. 더욱이 자기가 좋아하던 본문이 엉뚱하게 반대의 의미로 나오면 정말 환장하지요. 귀하의 입장을 충분히 이해합니다. 그러나 모처럼 좋은 질문을 만나서, 특별한 성경공부도 할 수 있게 되니 반드시 나쁘지만은 않습니다.

시편 16:2-4는 정말 번역자들을 골탕 먹이는 본문입니다. 히브리어 마소라 본문과 그리스 어 『칠십인역』과 시리아 어 역과 그리스 어 『심마쿠스 역』 등이 서로 이독(異讀)을 보이는데다가, 히브리어 본문도 여러 가지로 읽혀, 원문을 회복하려고 하는 본문비평가들까지도 당황하여 때로는 이렇게, 때로는 저렇게 히브리어 본문을 재구성하고 있는 실정입니다.

16:2-4를 잘 이해하려면 3절에 나오는 히브리어 '크도쉼'이 누구를 가리키는지를 알아야 합니다. 글자 그대로는 '거룩한 자들' 혹은 '성도'라는 말입니다. 이것을 『개역한글판』과 『표준새번역』은 성도(聖徒)라고 번역하였는데, 『공동번역』은 이것을 우상(偶像)으로 이해하면서 소위 "거룩하다는 신(神)들"이라고 번역하였습니다. 너무나도 다른 이해입니다.

주석들도 두 가지로 견해를 서로 달리합니다.

(1) 한 견해는 '크도쉼'을 '경건한 사람들'이나 '제사장들'로 생각합니다. 우리말 『개역한글판』이나 『표준새번역』이 이 이해를 따르고 있습니다.

(2) 또 다른 견해는 '크도쉼'이 '우상들' 혹은 '다른 신들'을 가리킨다는 것입니다. 우리말 『공동번역』은 바로 이 두 번째 견해를 번역에 반영한 것입니다. 그러니까 여기에서 시편 16편의 시인 혹은 기도자가 하나님께 아뢰는 것은, 자기가 전에는 이런 신들을 좋아하였지만 지금은 생각이 확 바뀌었다는 것입니다. 그 신들에게 더 이상 제물(祭物)의 피를 붓지 않고, 그 신들을 다시는 섬기지 않겠다는 결심을 하나님께 아뢰는 것이지요.

그래서 이 본문은 다음과 같이 번역할 수도 있습니다.

(하나님, 제가 전에는) 땅에 있는 우상들을 존귀한 것이라고 생각했고, 그 신들을 섬기면서 즐거워하였습니다.

혹은

(하나님) 소위 이 세상에 있는 거룩하다는 것들을 존귀하게 여기는 자들, 그것들을 섬기며 기뻐하는 자들은 저주를 받게 하여 주십시오.

그러나 또 많은 주석들은 우리말 번역 『개역한글판』이나 『표준새번역』에서 보듯이, 시편 16편의 시인 혹은 기도자가 땅 위의 성도들을 존귀한 사람으로 여기며 자기의 기쁨으로 삼고 있음을 하나님께 고백하는 것으로 봅니다.

어쨌든, 두 번역이 시편 16편 전체 내용에 상반되는 것은 아닙니다. 그리고 『개역한글판』과 『표준새번역』은 표현이 다를 뿐 근본적인 내용이 다른 것은 아닙니다. 참고삼아 말씀드립니다만, 3절의 화자(話者)는 하나님이 아니고 하나님께 기도하는 사람입니다. 그것은 기도자의 독백일 수도 있고(『개역한글판』처럼), 하나님을 향한 기도자의 기도 내용일 수도 있습니다.(『공동번역』이나 『표준새번역』처럼)

다음의 두 영어 번역에서도 서로 다른 이해를 반영한 것을 볼 수 있습니다.

As for the saints who are in the land, they are the glorious ones in whom is all my delight. —*NIV*
땅에 있는 성도들로 말할 것 같으면, 그들은 영광스러운 사람들이고 나의 모든 즐거움이 그들에게 있다.

Worthless are all the false gods of the land. Accursed are all who delight in them. —*NAB*
땅에 있는 모든 거짓 신들은 아무런 쓸모도 없다. 그러한 것들을 좋아하는 자들은 저주를 받을 것이다.

『새번역』도 한번 참고해 보세요.

땅에 사는 성도들에 관해 말하라면 '성도들은 존귀한 사람들이요, 나의 기쁨이다' 하겠습니다.

26

하나님과 악마의 자리가 바뀌었어요! 《《《 디모데후서 2:26

민영진 목사님께
『개역개정판』 디모데후서 2:26을 인용합니다.

> 그들로 깨어 마귀의 올무에서 벗어나 하나님께 사로잡힌 바 되어 그 뜻을 따르게 하실까 함이라

첫째, 위 번역은 마귀가 들어갈 자리에 하나님을 바꿔넣은 엉뚱한 번역입니다. 위 번역은 그리스 어 원문 이해에서 문법적 오해, 본문 문맥의 오해, 거기에서 기인된 신학적 오류를 범하고 있습니다.

둘째, 문맥의 오해라 함은 25절에, 거역하는 자들이 마귀에게 사로잡혀 그동안 계속 거역해 왔다는 말입니다. 그런데 위 번역은 "하나님께 사로잡힌 바 되어"라고 하였습니다. 이것은 문맥을 무시한 번역입니다.

셋째, 신학적 오류라고 할 수 있는 것은 하나님이 자신의 뜻을 따르게 하기 위해 강제로 사람을 산 채로 포로로 잡는다고 하는 것입니다. 하나님은 그렇게 하시지 않습니다.

넷째, 그리스 어 원문의 의미를 볼 것 같으면, 원문에서 '아우투'를 누구로

번역하느냐에 따라 마귀도 되고 하나님도 됩니다. 그러나 이 단어가 누구인지를 해결하는 열쇠는, '사로잡힌 바 되어'라는 그리스 어 단어 '조그레오'입니다. 이 단어가 원문에서는 '완료분사 수동태'로 쓰였습니다. 따라서 "마귀의 올무에서 벗어난 이후 하나님께 사로잡히는 것"이 아니라, 그동안 마귀에게 사로잡혀 마귀의 뜻을 좇았다는 의미입니다.

다섯째, *NASB*, *NIV*, *KJV*, *NKJV*, *NLT*, *NRSV* 등 모든 영어 번역본은 이 "devil" 다음에 콤마를 찍어 그 뒤에 나오는 "him"이 마귀라는 것을 분명히 나타내고 있습니다. 특히 *KJV*은 "devil, who…"라고 더 적극적으로 표현하고 있습니다.

여섯째, 따라서 마귀 자리에 하나님을 집어넣은 해괴망측한 번역은 즉시 수정되어야 할 것입니다.

주님 안에서 한 형제가

형제님께

귀하의 지적에서 몇 가지 오류를 지적하고자 합니다.

첫째, 『개역개정판』은 새로운 번역이 아니고, 『개역한글판』을 개정한 것입니다. 『개역개정판』은 개역의 이 부분 이해가 가능한 이해라고 보아서 기존의 『개역한글판』을 존중하여 『개역한글판』의 번역을 그대로 둔 것일 뿐입니다. 『개역개정판』이 『개역한글판』을 달리 개정한 것은 아닙니다.

둘째, 마치 대한성서공회가 이런 것도 모르고 이렇게 해괴망측한 번역을 하였느냐고 비판하시지만, 『공동번역』("그리고 악마에게 사로잡혀 악마의 종노릇을 하던 그들이 제 정신으로 돌아가 악마의 올가미에서 벗어나게 될 것입니다.")이나 『새번역』("그들은 악마에게 사로잡혀서 악마의 뜻을 좇았지만, 정신을 차려서 그 악마의 올무에서 벗어날 것입니다.")은 귀하가 생각하시는 대로 그렇게 번

:: Tip

성서시대 이전부터, 즉 파피루스나 양피지 이전 단계부터 사용되던 서사 재료는 도자기입니다. 오스트라콘(ostracon)이라고 불리는 깨진 질그릇 조각들 위에 기록을 남기고, 그 기록이 오늘날까지 남아 있는 것이지요. 깨진 사기 조각들은 고대에는 가장 싸고, 가장 손쉽게 구할 수 있는 서사 재료였습니다. 어느 곳에서나 영수증, 학교 교과, 명단과 짧은 메시지들을 기록하는 데 사용되었고요. 성경의 말씀이 기록된 오스트라콘들은 거의 이집트에서 발견되었습니다. 사진은 오스타라콘 중의 하나로 깨진 질그릇에 히브리어 글씨 연습을 한 것으로 보입니다.

역을 하였습니다. 그러나 이 번역도 『개역한글판』이나 『개역개정판』의 번역이 틀렸다고 판단하여 그렇게 한 것이 아니라, 같은 그리스 어 본문이 달리 번역될 수도 있기 때문에 달리 해본 것일 뿐입니다.

귀하도 알고 계시겠지만 두 번역이 표현은 달라도, 잘못하는 자들에게 끈기 있게, 친절하게, 언쟁을 피하면서 복음의 진리를 지시해 주어야 한다는 의미는 결국 같지 않습니까! 그리스 어 표현 "에조그레메노이 휘프 아우투 에이스토 에케이누 텔레마"는 "after being captured by him to do his will"이라고 번역될 수도 있고, "after being captured by him, to do his (that is, God's) will"로도 번역이 될 수 있습니다. 귀하는 그리스 어를 다루는 솜씨가 훌륭한 것을 볼 때 이미 다 알고 계실 것 같은데, 같은 뜻을 전달하는 다양한 표현이 가능한 곳에서 왜 어느 한 가지만을 고집하시는지 안타깝습니다.

아마 귀하께서도 여기 26절의 "에케이누 텔레마"에서 "에케이누"가 "of God"의 의미를 지닌 '원격선행'(遠隔先行, the remoter antecedent)일 가능성이 있다는 것쯤은 이미 알고 계시리라 생각됩니다.

27

레아의 용모에 대한 평가는 왜 번역본마다 차이가 나나요?

《《 창세기 29:17

민영진 목사님께

창세기 29:17을 읽다가 『개역개정판』과 『새번역』이 서로 달리 번역되어 있는 것을 발견하였습니다. 어느 것이 맞는 번역입니까? 아니면 이 차이를 어떻게 설명해야 합니까? 『개역개정판』을 보면 레아는 시력이 약하다고 되어 있고, 『새번역』을 보면 눈매가 부드럽다고 되어 있습니다. 지금 교사용 교재를 준비하고 있는 중입니다. 번역을 비교하다가 발견하는 이런 차이를 어떻게 설명해야 할지 몰라서 망설이다가 여쭙습니다. 의견을 주시면 고맙겠습니다.

용두동교회 김윤자 전도사

김윤자 전도사님

성경을 연구하시다가 번역상의 문제에 관하여 주저하지 않고 물어주신 것을 감사드립니다. 제가 가지고 있는 창세기 29:17의 우리말 번역들을 비교해 보니까 다음과 같습니다.

레아는 안력(眼力)이 부족하고 라헬은 곱고 아리따우니 –『개역한글판』

레아는 부드러운 눈매를 하고 있었지만, 라헬은 몸매도 아름답고 용모도 예뻐서 –『공동번역』

레아는 시력이 약하고 라헬은 곱고 아리따우니 –『개역개정판』

레아는 눈매가 부드럽고, 라헬은 몸매가 아름답고 용모도 예뻤다. –『새번역』

우리말 번역들은 결국 두 가지 서로 다른 이해를 반영하고 있습니다. 『개역한글판』의 "안력(眼力)이 부족하다."는 말이나 개역개정판의 "시력이 약하다."는 말은 둘 다 같은 뜻이라고 볼 수 있습니다. 그러나 『공동번역』과 『새번역』은 둘 다 "부드러운 눈매/눈매가 부드럽다."고 말하고 있습니다. 두 여성, 곧 레아와 라헬을 비교하여 묘사하고 있는 본문에서 라헬의 경우는 번역판마다 아무런 차이가 없이 모두 다 "곱고 아리땁다."(『개역한글판』/『개역개정판』)거나 "몸매도 아름답고 용모도 예뻤다."(『공동번역』/『새번역』)라고 번역하고 있습니다.

그런데 지금 문제가 되는 본문이 레아와 라헬의 외모를 비교하는 본문일까요? 라헬은 몸매와 용모가 예뻤다니, 그러면 레아는 그렇지 못했다는 것일까요? 그렇다면 히브리어에서 안력이 부족하다거나 시력이 약하다는 말은 용모가 예쁘지 않다는 말의 다른 표현일까요? 아직 잘 모르겠습니다. 같은 히브리어 원문이 왜 이렇게 서로 달리 번역되는지에 관해서는 조금 있다가 말하기로 하고, 우리에게 가까운 영어 번역들은 어떻게 번역하고 있는지도 한번 보겠습니다. 제가 수십 가지의 영어 번역들을 비교해 보니까 결국 다음의 네 가지 번역으로 나누어집니다.

양치는 라헬과 야곱. 16세기 그림으로 벨기에에 있는 브뤼셀 왕립 역사 미술관에 소장되어 있습니다.

Leah was tender eyed; but Rachel was beautiful and well favoured. — *KJV*

Leah had weak eyes, but Rachel was lovely in form, and beautiful. — *NIV*

Leah had lovely eyes, but Rachel was shapely and beautiful. — *TEV*

but her eyes didn't sparkle (or and her eyes sparkled), while Rachel was beautiful and had a good figure. — *CEV*

*KJV*의 경우는 레아가 눈매가 부드럽다고 이해한 것 같습니다. *NIV*는 레아가 시력이 약하다고 이해하고 있습니다. *TEV*는 레아가 사랑스러운 눈을 가지고 있다고 이해하고 있습니다. *CEV*

같은 것은 본문에서는 "레아는 눈이 번득이지 않았다."라고 번역하는가 하면, 난외주에서는 정반대로 "레아는 눈이 번득였다."고 번역하고 있습니다. 눈이 번득인다는 표현은 그가 아주 강렬한 눈빛을 가졌다는 말인데, 듣기에 따라서 혹은 상황에 따라서는 아주 매력적인 눈을 가졌다는 말이 되기도 하고, 또 사나운 눈을 가졌다는 말이 되기도 합니다. 이 번역본은 같은 본문에 대하여 상반된 이해가 가능하다고 말하고 있습니다.

도대체 히브리어 원문은 무엇일까요? 히브리어 사본들마다 본문이 서로 다른 것도 아닙니다. 히브리어 본문은 두 여성을 비교하면서 이렇게 말합니다. "레아는 눈이 '라크'하고, 라헬은 모양이 아름답고(예팟 토아르), 보기에도 아름다웠다.(위팟 마르에)" 라헬의 경우는 확실합니다. 아마 구약성경에 나오는 여성으로서 아가서의 여주인공을 제외하면 이런 찬사를 받은 사람은 라헬이 유일무이한 것 같습니다. 그런데 레아에 대해서는 아주 모호한 표현을 쓰고 있습니다. 히브리어 '라크'는 '부드럽다,' '연하다,' '섬세하다,' '우아하다,' '곱다,' '약하다' 등의 뜻을 가지고 있는 말입니다. 이런 복합적인 뜻을 지니고 있는 말을 레아의 눈을 묘사하는 데 쓰고 있습니다. 그래서 심지어 히브리어를 모국어로 쓰는 독자들도 이 낱말이 지닌 이중적 의미 앞에서 곤혹을 느끼고 있습니다. 한 가지 분명한 것은 레아의 눈에 대한 이러한 묘사가 라헬의 외모나 용모에 대한 극찬에 비해서는 약하다고 하는 것입니다.

28

우리말 성경에서 '파랗다'와 '푸르다'의 쓰임새는 어떻게 다른가요? 《《 시편 23:1

민영진 목사님께

5, 6월은 신록의 계절이지요? 아마 우리나라 사람들이 자연을 보면서 아주 흔하게 볼 수 있는 색깔이 바로 초록(草綠)이 아닐까 생각합니다. 그렇다면 한자어 '초록' 말고 순수한 우리 고유어로도 초록 빛깔을 표현하는 말이 있을 것 같습니다. 그것이 '푸르다'가 아닐는지요?

"푸른 하늘 은하수"라든가 "파란 들 남쪽에서 바람이 불면…" 등과 같은 우리에게 익숙한 노래가 있지만, 그래도 하늘은 파랗고 풀이 자라는 들은 푸르다고 말해야 옳을 것 같은 생각이 듭니다. 마침, 우리말 번역 성경 시편 23:1을 보니까 "푸른 풀밭"이라는 표현이 있군요. 우리말 번역 성경에서는 '파랗다'와 '푸르다'가 어떻게 적용되어 있는지 궁금하여 잠시 여쭙니다.

캐나다 리자이나에서 오강남 올림

오강남 교수님께

참 흥미 있는 질문입니다. 우리말에서 '푸르다'라는 형용사는 하늘빛이나 풀빛이나 쪽빛을 일컫습니다. 그래서 '푸른 산,' '푸른 물결,' '푸른 초원,' '푸른 하늘'이라는 표현에 '푸르다'라는 말이 두루 쓰입니다. 그래서 한영사전을 보면 '푸르다'는 'blue'와 'green'이라는 두 대응어를 다 가지고 있습니다. '푸른 하늘'은 'an azure sky,' '푸르디푸른 하늘'은 'a pure blue sky/a perfectly clean blue sky,' '푸른 눈의 소녀'는 'a blue-eyed girl,' '천을 푸르게 물들였다.'는 'I dyed the cloth blue.' '푸른 야채를 더 먹어야 해.'는 'You must eat more green vegetables.' 등으로 번역이 됩니다.

'파랗다'라는 형용사 역시 우리말 사전에서는 맑은 하늘의 빛깔을 표현하기도 하고, 넓게는 녹색과 남색을 포함할 수도 있다고 설명되어 있습니다. 그래서 '파란 가을 하늘,' '눈이 파란 외국인,' '파란 싹이 돋아나다.'라는 표현을 쓸 수 있습니다. 그래서 '파랗다'를 한영사전에서 찾아보면 그 대응어로 'blue,' 'azure,' 'green' 등이 올라 있습니다. '파란 눈'은 'blue eyes,' '파란 풀'은 'green grass,' '파란 하늘'은 'a blue sky'입니다.

성경에는 히브리어 '야로크'(green)와 '트켈렛'(blue)이 다 나옵니다. 우리말 번역 성경을 보면, 주로 '야로크'는 '푸르다'로, '트켈렛'은 '청색'(靑色)으로 번역이 됩니다. 흥미 있는 것은 약 40여 회 나오는 '푸르다'는 주로, 풀(창 1:30), 나뭇가지(창 30:37), 채소(출 10:15), 악성피부병이나 벽의 곰팡이 색점(레 13:49), 나무(신 12:2), 칡(삿 16:7), 조복(朝服, 에 8:15), 초장(草場, 시 23:2), 잎사귀(잠 11:28), 침상(寢牀, 아 1:16), 무화과 열매(아 2:13), 초목(草木, 아 6:11), 나물(사 37:27), 잔디(막 6:39) 등의 색깔을 묘사합니다.

'청색'은 실(출 25:4), 끈(출 28:28), 겉옷(출 28:31), 고(출 36:11), 옷(출 39:22), 보자기(민 4:7), 휘장(에 1:6), 옷감(렘 10:9), 베(겔 27:7) 등의 색깔을 묘사할 때 사용됩니다.

29

우리말 주기도 번역에 무슨 문제라도 있나요?

《《 마태복음 6:9-13

민영진 목사님께

주기도의 우리말 번역에 문제가 있나요? 요즘 항간에 주기도문을 다시 번역한다는 말이 들립니다. 제가 출석하는 교회에서는 『개역개정판』을 쓰고 있고, 주기도도 『개역개정판』에 나와 있는 것을 쓰고 있습니다. 거기에 번역되어 있는 주기도를 가지고 기도를 합니다. 오랫동안 찬송가의 속표지에 적힌 주기도를 사용하였는데 『개역개정판』에서는 번역이 약간 다르다는 것을 느꼈습니다. 이제 그것에 조금 익숙해지려고 하는데, 또다시 주기도가 번역되어 나온다는 소문이 들립니다. 왜 그런 필요성이 논의되는지요? 우선 『개역한글판』의 주기도와 『개역개정판』의 주기도가 어떻게 다르고 무엇이 개선되었는지 알기 쉽게 설명해 주시기 바랍니다.

목양교회 유수열 드림

유수열 성도님께

교회에서 사용하는 주기도는 마태복음 6:9-13에 나오는 것입니다. 기존의 『개역한글판』에는 다음과 같이 되어 있습니다. 밑줄 그은 부분은 개정판에서 바뀐 것입니다.

> 9 하늘에 계신 우리 아버지여 이름이 거룩히 여김을 받으시오며 10 나라이 임하
> 옵시며 뜻이 하늘에서 이룬 것 같이 땅에서도 이루어지이다 11 오늘날 우리에게
> 일용할 양식을 주옵시고 12 우리가 우리에게 죄 지은 자를 사하여 준 것 같이 우
> 리 죄를 사하여 주옵시고 13 우리를 시험에 들게 하지 마옵시고 다만 악에서 구
> 하옵소서 (나라와 권세와 영광이 아버지께 영원히 있사옵나이다 아멘)

『개역개정판』에서는 다음과 같이 개정되었습니다. 밑줄 그은 부분은 개정판에서 바뀐 것입니다.

> 9 하늘에 계신 우리 아버지여 이름이 거룩히 여김을 받으시오며 10 나라가 임하
> 시오며 뜻이 하늘에서 이루어진 것 같이 땅에서도 이루어지이다 11 오늘 우리에
> 게 일용할 양식을 주시옵고 12 우리가 우리에게 죄 지은 자를 사하여 준 것 같이
> 우리 죄를 사하여 주시옵고 13 우리를 시험에 들게 하지 마시옵고 다만 악에서
> 구하시옵소서 (나라와 권세와 영광이 아버지께 영원히 있사옵나이다 아멘)

"나라이 임하옵시며"에서 "나라이"가 "나라가"로 바뀌었습니다. 옛날에는 '나라'를 '나랗'이라고 받침을 넣어서 썼기 때문에 조사 '-이'가 붙었는데 이제는 받침이 없이 '나라'라고 하니까 조사 '-가'를 붙이는 것이 더 자연스러운 것이지요.

"뜻이 하늘에서 이룬 것 같이"에서 "이룬"을 "이루어진"으로 고쳤습니다.

우리말에 피동과 능동 구별이 엄격하지 않던 때에 이 주기도가 번역되면서 피동으로 번역되어야 할 것이 능동으로 번역되었기에 이번에 그것을 현대의 문법으로 바로잡은 것입니다.

"양식을 주옵시고"에서 "주옵시고"를 "주시옵고"로 고쳤습니다. 현대의 우리말 문법으로는 이렇게 해야 맞는다고 합니다. 그래서 "사하여 주옵시고"도 "사하여 주시옵고"로, "시험에 들게 하지 마옵시고"도 "시험에 들게 하지 마시옵고"로, "악에서 구하옵소서"도 "악에서 구하시옵소서" 등으로 바꾸었습니다.

별로 바뀐 것이 없습니다. 문법적인 교정 외에 사실 내용은 하나도 바뀐 것이 없습니다. 그런데 번역판에 따라 내용이 조금씩 다른 것도 사실입니다. 그리스 어 본문에 대한 이해를 달리할 때 그런 차이가 있는 번역도 가능합니다. 또 우리말에서는 존대법을 여러 가지로 달리 적용할 수도 있으니까 번역의 다양성은 더 복잡해질 수 있습니다.

"하늘에 계신 우리 아버지여"만 하더라도 여러 가지 번역이 가능합니다. '아버지여'는 '아버지'로 바뀔 수가 있으며 실제로 그렇게 한 번역들도 있습니다. 존대법 언어에서는 '아버지여'는 맞지 않다고 합니다. '아버님'이라고 번역할 수도 있을 것입니다. 존대어를 친밀어로 바꾸어

주기도문 교회의 한글 주기도문. 예루살렘에 있는 주기도문 교회는 1875년 프랑스에서 가톨릭의 '카르멜 파 수녀들을 위한 수녀원'과 함께 건립한 것으로 수녀원 건물 벽에는 우리말을 포함하여 세계 62개 언어로 번역된 주기도문이 전시되어 있습니다.

'아빠'로 번역할 수도 있을 테지요.

"이름이 거룩히 여김을 받으시오며"는 "(하나님께서 친히 하나님의) 이름을 거룩하게 하시오며"로 번역될 수도 있습니다. '이름,' '나라,' '뜻'이 현재의 번역에서는 아무런 수식어가 없이 나타납니다만, 원문에는 2인칭 단수 소유격 대명사와 함께 나옵니다. 그래서 영어로는 "your name, your kingdom, your will"로 번역이 됩니다. 그런데 우리말은 2인칭 단수 소유격 대명사의 활용이 극히 제한되어 있는 언어여서 이것을 우리말로 번역하는 데에는 어려움이 많았습니다. 친밀어로 직역하여 '네 이름,' '네 나라,' '네 뜻'으로 번역해 본 적도 있습니다만 기도를 받으시는 하나님을 향해 기도하는 이가 '너'라고 하면 우리말의 존대법을 어기게 됩니다. 그렇다고 '당신의 이름,' '당신의 나라,' '당신의 뜻'이라고 번역하기에는 아직 현실적으로 어려움이 있습니다. 우리말에서 '당신'은 3인칭 존대는 되어도, 2인칭 존대로는 문제가 있습니다. '당신'은 부부간에는 친밀어이기는 하나 상황에 따라서는 싸움을 일으킬 만큼 상대를 무시하는 말일 수도 있기 때문입니다. "뭐라고? 당신이라고?" 하며 싸우는 모습을 흔히 보지 않습니까? 그래서 '아버지의 이름,' '아버지의 나라,' '아버지의 뜻'이라고도 한 적도 있습니다만, 원문의 반영이 아니라는 점에서 늘 문제가 되어 왔습니다.

결국 절대적인 이름과 나라와 뜻 앞에서는 수식어 자체를 없애 버림으로써 그 말을 더욱 높이는 것이라는 생각에서 아무런 수식어 없이 그냥 '이름'이라고 하면 하나님의 이름이고, '나라'라고 하면 바로 하나님의 나라이고, '뜻'이라고 하면 바로 하나님의 뜻이라고 받아들이게 되었습니다. 어쨌든 우리는 한 세기 동안 이런 식으로 이해해 왔습니다.

"나라와 권세와 영광이 아버지께 영원히 있사옵나이다 아멘"은 후대에 첨가된 것이기 때문에 괄호 속에 넣었습니다. 여러 다른 나라말 번역들은 이 부분을 주기도의 본문에 반영하지 않습니다만, 우리말 번역에서는 이 부분을 일찍부터 교회가 첨가하여 사용해 왔다는 전통을 따라 본문 안에 넣었습니다. 그러나 원문에 없었다는 뜻으로 괄호 속에 넣어서 사용하고 있습니다. '당신에게' 대신 '아버지에게'라고 한 것은 존대법의 현실적 적용을 고려한 불가피한 표현입니다. '당신'이 2인칭 존대로 보편적으로 쓰이거나, 하나님께도 친밀어(존대어가 아닌) '당신'을 쓸 수 있다는 의견이 지배적인 때가 오면 그리스 어 문자대로의 번역이 자연스럽게 받아들여질 수 있을 것입니다.

여러 가지 다른 번역은 얼마든지 가능합니다. 가장 대표적인 것으로는 『개역한글판』과 『개역개정판』의 주기도, 『새번역』의 주기도, 『공동번역』의 주기도 등이 있습니다. 이 세 번역에 나온 주기도가 모두 나름으로 상이한 견해를 대표한다고 볼 수 있을 것입니다.

30

'우리는 하나님이 만드신 바' 대신 '우리는 그가 쓰신 시'가 더 적합하지 않나요? 《《 에베소서 2:10

민영진 목사님께

성경을 읽다가 에베소서 2:10의 오묘한 말씀이 우리말로 너무나도 평범하게 번역된 것을 보고 놀라고 실망하였습니다. 『개역한글판』에 "우리는 그의 만드신 바라"고 번역된 그리스 어 본문은 "아우투 가르 에스멘 포이에마"입니다. 이 본문은 "우리는 그가 쓰신 시(詩)"라고 번역이 되어야 합니다. '포이에마'가 시라는 뜻을 가지고 있기 때문입니다. 그런데 겨우 '만드신 바'가 뭡니까? 우리 인간이 창조주 하나님의 피조물, 곧 만드신 바라는 사실은 누구나 알고 있지요. 그러나 에베소서 2:10은 인간이 단순히 하나님의 피조물이 아니라 피조물 중에서도 가장 걸작품, 최고의 작품이라는 말이 아니겠습니까!

서울고대고전문헌연구소 박기용 올림

박기용 박사님

듣고 보니, 굉장한 발견이십니다. 일반 그리스 어 신약 사전을 보니까, 여기 '포이에마'가 사전의 올림말에 올라 있습니다. 명사로서 그 뜻은 '창조된 것, 만들어진 것'(what is created, or made)이라고 되어 있습니다. '시'(詩)라는 뜻은 없습니다. 그런데 큰 사전, 예를 들어, 리들과 스캇의 『그리스 어 사전』(Liddle & Scott, *A Greek-English Lexicon*)을 보니까 그리스 어 문헌에 이 낱말이 시를 뜻하는 말로도 쓰인 예가 나오네요. "(1) 작품(work), 발명품(invention), 생산품(product), (2) 시(poem), 운율(poetical/metrical form), (3) 사실(fiction), (4) 의성어(onomatopoeic word)" 등의 뜻이 밝혀져 있습니다.

놀랍습니다. 사람을 하나님이 지으신 한 편의 시라고 하니, 얼마나 시적인 표현인지 모르겠습니다. 그런데 왜 아무도 이것을 시라고 번역하지 않았는지 모르겠습니다. 『개역한글판』은 '지으신 바'라고 번역을 하였지만 영어 *KJV*, *NIV*는 'workmanship'이라고는 번역했습니다. '솜씨'나 '걸작'(傑作)이라는 뜻이 아니겠습니까? 또 경우에 따라서는 인간을 하나님이 지으신 '수공예품'(handiwork), '예술 작품'(work of art), '명작'(名作, masterpiece) 등으로 번역을 하였습니다. 우선 다른 번역을 보면 다음과 같이 번역이 된 것을 볼 수 있습니다.

> For we are his workmanship, created in Christ Jesus for good works, which God afore prepared that we should walk in them. —*ASV*

> For by his act we were given existence in Christ Jesus to do those good works which God before made ready for us so that we might do them. —*BBE*

For we are his handiwork, created in Christ Jesus for the good works that God has prepared in advance, that we should live in them. — *NAB*

We are God's work of art, created in Christ Jesus for the good works which God has already designated to make up our way of life. — *NJB*

For we are God's masterpiece. He has created us anew in Christ Jesus, so that we can do the good things he planned for us long ago. — *NLT*

For we are what he has made us, created in Christ Jesus for good works, which God prepared beforehand to be our way of life. — *NRS*

위에서 보듯이 그리스 어 '포이에마'를 '시'로 번역한 번역은 하나도 없습니다. 그러나 시인들에게나 박기용 박사님처럼 시적 감성이 풍부한 분들께서는 하나님의 피조물인 우리가 단순히 '명작'이나 '걸작'이나 '수작'이라고 불리기보다는 "우리는 하나님께서 지으신 한 편의 시"라고 하는 번역이 더 매력적일 수 있을 것입니다. 하나님께서는 그 작품 곧 우리를 좋은 일에 쓰시려고 그리스도 예수 안에서 한 편의 시로 창작하셨고, 이미 오래 전에 우리가 하나님의 시로 살아가야 할 삶의 길을 예비하셨다고 볼 수도 있을 것입니다. 당분간 이것을 더 명상해 보도록 하겠습니다.

31

서양 미술에서는 왜 뿔 달린 모세상이 많을까요?

《 출애굽기 34:29-30

민영진 목사님께

지난해 가을 서울미술관에서 열린 〈샤갈전〉에 갔었습니다. 우선 미술 애호가들이 그렇게 많은 것에 놀랐고, 유대인 화가가 기독교와 관련된 그림을 그린 것을 보고 신기하다는 생각이 들었습니다. 또 하나, 그가 그린 그림 중에는 모세를 그린 것도 있었는데 그의 머리에 뿔이 달려 있는 것을 보았습니다. 어느 서양 미술 작품에서도 모세의 머리에 뿔 두 개가 난 것을 본 기억이 납니다. 서양 화가들은 왜 모세의 머리에 뿔이 있다고 생각한 것일까요?

서초동 심영란 올림

심영란 자매님

자세히 보셨네요. 서양 화가들의 그림에서뿐이 아니고, 미켈란젤로의 모세상을 비롯하여 서양 미술에서 머리에 뿔이 난 모세를 그리거나 조각한 것은 참 많습니다. 라틴 어 번역 성경에는 모세의 머리에 뿔이 있는 것으로 번역되어 있습니다. 아마 거기에서 모세의 뿔이 유래한 것 같습니다. 출애굽기 34:29-35를 보면 시내 산에 올라갔던 모세가 '증거의 두 판'을 가지고 산에서 내려오는 장면이 나옵니다. 모세가 산에서 내려올 때 모세의 얼굴에는 광채가 났다고 합니다. 『개역개정판』과 『새번역』 성경에는 다음과 같이 번역되어 있습니다.

29 모세가 그 증거의 두 판을 모세의 손에 들고 시내 산에서 내려오니 그 산에서 내려올 때에 모세는 자기가 여호와와 말하였음으로 말미암아 얼굴 피부에 광채가 나나 깨닫지 못하였더라 **30** 아론과 온 이스라엘 자손이 모세를 볼 때에 모세의 얼굴 피부에 광채가 남을 보고 그에게 가까이 하기를 두려워하더니 ─『개역개정판』

29 모세가 두 증거판을 손에 들고 시내 산에서 내려왔다. 그가 산에서 내려올 때에, 그의 얼굴에서는 빛이 났다. 주님과 함께 말씀을 나누었으므로 얼굴에서 그렇게 빛이 났으나, 모세 자신은 전혀 알지 못하였다. **30** 아론과 이스라엘의 모든 자손이 모세를 보니, 모세 얼굴의 살결이 빛나고 있었다. 그래서 그들은 그에게로 가까이 가기를 두려워하였으나 ─『새번역』

그런데 제롬이 번역한 라틴 어 성경에는 다음과 같이 번역되어 있습니다.

29 모세는 시내 산에서 내려왔다. 산에서 내려올 때, 모세의 손에는 증거판 두 개

가 들려 있었다. 그런데 모세는 주님과 대화하는 동안에 자기의 얼굴에 뿔이 돋
은 것을 모르고 있었다. 30 아론과 이스라엘 백성이 모세를 쳐다보니 그의 얼굴
에 뿔이 돋아 있었으므로 모두들 두려워하여 가까이 가지 못하였다.

모세상. 산피에트로 인 비콜리 성당에 있는 것으로 미켈란젤로의 작품입니다.

히브리어 자음 본문 'QRN'(출 34:29, 30, 35)은 두 가지 번역이 다 가능합니다. QRN은 명사일 때는 문맥에 따라 '뿔'(horn)이나 '빛'(ray)을 뜻합니다. 히브리어 QRN이 동사로 쓰일 때는 '뿔이 돋다'(to grow horns)나 '빛을 발하다'(to send out rays)의 두 가지 번역이 다 가능합니다. 그리하여 제롬의 라틴 어 역 『불가타』 외의 대다수의 번역들이 이렇게 이해하여, 모세의 얼굴에 광채가 났다고 번역한 것이지요. 히브리어 마소라 본문도 그렇게 읽고 있습니다.

그러나 같은 히브리어 자음 본문 QRN을 '뿔이 돋다'라고 이해한 제롬은, 자신의 구약성경 라틴 어 역본인 『불가타』 역에서 "그의 얼굴에 뿔이 돋은 것을"이라고 번역했습니다. 『불가타』 역

은 아주 일찍 번역된 성경 중의 하나입니다. 제롬은 성경을 히브리어 원문에서 직접 라틴 어로 번역하였습니다. 390년에 시작하여 405년에 끝냈지요. 그래서 기원후 5세기부터 라틴 어 권에서 쭉 읽혀왔고, 유럽 화가들이 이 번역을 읽었기 때문에 모세의 머리에 뿔을 그려넣은 것 같습니다.

32

포도원에 가서 일한 것은 큰아들인가요, 작은아들인가요? 《《 마태복음 21:28-32

민영진 목사님

제가 오늘 놀라운 발견을 하였습니다. 마태복음에 나오는 "두 아들의 비유" 아시지요? 『새번역』의 번역이 좀 잘못된 거 같아요.(아니면 『개역한글판』의 번역이 잘못되었든가!) 두 아들 중에 누가 포도원에 가서 일한 줄 아세요? 큰아들일까요? 아니면 작은아들일까요? 이게 항상 헛갈리는데 『새번역』을 보니까 더 헛갈려요. 『개역한글판』을 보면, 둘째 아들이 처음엔 싫다고 말했다가 나중에 뉘우치고 일하러 갔는데, 『새번역』에서는 그 아들이 큰아들로 되어 있네요. 어떻게 된 건가요? 분명히 둘 중 하나는 번역이 잘못되었죠? 그렇죠?

일산에서 박진수 드림

박진수 님께

좋은 질문 고맙습니다. 결론 먼저 말씀드리자면, 두 번역 모두 오역이 아닙니다. 그렇다면 어떻게 그렇게 반대로 번역되었는지 말씀드리지요. 한 아버지에게 두 아들이 있었는데, 아버지가 자기의 두 아들에게 포도원에 가서 일을 하라고 하였습니다. 이것은 『개역개정판』이나 『새번역』이나 마찬가지입니다. 그 외의 외국어 번역도 마찬가지입니다. 그런데 우리말 번역이든, 영어 번역이든, 또 독일어 번역이든, 어떤 번역을 보면, 맏아들은 가겠다고 말해놓고 정작 가지 않았고, 작은아들은 안 가겠다고 했는데 결국은 가서 일을 하여, 작은아들이 아버지의 뜻대로 한 아들로 묘사됩니다. 그러나 다른 어떤 번역에는, 맏아들은 안 가겠다고 말해놓고 나중에 뉘우치고 갔고, 작은아들은 가겠다고 했는데 결국은 가지 않아서, 맏아들이 아버지의 뜻대로 한 것으로 되어 있습니다. 우리말 번역의 경우에는 『개역한글판』이나 『개역개정판』에는 '작은아들'이 아버지의 뜻대로 행한 아들로 나와 있습니다. 『개역한글판』의 본문을 인용해 보겠습니다.

28 그러나 너희 생각에는 어떠하뇨 한 사람이 두 아들이 있는데 맏아들에게 가서
이르되 얘 오늘 포도원에 가서 일하라 하니 29 대답하여 이르되 아버지여 가겠소
이다 하더니 가지 아니하고 30 둘째 아들에게 가서 또 이같이 말하니 대답하여
가로되 싫소이다 하더니 그 후에 뉘우치고 갔으니 31 그 둘 중에 누가 아비의 뜻
대로 하였느뇨 가로되 둘째 아들이니이다 예수께서 저희에게 이르노니 세리들
과 창기들이 너희보다 먼저 하나님의 나라에 들어가리라 32 요한이 의의 도로 너
희에게 왔거늘 너희는 저를 믿지 아니하였으되 세리와 창기는 믿었으며 너희는
이것을 보고도 종시 뉘우쳐 믿지 아니하였도다

여기에서 보면 맏아들은 포도원에 가서 일을 하라고 한 아버지의 말에 간다

고 해놓고서는 가지 않았습니다. 반면에 둘째 아들은 안 간다고 해놓고서 나중에 뉘우치고 갔습니다. 그러므로 둘째 아들이 아버지의 뜻을 행한 것이지요.

이것과는 대조적으로 『새번역』을 보면, 아버지의 뜻대로 행한 아들이 맏아들로 되어 있습니다.

> 28 "너희는 어떻게 생각하느냐? 어떤 사람에게 아들이 둘 있는데, 아버지가 맏아
> 들에게 가서 '얘야, 너 오늘 포도원에 가서 일해라' 하고 말하였다. 29 그런데 맏
> 아들은 대답하기를 '싫습니다' 하고 말하였다. 그러나 그 뒤에 그는 뉘우치고 일
> 하러 갔다. 30 아버지는 둘째 아들에게 가서, 같은 말을 하였다. 그는 대답하기
> 를, '예, 가겠습니다, 아버지' 하고서는, 가지 않았다. 31 그런데 이 둘 가운데서
> 누가 아버지의 뜻을 행하였느냐?" 예수께서 이렇게 물으시니, 그들이 대답하였
> 다. "맏아들입니다." 예수께서 그들에게 말씀을 하셨다. "내가 진정으로 너희에
> 게 말한다. 세리와 창녀들이 오히려 너희보다 먼저 하나님의 나라에 들어간다.
> 32 요한이 너희에게 와서, 옳은 길을 보여 주었으나, 너희는 그를 믿지 않았다.
> 그러나 세리와 창녀들은 믿었다. 너희는 그것을 보고도 끝내 뉘우치지 않았으
> 며, 그를 믿지 않았다."

여기에서 보면 맏아들은 포도원에 가서 일을 하라고 한 아버지의 말에 포도원에 가지 않겠다고 했지만 뉘우치고서 포도원으로 일하러 가고, 둘째 아들은 포도원에 가서 일을 하겠다고 대답을 해놓고서도 가지 않았습니다. 그러므로 맏아들이 아버지의 뜻대로 한 것입니다.

이 단락에는 서로 차이를 보이는 서너 종류의 본문 형태가 있습니다. 쉽게 말하자면, 우리가 가지고 있는 수많은 신약성경 사본들이 이 단락에서 몇 가지 서로 다른 본문을 보여준다는 것입니다. 일부 사본들은 『개역한글판』처럼 되어 있고, 일부 사본들은 『새번역』처럼 되어 있다는 말입니다. 그 외에 또 다

:: Tip

유럽에서 구텐베르크의 인쇄술이 발명되기 이전, 성경을 포함하여 모든 책은 손으로 베껴 만들었는데, 이러한 인쇄되지 않은 책들을 모두 사본이라고 합니다. 히브리어 구약성경 사본의 수가 수십 개에 불과한 반면, 그리스 어 신약성경 사본은 5,500개가 넘습니다. 그런데 안타깝게도 오늘날 우리는 성경 '원본'을 가지고 있지 않습니다. 우리가 보는 우리말 성경은 수많은 사본들을 분석하고 연구하여 재구성한 히브리어 구약 본문과 그리스 어 신약 본문을 다시 우리말로 옮긴 것입니다. 위의 사진은 구텐베르크 이후의 인쇄본 성경들입니다.

른 내용을 보도하는 사본들도 있습니다. 다양한 본문 형태를 정리해 보면, 아래와 같습니다.

(1) 맏아들은 간다고 해놓고 가지 않았고, 작은아들은 안 간다고 해놓고 뒤에 뉘우치고 갔으며, 누가 아버지의 뜻을 따랐느냐는 물음에 '작은아들'이라고 한 사본들. 로마에 있는 4세기 바티칸 사본(B), 티플리스에 있는 9세기 코리데티 사본(Q), 13세기 그리스 어 소문자 사본군(寫本群) 13가계(家系, f^{13}), 11세기 그리스 어 소문자 사본 700, 4-7세기의 시리아 어 역(syr^{pal}), 현대어 번역으로서는 *NEB*, *NAB*, 『개역한글판』 등

구텐베르크의 인쇄기. 대한성서공회 전시실에 이것과 동일한 인쇄기 모형이 전시되어 있습니다. 직접 인쇄를 해 볼 수도 있습니다.

이 이런 본문을 보이고 있습니다.

(2) 맏아들은 안 간다고 해놓고 나중에 뉘우치고 갔고, 작은아들은 간다고 해놓고 안 갔으며, 누가 아버지의 뜻을 따랐느냐는 물음에 '맏아들'이라고 한 사본들. 런던에 있는 4세기 시내 사본(ℵ), 파리에 있는 5세기 에브라임 시루스 재생 사본의 원독법(C*), 파리에 있는 9세기 사본(K), 워싱턴에 있는 5세기 프리 어 복음서 사본(W), 세인트 갈(St. Gall)에 있는 9세기 사본(Δ), *KJV*, *RSV*, *TEV*, *NRSV*, 『표준새번역』 등 대다수의 현대어 번역들이 이 본문을 보이고 있습니다.

(3) 맏아들은 안 간다고 해놓고 뒤에 뉘우치고 갔고, 작은아들은 간다고 해놓고 안 갔으며, 누가 아버지의 뜻을 따랐느냐는 물음에 '작은아들'이라고 한 사본들. 케임브리지에 있는 5-6세기의 베자 사본(D), 고대 라틴 어 역 사본들($it^{a, b, d, e, ff2, h, l}$), 시리아 어 역 사본($syr^{s}$), 그러나 이것은 논리적으로 앞뒤가 맞지 않습니다. 그렇기 때문에, 이것이 원문이라고 주장하는 이들도 있지만, 말하는 이의 의도와 맞지 않습니다.

(4) 맏아들은 간다고 해놓고 안 가고, 작은아들은 안 간다고 해놓고 나중에 뉘우치고 갔으며, 누가 아버지의 뜻을 따랐느냐는 물음에 '맏아들'이라고 한 사본. 5세기 조지아 어 역(geo^{A})이 이에 속합니다. 그러나 아버지의 말을 듣지 않은

맏아들이 아버지의 뜻을 따랐다는 것이므로, 이것도 역시 논리적으로 맞지 않습니다.

『개역한글판』 또는 『개역개정판』과 『새번역』의 내용이 다른 것은 번역의 문제가 아니고, 그리스 어 번역 대본의 문제입니다. 현재 신약성경 번역 대본으로 쓰이는 세계성서공회연합회에서 출판된 『그리스 어 신약성경』(*Greek New Testament*)의 본문에는 『새번역』과 같은 형태의 본문이 실려 있습니다. 네스틀레/알란트의 『그리스 어 신약성경』(*Novum Testamentum Graece*) 27판에도 마찬가지입니다. 다만, 네스틀레/알란트 25판까지는 『개역개정판』의 본문이 실려 있었습니다. 따라서 『개역한글판』은 네스틀레/알란트 25판의 본문을 번역한 것이라고 할 수 있습니다. 위의 사본 비교와 번역본 비교에서 보듯이, 『새번역』의 것이 더 고대성과 전통성과 정통성을 지니고 있습니다.

33

요한계시록의 생명책은 원래 생명나무를 일컫나요?

《《 요한계시록 22:19

민영진 박사님

안녕하세요? 장신대 학부 학생입니다. 얼마 전, 우연한 기회에 우리말 성경의 요한계시록 22:19가 잘못 번역되었다는 말을 들었습니다. "생명의 책"으로 번역되어야 할 본문이 "생명나무"로 번역되었다는 것이지요. 그런데 그리스 어 신약성경을 찾아보았더니, "생명나무"가 맞더군요. 영어 번역을 찾아보았는데도 "생명나무"로 되어 있더라고요. 단지, *KJV*만은 "생명의 책"(the Book of Life)으로 되어 있습니다. 왜 이런 일이 생긴 것인가요?

장신대 학생

장신대 학생께

『개역한글판』 요한계시록 22:19는 다음과 같습니다.

> 만일 누구든지 이 책의 예언의 말씀에서 제하여 버리면 하나님이 이 책에 기록된 생명나무와 및 거룩한 성에 참예함을 제하여 버리시리라

"텍스투스 레셉투스"(Textus Receptus, 수용본문)라고 하는 본문 형태가 있습니다. 16세기 이후부터 19세기 말까지 줄곧 교회의 공인된 본문으로 인정받던 본문 형태를 일컫는 말입니다. 이러한 전통 본문만이 참 성경이라고 주장하는 이들은, "생명의 책"이라고 번역되어야 할 곳에서 『개역한글판』이 "생명나무"라고 잘못 번역되었다고 주장하면서, 『개역한글판』 번역을 헐뜯습니다. "생명나무"라고 번역해야 하느냐 "생명의 책"이라고 번역해야 하느냐 하는 것은, 흔히 볼 수 있는 사본 사이에 나타나는 본문상의 차이와 관련된 문제가 아닙니다. 왜냐하면 그리스 어 신약 사본 중에 이 대목에서 "생명나무" 대신에 "생명의 책"이라는 본문을 가진 사본은 하나도 없기 때문입니다. 모든 그리스 어 사본에는 "생명나무"라고 되어 있습니다.

'나무'를 '책'으로 바꾼 것은 16세기의 네덜란드 인문학자 에라스무스(Erasmus)였습니다. 그는 구텐베르크가 유럽에서 인쇄술을 발명한 이후, 그 인쇄술을 이용하여 최초의 그리스 어 신약성경을 인쇄, 출판한 인물입니다.(1516) 그는 그리스 어 신약성경을 출판하기 위하여 사본들을 수집하였는데, 그가 가지고 있던 그리스 어 요한계시록 사본에는 그 책의 마지막 여섯 절이 떨어져 나가고 없었습니다. 그래서 그는 라틴 어 역 『불가타』에서 그 여섯 절을 그리스 어로 번역하여 없어진 부분을 채워 넣었습니다. 이것이 바로 텍스투스 레셉투스의 효시가 된 것입니다. 텍스투스 레셉투스를 신약의 원문이라고 받아들이는 이들은 에라스무스가 라틴 어에서 그리스 어로 거꾸로 번

역해 놓은 그리스 어 본문을 마치 본래의 그리스 어 본문인 것처럼 여기고 있는데, 바로 여기에 그들의 문제가 있습니다. *KJV*(1611)는 바로 그렇게 재생(再生)된 그리스 어 본문이 들어 있는 텍스투스 레셉투스 전통을 따라 이 대목을 "나무"가 아닌 "책"으로 번역했습니다. "나무"가 "책"으로 바뀐 것은 라틴어 번역 자체 내에서의 와전(訛傳)과 관련되어 있는데, 라틴 어 역 필사 과정에서 나무를 뜻하는 'ligno'가 책을 뜻하는 'libro'로 쉽게 바뀔 수 있었기 때문입니다.

우리나라에서는 약 1980년대 초부터, 한 기독교 단체가 텍스투스 레셉투스라고 불리는 그리스 어 본문만이 신약성경의 올바른 참 본문이고, 거기에 근거하여 번역된 영어 번역인 *KJV*만이 올바른 성경이며, 그 외의 다른 모든 번역 성경들은 다 "사탄이 변개(變改)한 성서"라고 매도하고 있습니다.

그리스 어 신약성경 텍스투스 레셉투스 전통이나 *KJV*를 고집하는 것은 존경스럽지는 않을지언정, 결코 무작정 비난받을 일은 아닐 것입니다. 문제는 그러한 집착이 한 본문 전승에 대한 애정의 도를 벗어나, 그 밖의 다른 본문이나 번역을 사탄의 역사가 빚어낸 산물로 여기고, 그렇게 선전하는 것이지요. 그것은 결코 존경스러운 태도가 아닐 뿐 아니라, 성도간의 교제에 덕을 세우지 못하고, 또한 교회 안에 큰 혼란을 초래합니다. 어떤 개인이나 단체가 어느 한 번역 성경의 권위를 주장한다거나, 그것을 좋아한다거나 하는 것은 어디까지나 그들의 자유입니다. 그런데 문제는, 그들이 어느 한 사본이나 어느 한 번역을 선호하는 것에서 그치는 것이 아니라, 그들이 선택한 것을 제외한 나머지는 모두 무가치한 것, 혹은 그런 이들 중에 어떤 이들이 말하는 대로, 그들이 선택한 성경 이외의 성경을 모두 "사탄이 변개시킨 성경"이라고 주장하고 있는 데에 문제가 있습니다. 뿐만 아니라, 자신들이 *KJV*에서 번역한 우리말 『새성경』은 "하나님께서 기록하신 성경"의 전통을 이어받은 것이고, 영어로 번역된 *RSV*(1952), *NASV*(1959), *NIV*(1978), *NKJV*(1982), *NRSV*(1989)를 비롯하여 우리말 번역인 『개역한글판』(1961), 『공동번역』(1977), 『새번역』(2004) 등은 모두 "사탄이 변개한 성서"의 전통을 따라서 번역된 것이라고 주장하는 데 문제가 있습니다.

1611년에 출간된 영어 성경을 영국의 국왕 제임스가 성서학자들을 동원하여 번역하였다고 해서 흔히들 *KJV*라고 합니다. 왕이 주도하여 번역한 것이므로 『흠정역』(欽定譯, *Authorized Version*)이라고도 합니다. 이 번역은 영어 성경 번역 역사뿐만 아니라, 세계 성경 번역 역사에서 큰 공헌을 한 번역임이 분명합니다. 지금도 그 번역은 좋은 번역으로 평가받고 있을 뿐만 아니라 여전히 많은 사람들로부터 사랑을 받고 있습니다. 다만 그 번역이 오래 전에 된 것이어서 현대 영어를 쓰는 이들에게는 의미 전달에 문제를 가지고 있다는 것, 그것이 대본으로 사용한 그리스 어나 히브리어 본문이 저급한 사본이었다는 것 외에는, 한 시대에 자신의 사명을 충분히 완수한 그 번역 자체를 나무랄 사람은 없을 것입니다. 그런데 그 번역을 사랑하는 이들이 그 번역이 가장 훌륭한 번역 성경이고, 그 번역의 대본으로 사용된 그리스 어 성경이 가장 올바른 그리스 어 성경이며, 더 나아가서 그 그리스 어 신약성경의 자료가 되었던 사본들이 원본을 가장 잘 전승하는 사본들이라고 주장하는 데 머문다면, 그것은 그들의 자유일 것입니다. 그러나 그것 이외의 다른 번역 성경을 모두 "사탄이 변개한 성경"이라고 선전하고, 다른 견해를 가진 이들이 그들에게 맞대응하지 않는 것을 호기로 삼아 그것이 마치 자신들의 주장이 옳음을 반증하는 것으로 여겨 지속적으로 상대를 헐뜯고 비웃는다면, 그것은 성도간의 하나 됨을 파괴하고 평화를 깨는 일로서, 필자는 이러한 현상에 대하여 안타까운 심정을 금할 길이 없습니다.

성경의 원문이나 사본에 대한 지식이 전혀 없는 일반 독자들의 경우라 하더라도 양식이 있는 독자들이라면, 그런 식으로 다른 번역이나 원문 및 사본 연구를 비웃고 헐뜯고 과장하고 평화를 파괴하는 호전성의 표출이 옳지 않다는 것쯤은 금방 알 수 있을 것입니다. 우리나라 성경 번역의 역사는 우리나라 기독교 역사와 함께 시작되었습니다. 교회는 처음부터 *KJV*와는 다른 번역을 읽어왔는데, 그렇다고 한 세기가 넘는 우리나라의 기독교 역사를 사탄이 변개한 성경 위에서 형성되어 온 역사라고 말할 수 있겠습니까! 어디 그뿐입니까? *KJV*를 사용하지 않고 그것 이외의 수많은 다른 번역본을 읽는 영어권 및 독일어권, 프랑스 어권, 또한 그 이외의 다른 언어권의 수많은 독자들과 그들의 교회가 모두 "사탄이 변개한 성경"을 기반으로 서 있다고 말할 수 있겠습니까? 저는 개인적으로 *KJV*를 읽는 독자들이 그 번역 성경에 나타난 메시지대로 살아주기를 바라고, 이웃을 사랑해 주기를 바랍니다.

말씀을 만나서 하나님을 즐긴다

문필시대에 속하는 우리는 글로 기록된 경전이나 고전에 대하여 특별한 관심을 가지고 접근할 때, 으레 그것을 '공부'한다느니 '연구'한다느니 합니다. 성경을 공부하는 것을 한국교회에서는 일찍이 '사경'(査經)이라고도 했습니다. 경전을 조사한다는 뜻이지요. 연구나 공부의 다른 말일 것입니다.

성경 베끼기는 또 다른 독경

경전으로서의 신구약성경은 일반 성도들에게 폭넓은 기능을 합니다. 지난 20여 년 동안 우리나라 성도들 사이에서는 성경에 대한 특별한 애정이나 관심을 가지고 성경을 베껴 쓰는 열풍이 불었습니다. 그것도 신구약전서 66권을 한 번도 아닌 여러 차례 반복하여 베껴 쓰는가 하면, 번역판을 달리하여 베껴 쓰기도 합니다. 물론 이러한 필경(筆耕)은 인쇄술이 발달하지 않아서 사본의 복본을 만들어야 했던 시절의 수기 사본 제작을 위한 필경 작업과는 그 목적이 사뭇 다릅니다. 본인 자신은 성경을 더욱 정독하는 뜻에서, 가족이나 자손에게는 혼이 담긴 신앙의 유산을 물려주기 위해서 성경 베껴 쓰기를 합니다.

그렇기 때문에 이것은 일종의 진지한 독서 행위라고도 볼 수 있습니다.

성경을 베껴 쓰는 이들의 한결같은 고백은, 본문을 그냥 읽을 때와는 또 다른 감동을 느낀다는 것입니다. 이런 독서 행위를 경전의 글자를 읽는 '독경'(讀經)과 구별하여, 말을 새로 만들어, '필경'(筆經)이라고 우선 분류하고 싶습니다. 어떤 이들은 어떤 구절을 베끼다가는 눈이 번쩍 뜨인다고 합니다. 이런 말씀이 성경에 있었던가 싶게 낯선데, 그것이 주는 충격은 꽤나 큰가 봅니다. 그 말씀이 너무나 은혜가 되고, 스스로 감격하여 그냥 하염없이 기쁨의 눈물을 흘리거나, 큰 소리로 찬송을 부르기도 하고, 덩실덩실 춤을 추기도 한다는군요. 또한 필경을 통한 독서는 독자에게 경전을 즐기는 체험을 안겨주기도 합니다.

경전과 만나 하나님 즐기기

독서를 통해서든지 필경을 통해서든지 혹은 다른 어떤 매체를 통해서든지 경전과의 만남, 그 만남에서 응답이 표출되는 과정은 경전과 사람의 '상호작용'이라고 할 수 있을 것입니다. 상호작용이라 함은 경전과 독자 사이에 의사소통과 대화가 이루어진다는 말입니다. 경전이 말하고 독자는 듣고, 독자가 응답하고 경전이 또 다른 차원의 말을 걸어오고, 이런 과정이 반복되는 가운데, 이러한 만남과 상호작용이 독자에게서 기쁨의 눈물로 표현되는 것은 결코 드문 예가 아닙니다. 아주 고전적인 예를 우리는 느헤미야 8장에서 볼 수 있습니다.

바빌로니아에 포로로 잡혀가서 오랫동안(587/6-538) 그곳에 머물러 살거나 거기에서 태어나서 살다가 자기 나라로 돌아온 귀환자들이 예루살렘 수문 앞 광장에 모였습니다. 그들은 학자 에스라에게, 히브리어로 쓰인 모세의 율법책 곧 토라를 가지고 와서 그것을 당시에 자기들이 바빌로니아에서 쓰던 통용어, 곧 아람어로 번역해 달라고 요청합니다. 귀환자들은 바빌로니아에 사로잡혀 사는 동안 자기들의 모국어 히브리어를 사용하지 않고 정복 국가의 언어인 아람어를 사용하다가 그것이 그만 그들의 일상어(日常語)가 되어버리고, 그곳 유배지에서 태어난 후손들에게는 그것이 모어(母語)가 되고 만 것입니다. 포로 생활을 하는 동안 회당에서 토라가 낭독될 때는 그 원어인 히브리어로 낭독되었을 것이고, 포로 1세대들은 그것을 이해했겠지만, 그곳에서 태어난 세대 가운데에는 히브리어 성경을 이해할 수 있는 이들이 점점 줄어들었을 것입니다. 유배지에서 태어난 세대에게는 히브리어가 외국어나 다름없었겠지요.

그래서 바빌로니아에 포로로 잡혀갔다가 되돌아온 사람들은 에스라 제사장에게 히브리어로 쓰인 토라를 자기들이 알아들을 수 있도록 아람어로 통역해서 들려 달라고 요청한 것입니다. 에스라 제사장은 율법 책을 가지고 회중 앞에 나섰습니다. 그는 수문 앞 광장에서, 남자든 여자든, 알아들을 만한 모든 사람에게 새벽부터 정오까지, 큰소리로 율법 책을 낭독하면서 히브리어 본문을 아람어로 통역하여 백성에게 들려줍니다. 백성은 모두 율법 책 읽는 소리에 귀를 기울입니다. 이것은 단순한 독경(讀經)이 아니라 낭독(朗讀)하는 것을 듣는 행위로서 '청경'(聽經)이라고 할 수 있을 것입니다.

율법 책이 낭독될 때에, 에스라 제사장 옆에 서 있던 레위 사람들이 번갈아 가면서 그것을 아람어로 통역하고 뜻을 밝혀 설명하여 주었기 때문에 예루살렘 수문 앞 광장에 모였던 사람들은 그 내용을 잘 알아들을 수 있었다고 합니다. 이때 그 청경에 참여했던 이들이 율법의 말씀을 들으면서, "모두 울었다."는 기록이 있습니다. 이것이 수문 앞 광장에서 경전이 낭독되는 것에 귀를 기울이던 청중의 일차적인 반응이었습니다. 경전을 읽고 듣고 그 내용을 아는 것이 실제로 무엇을 뜻하는 것인지는 여러 가지로 설명될 수 있겠지만, 중요한 것은 지금까지 듣기는 들어도 무슨 내용인지 모르던 이들이 자기들이 쓰는 말로 경전이 통역되고 그것을 들음으로써 감격의 눈물을 흘렸다는 사실입니다. 회당에서 토라가 히브리어로 낭독될 때에는 건성으로 듣기만 했는데, 자신들의 언어인 아람어로 통역될 때에 비로소 경전을 즐기는 체험이 가능해진 것이지요.

느헤미야 총독과 에스라 제사장과 백성을 가르치는 레위 사람들은 울고 있던 청중을 달랬습니다. 경전의 내용과 만난 그날은 '하나님의 거룩한 날'이니까 슬퍼하지도 말고 울지도 말라고, 각기 마을로 돌아가서 먹고 마시며, 없는 사람들에게는 먹을 것을 나누어 주면서, 크게 기뻐하라고, 말씀을 만나는 것이 곧 하나님을 만나는 것이고, 그것이 곧 하나님과 더불어 기뻐하는 것이고, 이런 기쁨이 바로 우리의 힘이라고 타일렀습니다.(느 8:10)

경전을 만난 성도는 하나님과 더불어 기뻐하고, 하나님을 즐기게 됩니다. 낭독되는 경전을 귀로 듣는 청자(聽者)는 그러한 만남에서 힘을 얻습니다. 이것이 청경에서 얻게 되는 희망이며 구원입니다.

"성경이 어디 나 같은 아녀자가 다 알 수 있는 거랍니까"

경전 읽기를 즐긴다는 것과 경전의 내용을 학문적으로 이해한다는 것은 일반 독자들에게는 크게 구별되는 것이 아닙니다. 오래 전에 78세로 고인이 되신 제 모친은 가사를 며느리에게 맡기고, 집안일을 놓고 나서부터는 성경 읽는 것을 하루의 일과로 삼았습니다. 물론 젊을 때부터 성경을 즐겨 읽었지만, 노년에는 독경에 탐닉하는 편이었습니다. 성서학을 전공한 아들이 하루는 자기보다 성경을 더 자주 읽고 더 많이 읽는 어머니에게 물었습니다.

"어머니, 시편 23편 있지요. 제가 어릴 때부터 저더러 암송하라고 일러주시던 성경 구절 중 하나지요."

"그런데, 왜 묻소?"

"잘 이해가 안 되는 구절이 있어요."

"잘 이해가 안 되다니요? 구약을 전공한 성서학자에게도 모르는 것이 있고,

또 학자도 모르는 것을 이 어미가 알 거라고 생각해서 뭘 물어보겠다는 겁니까?"

"저는 지금 성서학자로서 어머니께 여쭙는 게 아니고, 어릴 때부터 저더러 이 구절을 암송하라 하신 그 아이의 어머니께 여쭙는 것입니다."

"들어나 봅시다."

"여기 5절에 '기름으로 내 머리에 바르셨으니 내 잔이 넘치나이다.'라는 말이 있는데, 이 말의 뜻을 모르겠어요. 기름을 머리에 바른다는 것과 잔이 넘친다는 것이 무슨 연관이 있는 건지요? 기름을 바른다는 것은 또 무엇인지요?"

"듣고 보니, 물을 만하군요. 다만 이 어미는 시편 23편의 내용이 은혜로워 평생 암송하며 큰 위로를 받았는데, 그 구절만 똑 따서 뜻을 물으니 이 어미도 모르겠습니다. 그건 민 교수님께서 알아가지고 이 어미에게도 가르쳐 주시기 바랍니다. 성경이 어디 배움도 천박한 나 같은 아녀자가 다 알 수 있는 거랍니까? 우리 같은 이들이 읽어서 다 이해할 수 있는 것이 무슨 성경이겠소? 이 어미가 뭐 성경 내용을 다 알아서 이렇게 꿀맛 같게 읽는 줄 아시오? 읽으면 그냥 기쁘니까, 좋으니까, 은혜를 받으니까, 밤낮 이렇게 쭈그리고 앉아서 이 말씀 읽고, 그중에 머리를 떠나지 않고 박히는 말씀이 있으면 줄곧 명상하면서 기쁘게 사는 거 아니겠소! 모르는 게 더 많지. 아니, 성경을 내 어찌 다 안다고 하겠소? 아는 것만 고맙게 읽어도 그것이 얼마나 많은데……. 이 어미는 성경 읽다가 모르는 구절에 매달려 고민해 본 적이 없습니다. 그런데 교수님께서 몰라서 물으시는 그 구절을 내가 어찌 알겠소?"

어릴 때부터 어머니의 지도로 성경을 암송하던 그 신학대학 성서학 교수는 늙어서 다시 한 번 자기 어머니에게서 또 한 수를 배웠습니다. 어머니들은 성경 읽는 것을 즐깁니다. 읽다가 들려오는 말씀은 묵상을 하고, 모르고 흘리는 말씀은 그대로 흘려버려도, 그래도 기쁨이 되는 바로 독경을 즐기는 것입니다. 지식을 축적하려는 것이 아니라 성경 말씀 속에서 전개되는 황홀하고 신비한 세계를 탐미하고 하나님과 더불어 즐기는 체험을 하는 것입니다. 그것이 어머니를 노년까지 떠받쳐준 힘입니다. 희망이고 구원입니다. 자식들에게 줄 말씀을 발견하면, 그 구절을 메모지에 베껴두었다가 읽어주곤 하면서 자식들을 평생 말씀으로 양육하는 것입니다.

"성경, 평생 옆구리에 끼고만 다녔습니다"

한번은 은퇴하신 어느 장로님 한 분이 교회에서 성경공부반을 인도하던 저를 만나더니 이런 말을 했습니다.

"목사님께 성경을 배우면서 많은 것은 새롭게 깨닫습니다. 평생 교회에 다녔고 장로까지 한 사람이 성경을 몰라도 너무나도 몰랐었구나 하는 후회가 막심합니다. 목사님, 이것 보세요. 성경이 이렇게 해졌지요? 누가 보면 제가 성경을 많이 읽어서 그런 줄 알 겁니다. 저, 성경 별로 못 읽었습니다. 교회에 와서 목사님 설교하실 때 성경 펴서 설교 본문 읽은 것이 고작입니다. 성경책이 이렇게 낡은 건요, 제가 열심히 읽어서가 아니라 평생 이 한 권만 가지고 다녔기 때문입니다. 그러고 보니 저는 평생 성경책을 만지기만 하고, 교회 갈 때는 옆구리에 끼고만 다닌 셈이네요. 지금 좀 읽어보려고 하면 눈이 침침해서 못 읽겠어요."

"장로님, 대단하십니다!"

"뭐가요?"

"평생 성경책을 옆구리에 끼고 교회 다니셨다니까요."

"그게 뭐 그리 대단합니까?"

"대단하지요. 그런 사람 별로 없습니다. 보세요. 지금 교회에 나오시는 분들 어디 성경이나 찬송가 가지고 옵니까? 교회에 비치된 것을 보더니, 요즘에는 아예 그것도 안 보고 예배당 안에 설치된 대형 스크린에 올라오는 찬송가

소문자사본.

가사 보고 찬송 부르고, 거기에 투영된 성경 본문 읽고, 거기에 비친 교독문 함께 교독하고, 그러지 않습니까! 장로님께도 그 작은 활자 성경보다는 스크린에 비친 큰 글자가 더 읽기 쉬울 겁니다. 그런데도 장로님은 아직도 그 성경을 옆구리에 끼고 다니시네요!"

"그렇군요. 그러나 저는 아직도 날라리 교인을 면하지 못한 것 같습니다."

"장로님, 저 지금 장로님 비난하는 게 아닙니다. 장로님은 평생 말씀을 모시고 사셨습니다! 가지고 다니셨어요. 듣기는 교회에 와서 들으시고, 장로님은 말씀이 간직된 그 성경을 소중히 간직하시고, 그것도 옆구리에요! 말씀을 그렇게 소중하게 간직하셨으니 장로님은 언제나 말씀에 순종할 자세가 되어 있으셨고, 하나님의 부르심에 응답할 준비를 하고 계셨고, 그 정신 가지고 평생 교회 섬기고, 목사님 보좌하시고, 교인들 권면하면서 살아오신 겁니다. 말씀과 함께 살아오신 거지요. 저는 지금 성경공부반을 인도하면서 교우들과 함께 성경을 '공부'하고 있습니다만, 이 성경은 하나님께서 우리에게 공부하라고 주신 것이 아닙니다. 읽고, 듣고, 깨닫고, 기뻐하고, 즐기고, 그렇게 살라고 주신 말씀인데, 장로님은 훌륭하게 실천해 오시지 않았습니까!"

"만지는 것도 읽는 것이다"

1994년 가을, 몽골이 막 문호를 개방하고 여행객을 맞아들이기 시작할 무렵 울란바토르에 들렀을 때입니다. 시내에 자리 잡고 있는 한 라마교 사찰을 방문했는데, 그 사찰은 공산 치하에서도 버젓이 견디어 온 유서 깊은 사찰이었습니다. 라마교는 티베트와 몽고에 집중되어 있다고 합니다. 사원에는 중년 이후의 여신도들이 많았습니다. 사원 경내로 들어섰는데, 건물 입구 오른쪽으로 원기둥들이 한 줄로 쭉 서 있었습니다. 손바닥을 원통에 대고 돌리면 쉽게 돌아가는 원통이었습니다. 안내하는 이는 라마교 신자들이 사찰에 와서 원통을 돌리면 원통에 쓰인 경전의 내용을 다 읽은 것 같은 효과가 있는 것으로 믿는다고 설명해 주었습니다. 경전을 읽기는 읽어야 하는데 문맹이어서 읽을 능력이 없다든가, 노동에 시달리는 고달픈 삶에서 읽을 시간을 내지 못한다든가, 그러할 때에 여기에 와서 경전이 쓰인 통을 손으로 돌리기만 하면 그 경전을 읽는 것이 된다는 것입니다.

'경전에 손을 대는 것으로 그것을 읽는다. 손을 댄다, 그러면 안다. 그것도 경전이 기록된 원통의 중심에 손을 댄다.' 기막힌 착상입니다. 대단히 성적(性的)인 착상입니다. 상대의 몸을 만져서 상대를 안다는 것과 상통합니다. 경전과의 스킨십! 사랑은 접촉하는 것, 그런데 경전과의 접촉이라니, 저는 이것을 '촉경'(觸經)이라고 불러봅니다. 경전에 접촉하여 경전을 느낀다, 안다, 즐긴다! 성경과 독자의 상호작용은 성경공부나 연구를 초월하는 경험입니다.

세상이 변한다, 매체가 바뀐다, 독자도 바뀐다

성경 번역이 직업이던 시절, 당시 저는 직업을 잃을 것 같은 불안한 느낌을 자주 느끼곤 했습니다. 대한성서공회의 번역실을 예로 들면, 과거에는 번역

자와 주석가와 히브리어, 그리스 어 등을 포함한 고대근동의 언어 전문가와 우리말 문체 담당자들과 워드 프로세서 기술 지원자들이 주요 기능을 담당하고 있었습니다. 1990년대 초만 하더라도 '성경의 청각 번역,' '성경의 영상 번역,' 그리고 '성경의 다매체 번역' 등이 새로운 과제로 등장하게 될 것이 뻔히 내다보이던 때였습니다. 1980년대로 들어서면서 이미 '오디오 비디오 다매체 성경 번역'이라는 새로운 개념이 논의되기 시작하였고, 80년대 말부터는 여러 차원의 '전자 번역' 등이 시도되었습니다.

1990년대로 들어오면서, 그런 예비 작업이 구체적인 결실을 맺기에 이르렀습니다. 오디오, 비디오, 멀티미디어 번역을 요즘에는 '전자 번역'이라고 합니다. 이런 전자 번역에서는 작곡가와 성악가와 미술가와 무용가와 오디오, 비디오 기술 전문가와 컴퓨터 기술진이 번역 과정에서 성서학자나 문체 담당자들보다 더 중요한 위치를 차지합니다. 번역된 성경 본문을 노래로 부르고 메시지를 미술로 시각화하고 춤으로 표현하기 때문입니다. 이렇게 하여 나온 것 중 하나가 보는 경전, 곧 '비주얼 성경'입니다. 이런 종류의 경전은 본문과 거기 관련된 화면이 함께 나옵니다. 화면을 보면서 동시에 본문을 읽을 수가 있는 것이지요. 화면에 뜨는 본문은 성경 본문 이외에 다른 추가적인 본문은 없습니다. 그러나 본문보다는 화면의 동영상이 주요 내용입니다. 이러한 멀티미디어 성경은 '간경'(看經)과 '독경'(讀經)을 모두 가능하게 합니다. 장소와 시간에 제한받는 것 말고는 본문만 있는 성경보다 독자 혹은 시청자로 하여금 경전 대하는 일이 훨씬 더 즐겁도록 해줍니다.

매체 변화에 따른 성경의 기능 변화

교회가 기록 본문에만 권위를 부여했다는 전제는 역사적으로 정확한 것이 아닙니다. 구전(口傳)과 낭독과 청경이 중요한 구실을 하던 때가 있었습니다.

구전된 낱말과 듣는 본문의 규범적 문맥에 대한 중요성을 과소평가할 수 없고, 기록된 성경의 많은 부분이 본래는 구전 형태를 지녔었다는 점을 간과할 수도 없습니다.

전달 매체로서의 구술(口述)의 경우에, 정보를 수용하는 이들은 가정이나, 씨족 모임이나, 성소에 모여서 정보를 듣습니다. 이때의 정보 전달자는 이야기꾼, 예언자, 가수 등입니다. 정보 전달 체제는 정보를 기억하고 있는 사람이 기억하고 있는 내용을 말해주는 것이지요. 이때 음악은 기억을 위해서는 결정적으로 중요한 역할을 하는 수단이 됩니다. 그리고 이야기를 하는 사람이나 노래하는 사람의 얼굴 표정과 몸짓은 아주 풍부한 상상력을 제공해 줍니다.

경전의 내용이 전자 매체에 담기기 시작하면서부터는 성경에 접근하는 관심이 달라질 수밖에 없습니다. '본문 해석'이 아니라 '정보의 해석'이라는 측면이 강해지기 때문입니다. 정보의 수집은 종합과 분석으로 이어지고 그것은 다시 판단을 통하여 실천으로 옮겨갑니다. 이 모든 것이 다매체에 담긴 경전을 대하는 시청자에게서 자동적으로 이루어집니다.

번역학, 주석학, 설교 등에도 변화가 예상됩니다. 달라질 것입니다. 구전 시대에 성경이 지녔던 기능의 일부가 재론될 것입니다. 정보의 수집과 해석이 문제가 되고, 인쇄매체 시대에 성경이 지녔던 문제들이 문제성을 상실할 것입니다. 이미 고린도 교회에서부터 성경과의 상호작용이 성도들 사이에서 다양한 체험으로 표출되었던 것을 확인할 수 있습니다.

경전을 다양하게 체험하는 고린도 교회 성도의 교제

그러면 형제자매 여러분, 어떻게 해야 하겠습니까? 여러분이 함께 모이는 자리에는, 찬송하는 사람도 있고, 가르치는 사람도 있고, 하나님의 계시를 말하는 사람도 있고, 방언하는 사람도 있고, 통역하는 사람도 있습니다. 모든 일을 교회에

덕이 되게 하십시오. —『새번역』 고전 14:26

메시지를 노래(프살모스)로 부르는 사람, 메시지의 배경을 설명하면서 교훈(디다케)을 끄집어내는 사람, 메시지에서 어떤 계시(아포칼륍스)를 받아 나누는 사람, 방언(글로싸)을 하는 사람, 방언을 해석(헤르메네이아)하는 사람 등이 각기 맡은 역할에서 이미 경전과 성도 사이의 상호작용을 보여줍니다.

프살모스, 디다케, 아포칼륍스, 글로싸, 헤르메네이아, 이것들은 각각 미디엄입니다. 이것들이 함께 활용될 때 우리는 이것을 멀티미디어라고 할 수 있습니다. 벌써 고린도 교회에서도 멀티미디어의 원초적 모습이 있었던 것이지요. 다시 다매체 시대를 맞이한 우리에게는 경전과 성도 사이의 다양한 상호작용이 얼마나 풍요로워질 수 있는가를 체험할 과제와 기회가 주어져 있습니다.

경전 읽기의 목표

경전이 주는 메시지에 대한 성도의 반응은 다양할 수 있으나 목적은 하나입니다. 경전은 교회의 책입니다. 그 점에서 일반적인 고전 작품과 다르지요. 프살모스, 디다케, 아포칼륍스, 글로싸, 헤르메네이아는 그 자체가 제각기 중요함에도 불구하고 더 중요한 것이 있습니다. 이 모든 것은 그리스도의 몸이신 공동체를 세우는 것보다 중요할 수 없습니다. 말씀과의 상호작용으로서의 이러한 응답은 오이코도메를 위해서 하는 것입니다. 그리스 어 오이코도메는 '세우는 것, 힘을 주는 것, 격려하는 것'을 뜻합니다. *KJV*나 『개역한글판』은 "이 모든 것은 덕을 세우기 위해서 하라"(Let all things be done unto edifying)고 이해하였고, *NRSV*나 독일어 『공동번역』(*Einheitsübersetzung*)은 "이 모든 것은 (공동체, 곧 교회를) 세우기 위하여 하라"(Let all things be done for building up)고 번역하였습니다. 교회 공동체 안에서 경전을 나누고, 섬기고, 즐기는 것, 그것이 하나님을 즐기는 것이고, 그것이 곧 결속된 성도의 힘이 되는 것입니다.

제3부 »

본문의 배경을 알아야 말씀이 보인다

34

여호수아가 요단 강을 건널 때 세운 기념비는 하나인가요, 둘인가요? 《《 여호수아 4:9

민영진 박사님

우리 개정위원들을 위해서 번역과 주석 관련 워크숍을 인도해 주신 것 감사드립니다. 미처 다루지 못한 것 가운데 여호수아 4:9의 기념비 관련 본문 이해에 문제가 있기에 여쭙습니다. 좋은 의견을 제시해 주시기 바랍니다. 우리가 알고 싶고 명확하게 하고 싶은 것은 여호수아가 요단 강을 건널 때 세운 기념비가 하나입니까, 아니면 둘입니까?

태국성서공회 개정위원회 올림

태국성서공회 개정위원회 귀중

질문은 간결하지만 대답은 좀 장황할 것 같습니다. 이 본문을 여러 번역으로 비교해서 읽으셨군요. 질문하시는 구절이 바로 여호수아 4:9의 본문이지요? 번역판마다 이 부분의 뜻이 달리 번역되어 있지요? 이야기의 배경과 문제의 발단은 다음과 같습니다. 여호수아 4:1－18을 읽어보면, 이스라엘 백성은 요단 강을 건널 때, 매지파에서 한 사람씩 열두 사람이 나와서 요단 강 가운데에서 돌 열둘을 가져다가 숙영지(宿營地)로 옮겨놓습니다. 이스라엘 백성이 도강을 마치면, 숙영지에다가 도강을 기억할 기념비를 세울 계획이었습니다. 그러나 번역판마다 이 본문을 다르게 번역하고 있어서 독자들은 혼란을 느낄 수 있습니다.

본문 전체를 보면, 이스라엘 백성이 도강을 마친 후에, 그 기적적인 도강 사건을 기념하고 후대에도 오래오래 알리려고 강 가운데서 돌을 가져와 그들의 숙영지에다가 도강 기념비를 세운 것으로 이해됩니다. 그러니까 기념비의 재료가 되는 돌은 요단 강에서 가져오고, 기념비 자체는 숙영지에 세운 것으로 이해되는 것이지요.

그러나 바로 9절의 진술 때문에 독자들은 혼란을 느낍니다. 4장 전체의 문맥을 보면, 기념비는 숙영지에 세워지는 것으로 이해가 되는데, 9절을 보면 기념비가 세워지는 장소는 숙영지가 아니거든요. 요단 강 가운데 기념비를 세우는 것으로 보입니다. 그래서 기념비가 (1) 숙영지이든 요단 강 수중이든 둘 중에 한 곳에만 세워진 것인지, (2) 두 곳에 따로따로 두 개가 세워진 것인지가 문제가 되는 것이지요. 이것이 바로 태국성서공회 개정위원회의 질문이지요?

이런 문제를 해결하기 위한 몇 가지 시도가 있습니다.

(1) 하나는 문맥 전체에 모순이 발생하더라도 히브리어 본문을 그대로 번역한다는 것입니다. *KJV*가 여기에 속하는데, 이렇게 번역하면, 여호수아의

기념비 건립이 하나냐 둘이냐 하는 문제는 여전히 남게 됩니다.

(2) 다른 하나는 9절 첫 낱말에 붙어 나오는 접속사 '와우'를 확대 해석하여 두 곳에 기념비를 세운 것 같은 의미를 끄집어내는 것입니다. 『개역개정판』이나 『새번역』의 번역이 그러합니다. 기념비를 숙영지에 하나 세우고 또 강 가운데에도 하나를 더 세운 것으로 번역한 셈이지요.

> 여호수아가 또 요단 가운데 곧 언약궤를 멘 제사장들의 발이 선 곳에 돌 열둘을 세웠더니 오늘까지 거기에 있더라 ─『개역개정판』

> 여호수아는 요단 강 가운데, 언약궤를 메었던 제사장들의 발이 머물렀던 곳에 다른 열두 개의 돌을 세웠다. (그 돌들이 오늘까지 거기에 있다.)
> ─『새번역』

(3) 셋째 해결 방안은 *NIV*의 것입니다. 기념비는 한 곳 곧 숙영지에만 세우고, 거기 세운 기념비의 재료인 돌은 요단 강 가운데서 가져온 것이라는 이해를 반영합니다. 다음과 같이 옮길 수 있습니다.

> 여호수아는 열두 개의 돌로 기념비를 세웠다.

:: Tip

오늘날 남아 있는 가장 오래된 히브리어 텍스트는 기원전 10세기의 것입니다. 위의 사진은 돌판 위에 아홉 줄의 글을 담고 있는데, 게젤 칼렌다로 불립니다. 이 텍스트는 농사를 위해 한 해에 해야 할 일들을 기록한 것으로, 씨 뿌리기와 추수의 시기를 담고 있습니다.

> 그 돌들은 언약궤를 메었던 제사장들의 발이 머물렀던 곳 요단 강 가운데 있던 돌들이다. (그 돌들이 오늘까지 거기에 있다.)

(4) 그런가 하면, *NRSV* 같은 것은 9절이 전체 내용과 맞지 않는다고 하여, 문자대로 번역한 본문을 괄호 속에 담아 묶었습니다. 문제를 무리하게 해결하려 하기보다는 문제를 그대로 노출시킨 것입니다.

(5) 고대어 번역들은 다른 해결책을 제시합니다. 그리스 어 『칠십인역』과 라틴 어 『불가타』는 여호수아가 두 곳에 따로따로 기념비를 세웠다는 점을 아주 분명하게 밝힙니다.

> 그리고 여호수아는 요단 강 가운데, 언약궤를 메었던 제사장들의 발이 머물렀던 곳에다가도 또 다른 열두 개의 돌을 세웠다. 그 돌들이 오늘까지 거기에 있다.

문제가 되는 우리의 본문에 대하여 현재까지 이상 다섯 가지 서로 다른 접근이 시도되었습니다. 택일할 것이 아니라 함께 고려해야 하지 않을까요?

35

함과 야벳 중 누가 막내인가요? 《《 창세기 9:22

민영진 목사님께

안녕하세요? 얼마 전에 『표준새번역 개정판』 성경책을 선물로 받아 기쁜 마음으로 읽고 있습니다. 너무 좋은데다가 선물로 받은 새 책이라 '창세기부터 읽어야지!' 하며 차근차근 읽어나가고 있답니다. 그런데 조금 이상한 부분이 있어 이렇게 질문을 드립니다.

창세기 9:22를 읽어보면 "… 그는 바깥으로 나가서, 두 형들에게 알렸다." 라고 되어 있어요. 여기에서 "그는"은 노아의 둘째 아들 함을 말하는 것이지요? 그렇다면 함은 분명 둘째 아들이니까, 성경 본문에는 "두 형제에게"라고 쓰여야 맞는 게 아닌가 해서요. 제 성경책에만 나온 오타인지, 아니면 그냥 "두 형들에게"가 맞는지 모르겠네요.

날씨가 많이 더워집니다. 건강 조심하시고요. 늘 주님 안에서 기쁜 날 되세요.

왕궁금 올림

왕궁금 님께

좋은 질문을 해주셔서 감사드립니다. 『표준새번역 개정판』이라고 불리기도 하는 『새번역』의 "두 형들에게"는 오기가 아니라 의도적 번역입니다. 노아의 아들들에 대하여, 이해가 서로 다른 두 진술이 있습니다. 하나는, 노아에게 셈과 함과 야벳, 이렇게 세 아들이 있었고, 그중에 야벳이 막내였다는 것이고, 다른 하나는, 노아의 세 아들 셈, 함, 야벳 중 함이 막내였다는 진술입니다.

> 방주에서 나온 노아의 아들들은 셈과 함과 야벳이다. 함은 가나안의 조상이 되었다. –『새번역』 창 9:18

> 노아는 술에서 깨어난 뒤에, 작은 아들이 자기에게 한 일을 알고서 –『표준새번역』 창 9:24

우리말 번역은 『개역』이든, 『공동번역』이든, 『새번역』이든 대한성서공회에서 번역, 출판한 모든 번역이 여기에 등장하는 함을 "작은아들"이라고 번역을 하였는데, 이것은 히브리어 "막내아들"(the youngest son)의 번역입니다. 뜻을 정확하게 표현하려면 "작은아들"은 "막내아들"로 번역되어야 합니다.

위에서 언급한 우리말 번역들은 모두 창세기 9:24의 히브리어 "브노 하카탄"(그의 막내아들)을 부정확하게 "(그의) 작은아들"이라고 번역하여, 함이 세 아들 중 둘째 아들일 가능성을 암시하고 있습니다. 그러나 이것은 히브리어 "브노 하카탄"의 반영이 아닙니다. 번역자들 생각에는 창세기 9:18의 서열에 따르면 함이 둘째이기 때문에, 비록 히브리어 본문 창세기 9:24에 함이 막내아들로 기록되어 있다고 하더라도, 내용이 상충되므로 번역할 때 히브리어 원문의 뜻을 반영시키지 않은 것입니다. 두 가지 상충되는 본문 중에서 하나를 택하고 다른 하나를 수정한 셈이지요.

독일어 『공동번역』(*Einheitsübersetzung*)은 아예 히브리어 원문을 떠나서 함을 "그의 둘째 아들"(sein zweiter Sohn)이라고 번역하고 있습니다.

이런 사실은 창세기 9:22 번역에서 확연하게 드러납니다. 『개역한글판』이나 『개역개정판』은 "가나안의 아비 함이 그 아비의 하체를 보고 밖으로 나가서 두 형제에게" 알린 것으로 번역하였고, 우리말 『공동번역』은 함이 자기의 "형과 아우에게" 알린 것으로 번역하여, 함이 둘째임을 더욱 분명하게 하였고, 『새번역』은 함이 "두 형들에게" 알렸다고 하여, 함이 막내임을 전제하고 번역하고 있습니다. "두 형제"이든 "형과 아우"이든 "두 형들"이든 히브리어는 동일합니다. 다만 창세기 9:22 번역에서 세 번역이 창세기 9:18의 "작은아들"의 의미를 어떻게 상이하게 이해하고 있는지를 밝히 드러내고 있습니다.

우리말 번역의 이러한 모호한 견지와는 달리 주요 영어 번역들 중에서는 *KJV*를 제외하고는 거의 모두가 히브리어 "브노 하카탄"을 "막내아들"이라고 번역하고 있습니다. 다음의 번역들을(창 9:24) 참고해 보시기 바랍니다.

> And Noah awoke from his wine, and knew what his younger son had done unto him. − *KJV*

> And Noah awoke from his wine, and knew what his youngest son had done unto him. − *ASV*

> When Noah awoke from his wine and found out what his youngest son had done to him. − *NIV*

> When Noah awoke from his wine, he knew what his youngest son had done to him. − *NASV*

36

여자가 쓰는 너울을 '권세 아래 있는 표'라고 한 까닭은 무엇인가요? 《 고린도전서 11:10

민영진 목사님

우리 교회에 오셔서 설교도 해주시고 강연도 해주셔서 은혜도 받고 새로운 것도 배웠습니다. 고맙습니다. 모국에서 성서학자가 오셨다기에 평소에 우리들이 늘 마음에 품고 있던 오랜 질문을 드리게 되는 것을 양해해 주시기 바랍니다. 고린도전서 11:10에 잘 이해가 되지 않는 말이 있습니다. "이러므로 여자는 천사들을 인하여 권세 아래 있는 표를 그 머리 위에 둘지니라"가 무슨 뜻인지요? 갑자기 "천사들"이 왜 나오며, "권세 있는 표"는 무엇을 말하는 것이며, "그 표를 머리 위에 둔다"는 것은 또 무엇을 뜻하는 것입니까?

시카고 살렘 교회 몇몇 성도

살렘 교회 성도 여러분

홍기일 목사님 내외분과 여러분들의 극진한 환대를 지금도 잊을 수가 없습니다. 그리스도의 몸인 교회를 함께 잘 세워가시는 모습이 아주 인상적이었고 교포 교회에 대한 저의 시각도 교정을 받았습니다. 강연이 끝나고 그날 여러 가지 질문을 해주셨는데, 우선 이것부터 답변을 드리겠습니다.

먼저, 여자가 너울 같은 것을 써서 머리를 가리는 것에 관하여 말하는 문맥 전체를 한번 읽어볼 필요가 있습니다. 『개역한글판』 번역에서 제기된 문제이므로, 『개역한글판』을 인용하겠습니다.

> 2 너희가 모든 일에 나를 기억하고 또 내가 너희에게 전하여 준 대로 그 유전(遺
> 傳)을 너희가 지키므로 너희를 칭찬하노라 3 그러나 나는 너희가 알기를 원하노
> 니 각 남자의 머리는 그리스도요 여자의 머리는 남자요 그리스도의 머리는 하나
> 님이시라 4 무릇 남자로서 머리에 무엇을 쓰고 기도나 예언을 하는 자는 그 머리
> 를 욕되게 하는 것이요 5 무릇 여자로서 머리에 쓴 것을 벗고 기도나 예언을 하
> 는 자는 그 머리를 욕되게 하는 것이니 이는 머리 민 것과 다름이 없음이니라
> 6 만일 여자가 머리에 쓰지 않거든 깎을 것이요 만일 깎거나 미는 것이 여자에게
> 부끄러움이 되거든 쓸지니라 7 남자는 하나님의 형상과 영광이니 그 머리에 마
> 땅히 쓰지 않거니와 여자는 남자의 영광이니라 8 남자가 여자에게서 난 것이 아
> 니요 여자가 남자에게서 났으며 9 또 남자가 여자를 위하여 지음을 받지 아니하
> 고 여자가 남자를 위하여 지음을 받은 것이니 10 이러므로 여자는 천사들을 인하
> 여 권세 아래 있는 표를 그 머리 위에 둘지니라 11 그러나 주 안에는 남자 없이
> 여자만 있지 않고 여자 없이 남자만 있지 아니하니라 12 여자가 남자에게서 난
> 것 같이 남자도 여자로 말미암아 났으나 모든 것이 하나님에게서 났느니라 13 너
> 희는 스스로 판단하라 여자가 쓰지 않고 하나님께 기도하는 것이 마땅하냐 14 만
> 일 남자가 긴 머리가 있으면 자기에게 욕되는 것을 본성이 너희에게 가르치지

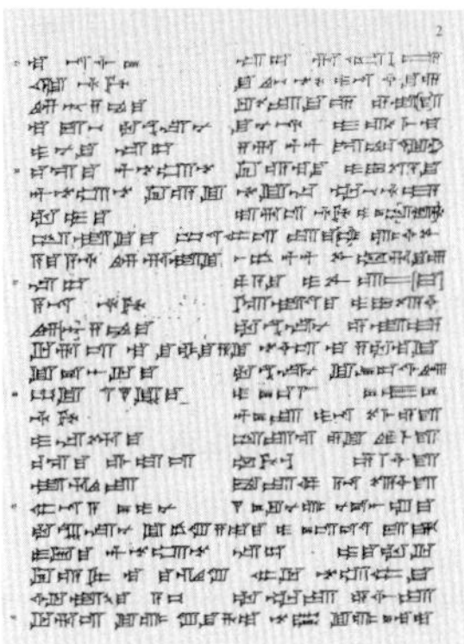

:: Tip

에누마 엘리쉬(enūma eliš) : 기원전 2000년대 후반의 것으로 추정되는 바빌론의 창조 이야기로서 구약의 창조 이야기에 많은 영향을 주었습니다.

아니하느냐 15 만일 여자가 긴 머리가 있으면 자
기에게 영광이 되나니 긴 머리는 쓰는 것을 대
신하여 주신 연고니라 16 변론하려는 태도를 가
진 자가 있을지라도 우리에게나 하나님의 모든
교회에는 이런 규례가 없느니라

"남자는 여자의 머리"라느니, "남자는 하나님의 형상과 영광이기 때문에 기도할 때에 그들의 머리에 너울을 써서 머리를 가려야 한다"느니, 또는 "여자는 남자를 빛내주는 영광이라"느니, "남자가 여자에게서 난 것이 아니요 여자가 남자에게서 났으며, 또 남자가 여자를 위하여 지음을 받지 아니하고 여자가 남자를 위하여 지음을 받은 것"이라느니, 이러한 진술 등에 대하여 아마도 그 주장에는 동의할 수 없는 독자들이라 하더라도, 본문의 내용 파악은 그리 어렵지 않을 것입니다. 그러나 "천사들을 인하여"라는 말은 무슨 말이며, 여성들이 머리에 쓰는 너울 같은 것을 가리켜 "권세 아래 있는 표"라고 하는 것은 또 무엇이고, 또 그렇게 말하는 까닭은 무엇인가 하는 의문을 가질 수 있습니다.

문맥을 읽었으니, 이제는 여러 번역을 비교해 보도록 하겠습니다. 어떤 번역은 번역 자체에서 이런 난해점을 제거한 경우도 있습니다. 이 문제가 번역과도 관련되어 있는 것 같습니다. 아래 인용된 『공동번역』의 경우는 의미가 조금은 분명합니다. "천사들을 인하여"라는 말을, "천사들이 보고 있으니까"라고 번역하였고, 여성들이 기도할 때나 예언할 때 머리에 쓰는 너울 같은 것을 "권세 아래 있는 표"라고 하는 것은 곧 여자는 자기가 남편의 권위를 인정하는 표시라고 이해합니다. 그러나 "천사가 보고 있으니"라는 표현은 여전히 모호합니다. 도대체 무엇을 본다는 말입니까? 수호천사가 여성을 보호하기 위해서 그 여성을 지켜보고 있다는 말입니까? 타락한 천사가 여성에게 음욕을 품고 치한(癡漢)이 여성의 몸매를 훑어보듯이 그 여성을 유인하려고 호시탐탐 그 여성을 노려보고 있다는 말일까요?

> 이러므로 여자는 천사들을 인하여 권세 아래 있는 표를 그 머리 위에 둘지니라 – 『개역한글판』

> 천사들이 보고 있으니 여자는 자기가 남편의 권위를 인정하는 표시로 머리를 가리워야 합니다. – 『공동번역』

> 그러므로 여자는 천사들 때문에 그 머리에 권위의 표를 지니고 있어야 합니다. – 『표준새번역』

> For this reason, and because of the angels, the woman ought to have a sign of authority on her head. – *NIV*

> On account of the angels, then, a woman should have a covering over her head to show that she is under her husband's authority. – *TEV*

그러나 아직 "천사들을 인하여"라는 말이 무엇인지, 여자들이 쓰는 머리 너울 같은 것을 "권세 아래 있는 표"라고 하는 것은 무슨 뜻인지가 해명되지 않습니다.

이럴 경우에는 주석의 도움을 받을 필요가 있습니다. 주석을 보면 두 가지 이해가 있습니다. 하나는 여성이 기도하고 예언할 수 있는 권위를 인정받았고, 그 표시로 머리에 너울 같은 것을 쓴다는 것이고, 천사도 그 여성이 그런 권위를 인정받았다는 사실을 그 머리에 쓴 너울을 보고서 안다는 것입니다. 또 다른 이해는 테르툴리아누스 이래 언급되고 있는 것인데요, 여기 천사가 음욕을 품은 타락한 천사라고 이해하는 것입니다. 기도를 하거나 예언을 할 때는 신적인 영역에 접근하는 것인데, 그곳에는 천사들이 있게 마련이고 그런 천사들 중에는 타락한 천사도 있어서 여성을 유혹한다는 것입니다. 창세기 6장에 나오는 "하나님의 아들들"이 "사람의 딸들"의 아름다움에 미혹되어 여성들을 데려다가 동침하고 '네피림'이라고 하는 거인을 낳았다는 이야기와 관련하여 생각합니다.

이상의 두 가지, 또는 더 많은 의견 중에서, 우리 독자들이 반드시 어느 하나를 택일해야 할 필요는 없습니다. 문제가 있다는 점, 문제 해결을 위한 여러 가지 접근이 있다는 점을 이해하면서 문제를 그냥 문제로 열어두는 것이 필요하지 않나 생각합니다. 그리고 생각을 계속하고 탐구를 계속해 보는 것입니다.

37

창세기 1장의 창조 이야기에서 빛과 해의 차이는 무엇인가요? 《《 창세기 1:3-19

구약성경의 맨 처음 창세기에 보면 하나님께서 엿새 동안 세상을 창조하신 이야기가 나옵니다. 첫째 날 빛을 만드시고, 둘째 날 창공을 만드시고, 셋째 날 육지와 바다와 식물 등을 만드시고, 넷째 날 창공의 광명체(해와 달과 별)를 만드시고, 다섯째 날에는 물속에 사는 생물과 조류를 만드시고, 엿새째 날에는 땅의 생물과 동물, 그리고 사람을 만드셨다고 합니다. 그러면 하나님께서 넷째 날에 해를 만드셨는데, 첫째 날 만드신 빛은 무엇인가요?

기독교대한감리회 용두동교회 교회학교 안인봉

안인봉 군

인봉 군은 참으로 중요한 질문을 해주었습니다. 어른들 중에서도 많은 분들이 창세기 1장을 읽다가 이와 똑같은 질문을 자주 합니다. 해가 창조되기도 전에 해와는 상관이 없는 빛이 창조되었다면 그 빛은 무슨 빛이냐는 것이지요.

그런데 참으로 어려운 문제는 이것만이 아닙니다. 해와는 관계가 없는 빛이 있다는 것이 아니라 해가 아직 창조되기 전인데, 어떻게 낮과 밤이 있어서 하루가 지나고 이틀이 지나고 사흘이 지나고 하느냐는 것입니다. 왜냐하면 우리가 살고 있는 이 땅에서 밤이나 낮이라고 하는 것은 해를 중심으로 지구가 자전 운동을 한 결과로 생겨나는 것이기 때문입니다. 해가 지평선 위로 나와서 지평선 아래로 질 때까지의 시간 곧 아침부터 저녁까지 해가 떠 있는 동안을 우리는 '낮'이라고 말하며, 해가 진 이후 다시 뜰 때까지의 시간을 '밤'이라고 말합니다. 해가 없이는 우리는 밤과 낮을 말할 수가 없습니다.

창조하시던 첫날에 하나님께서 빛을 만드시고, 그래서 밤과 낮이 생기고 저녁이 되고 아침이 되어 하루가 지났다면, 첫째 날 만드신 그 빛은 바로 해입니다. 그런데 넷째 날에 하나님께서 달과 별과 함께 해를 만드셨다고 하니까 이것을 도대체 어떻게 이해해야 하겠느냐는 것이 바로 안인봉 군이 궁금한 문제겠지요?

안인봉 군은 앞으로 우주과학, 지구과학 등을 통하여 지구가 어떻게 생겨났는지, 우주가 어떻게 생겨났는지 하는 것을 배우게 될 것입니다. 제가 인봉 군에게 먼저 말할 수 있는 것은 구약성경의 창세기는 우주의 생성을 과학적으로 정확하게 말해주는 과학교과서가 아니라, 하나님께서 우주만물을 창조하셨다고 믿은 고대 이스라엘 사람들의 신앙을 반영하는 경전이라고 하는 것입니다. 고대 이스라엘 민족 주변의 민족들, 곧 이집트 사람들과 메소포타미아 사람들은 빛이나 어둠이나 태양이나 달이나 별들을, 하나님이 창조하신 것으로 생각하지 않고, 그것들 자체가 신이라고 생각했습니다.

위에서도 말했듯이, 여러모로 볼 때 창세기 1:3-5에서 말하는 그 빛은 태양입니다. 그러기에 하나님께서는 빛과 어둠을 나누셔서 빛을 낮이라 하시고 어둠을 밤이라고 하신 것입니다. 그래서 저녁이 되고 아침이 되니, '우리 태양계'의 첫째 날인 하루가 지났다고 합니다. 넷째 날 창공에 광명체(해와 달과 별)를 만드신 것을 말하면서 이미 첫날 맨 먼저 만드신 빛에 관해서 더 구체적으로 상세히 말씀하고 계십니다.

아직도 인봉 군의 궁금증은 풀리지 않았을 것입니다. 이 질문을 그대로 가지고 오랫동안 계속 생각해 보기 바랍니다. 다만, 태양보다 먼저 창조된 빛이 있었다느니, '우리의 태양계'가 아닌 '다른 태양계'의 태양을 말하는 것이라느니, 우주가 창조될 때 '빅뱅'(Big Bang)이라고 하는 '대폭발'이 있었는데 바로 그때의 빛을 말하는 것이라느니 하는 합리적인 설명에 만족하기보다는, 히브리인들의 신앙에서 '빛'이 지니고 있는 뜻과 그 중요성을 음미해 볼 기회가 앞으로 더욱 많아지기를 바랍니다.

추가설명

우리의 태양계에서 스스로 열과 빛을 내는 별은 태양밖에 없습니다. 그래서 우리는 태양을 항성(恒星:스스로 빛을 내는 별)이라고 부르지요. 밝기로 말하자면, 100와트짜리 전구 40만 개를 지구 상공 200킬로미터에서 비추는 것만큼 밝고, 뜨거운 열기로 말하자면, 1초 동안 20억 분의 1만큼만 열을 방출해도 그것이 45킬로칼로리나 된다고 합니다. 크기를 말하자면, 지름이 140만 킬로미터니까, 지름이 1만 3,000킬로미터가 되는 지구에 비하면, 무려 109배나 됩니다.

현대의 우주과학은 우리의 태양계 밖의 대우주 안에는 태양처럼 스스로 빛을 내는 항성이 무려 2,000억 개나 된다고 합니다. 이 2,000억 개의 태양이 있는 우주도 은하계의 한 부분에 불과하며, 그리고 그 은하계마저도 수많은 은하들이 만든 대우주 속의 한 부분에 지나지 않는다고 합니다. 그러니, 그 수많은 항성 중에서 우리의 태양처럼 행성(行星)을 거느리고 있는 항성도 있지 않을까요? 그리고 그중에는 지구와 같이 생물이 살기에 알맞은 환경을 갖춘 행성도 수없이 많지 않을까요? 그중에는 지구의 인간보다 더 높은 지능을 가진 생명체도 있을 수 있고, 그보다 못한 생명체를 가진 행성도 있을 수 있는 것은 아닐까요? 창조주 하나님의 우주 창조의 오묘함은 우주의 비밀을 벗기면 벗길수록 더 커지기만 합니다. 팽창을 계속하고 있는 이 우주처럼.

> 19 빛이 어디에서 오는지 아느냐? 어둠의 근원이 어디에 있는지 아느냐? 20 빛과 어둠이 있는 그 곳이 얼마나 먼 곳에 있는지, 그 곳을 보여 줄 수 있느냐? 빛과 어둠이 있는 그 곳에 이르는 길을 아느냐? – 『새번역』 욥 38:19-20

이것은 욥의 질문이지요. 과학자들은 우주의 나이를 묻고 있습니다. 우주의 나이는, 우주 탄생을 설명하는 빅뱅 이론에 입각하여, 현재의 우주가 팽창하는 속도로 역산(逆算)하여, 우주의 크기가 0이 될 때까지의 시간으로 구해진다고 합니다. 허블 망원경이 구한 허블 상수(常數)의 수치를 바탕으로 우주의 나이를 구하면 80억 년 정도가 된다는 것입니다. 그런데 가장 오래된 별의 나이가 150억 년 이상으로 계산된 바 있으므로, 오늘날 우주 탄생을 설명하는 빅뱅 이론에 대한 질문이 제기되고 있습니다. 어쨌든, 지금 인류는 우주의 나이를 80-150억 년으로 계산하고 있다고 볼 수 있어요. 지구의 생성 배경과 지구의 나이를 묻기 시작한 것은 인류의 역사에서도 최근의 일입니다.

필자와 같은 1960대 초반의 세대들이 초등학교를 다닐 때만 하더라도, 학교에서와는 달리 교회에서는 지구의 역사를 성서의 기록에 근거하여 지구는

약 6,000여 년 전에 만들어진 것으로 가르치는 교사들이 있었습니다. 사실 한 200여 년 전까지만 하더라도 사정은 전 세계가 다 마찬가지였지요. 창세기의 기록을 근거로 하여 학자들은 지금부터 약 6,000여 년 전에 지구가 창조되고, 4,500년 전 노아 시대에 대홍수로 지구 위의 대부분의 생명체가 멸종되고, 노아의 방주에 들어가서 홍수의 화를 피할 수 있었던 생물이 홍수 뒤에 이 땅에 퍼지기 시작하여 오늘에 이르렀다는 것입니다.

은하계의 모습.

오늘날 알려진 대로는 30억 년 전에 '생명'의 시초인 단세포 생물이 생기고, 6억 년 전에는 패류와 등골뼈가 없는 동물이 생기고, 5억 년 전에는 척색 동물이, 4억 2,500만 년 전에는 양서류가, 3억 5,000만 년 전에는 최초의 파충류가, 2억 5,000만 년 전에는 공룡과 최초의 포유류가 생기고, 6,500만 년 전에는 포유류가 지상을 지배하기 시작하고, 130만 년 전에 인류가 등장했다는 잠정적 결론에 도달하였습니다.[아이작 아시모프 지음/박영란 옮김, 『이야기 속의 기초과학 지구 이야기』(서울:바른사)

38

옥합을 깨뜨린 여인에 대한 이야기가 왜 복음서마다 조금씩 다른가요?

《《 마태복음 26:6-13

목사님, 안녕하십니까? 옥합을 깨뜨린 여인에 관한 말씀을 네 복음서에서 다 볼 수 있는데(마 26:6 이하, 막 14:3 이하, 눅 7:36 이하, 요 12:1 이하) 그 장소와 내용이 조금씩 다른 것 같습니다. 같은 사건으로 보아도 되겠습니까? 항상 목사님 시간을 생각하지 않고 불쑥불쑥 질문을 드려서 죄송합니다. 그래도 저에겐 언제든지 여쭈어 볼 목사님이 계셔서 행복합니다.

용두동교회 신조현 장로 올림

신조현 장로님께

조금은 어려운 문제입니다. 성서학자들 사이에서도 아직까지 논쟁이 계속되고 있는 주제이기 때문이지요. 여기에서는 이 두 이야기가 서로 다른 것이라고 하는 견해를 소개해 드리려고 합니다. 한 이야기는 갈릴리에서 일어난 것을 말해주는 이야기이고, 다른 한 이야기는 그보다 한 일 년 뒤에 베다니에서 일어난 것을 말해주는 이야기로 보입니다.

갈릴리 이야기

이것은 누가복음 7:36-50에 나와 있는 이야기입니다. 예수께서 바리새 파 사람 시몬의 집에 초대받아 가셨는데, 그날 거기에서 아주 난처한 일이 일어납니다. 그 마을에서 누구나 다 알고 있는 창녀가 예수께 다가왔기 때문입니다. 예수께서는 식탁에 앉아 계셨습니다. 유대인의 식탁은 상다리가 낮기 때문에 예수님은 다른 사람들과 마찬가지로 반은 눕고, 반은 앉아 있는 그러한 자세로 식탁에 기대어 앉아 계셨는데, 그런 예수님의 바로 뒤에 그 여인이 와서 서는 겁니다. 그러더니 그 여인은 거기에 서서 눈물을 흘리면서 웁니다. 예사로운 일이 아닌 것이지요. 분위기가 점점 이상해지고 있습니다. 그런데 그 여인이 얼마나 울었는지 급기야는 비스듬히 누우신 예수님의 맨발에 그 여자의 눈물이 떨어졌습니다. 그 여인도 오죽이나 당황했겠습니까! 여인은 황급히 자기의 머리를 풀어(여인이 머리를 푼다는 것은 공개적인 자리에서는 좀처럼 있을 수 없는 일이었습니다!) 긴 머리카락으로 예수님의 발에 묻은 자기의 눈물을 훔쳤습니다. 이것은 일종의 신체적 접촉입니다. 당시는 부정한 여성과의 신체적 접촉은 일반적으로 부정을 옮긴다고 생각하던 사회였습니다. 여인의 머리카락으로 발에 떨어진 눈물을 닦은 예수님만이 아니라, 예수님과 함께 그 식탁에 둘러앉아 있던 이들 모두가 부정해지는 순간입니다. 아마 이쯤 되면 그 식탁의 손님들은 더는 그 자리를 지킬 수 없었을 것입니다.

그런데 여인의 행동이 점점 과격해지고 있습니다. 예수님의 발에 입을 맞추고 향유까지 발라드립니다. 아마도 여인은 환영하는 표시로 그 기름을 예수님의 머리에 부어드리려고(눅 7:46, 시 23:5) 가져온 것 같은데, 그 향유를 발에까지 부어드리고 있는 것입니다.

이러한 일련의 광경을 본 집주인 시몬은 그 여인의 접근을 물리치지 않으신 예수님을 언짢아하면서 예수님이 예언자가 아닐 것이라고 생각합니다.(16, 39절)

이 여인은 용서받은 기쁨과 감격을 가지고 예수님께 온 것입니다. 우리는 언제, 어떤 계기에 그 여인이 예수님을 통해서 용서를 받았는지 알 수 없지만, 어쨌든 그 여인은 지금 용서받은 그 감격을 가지고 예수님을 방문한 것입니다. 그리고 예수께서는 "많이 용서받은 이들이 더 많이 사랑한다."라는 유명한 말씀을 여기에서 하십니다.

이것은 시기적으로는 베다니에서 일어난 일보다는 한 일 년 전이고, 장소도 예루살렘 부근이 아닌, 갈릴리 지방입니다.

베다니 이야기

이것은 마가복음 14:3-9, 마태복음 26:6-13, 요한복음 12:2-8 등에 기록되어 있습니다. 예수께서는 지금 베다니라는 곳에 사는 시몬이라는 사람에게 초청을 받고 그의 집에 가셔서 식사를 하고 계십니다. 시몬은 나병환자였다가 완치된 사람입니다. 예수께서 시몬의 집에서 식탁에 앉으셨는데, 그때 한 여인이 매우 값진 향유 한 옥합을 가지고 와서 그 옥합을 깨뜨리고 예수님의 '머리'에 향유를 붓습니다. 같은 이야기가 요한복음서에서는 여인이 예수님의 '발'에 향유를 붓고 머리카락으로 닦아드린 것으로 되어 있습니다.(요 12:3)

그러자 그 자리에 있던 어떤 사람들이(아마 제자들이었을 것입니다.) 분을 내며 말합니다. 비싼 향유를 허비한다는 것이지요. 300데나리온에 팔아 가난한 자들에게 줄 수 있는 그러한 값비싼 향유였습니다. 300데나리온이면 일용직 노동자의 일 년 수입에 해당되는 것이라고 합니다.

그러나 예수께서는 그 여인을 책망하는 일을 못 하게 하십니다. 그 여인이 자기의 능력을 다해 향유를 부은 것은 예수님의 장례를 미리 준비한 것이라고, 그렇게 몸에 향유를 부어 예수님의 장사(葬事)를 미리 준비한 것이라고 말씀하십니다. 염습(殮襲)을 할 때 우리는 시신의 몸을 씻긴 뒤에 옷을 입히고 염포(殮布)로 묶는데, 유대인들의 장례 풍속을 보면(요 19:40), 시신의 몸에 향료를 바르고 고운 베로 시신을 감습니다.

예수님은 그 여인이 자신의 장례를 미리 준비한 것이라고 하여 어디에서든지 복음이 전파되는 곳에 여인이 한 일이 알려지고 기억될 것이라고 말씀하십니다. 예수께 기름을 붓는 것은 마가복음 14:3-9, 마태복음 26:6-13, 요한복음 12:2-8 등에 기록되어 있습니다. 이것들은 상세한 점에서는 서로 조금씩 내용이 다르지만, 같은 때, 같은 장소에서 일어난 동일 사건을 세 복음서 기자가 따로따로 기록한 것입니다.

이것은 예수께서 십자가에 달리시기 직전, 예

:: Tip

아트라하시스 서사시(Atrahasis Epic) : 기원전 1,600년경의 것으로 추정되는 바빌론과 앗시리아의 창조 서사시인데, 창세기 2-8장의 내용과 유사한 내용을 포함하고 있습니다.

루살렘 근방 베다니에서 고난주간의 화요일 저녁에 일어난 일입니다.

두 이야기

두 사건에 모두 시몬이라는 사람이 등장한다는 것과 예수께 접근한 여인이 예수님의 발을 닦아드린다는 것이 비슷합니다마는, 이 두 이야기는 다른 때, 다른 장소에서 발생한 이야기로 보는 것이 더 타당할 것 같습니다.

갈릴리 이야기에서는 (1) 예수께 기름을 부은 그 여인을 "죄인인 한 여자"(눅 7:37)라고 소개하고 있고, 주인 역시 그 여인을 천시합니다. (2) 주인은 그 악명 높은 여인이 예수께 접근하는 것, 예수께서 그것을 허용하시는 것을 문제삼고 있습니다. (3) 예수께서는 용서가 사랑을 베푸는 것으로 발전한다고 하는 중요한 주제를 말씀하십니다.

그러나 베다니 이야기에서는 (1) 그 여인의 오라비가 손님 중에 앉아 있고, 그의 언니가 예수님께 열심히 시중을 들고 있습니다. 그 여인 자신은 얼마 전에 "주의 발 앞에 앉아 그의 말씀을 듣던"(눅 10:39) 여인입니다. (2) 제자들은 이 여인의 낭비를 문제삼고 있습니다. (3) 예수님의 장사 준비가 중요한 주제로 나옵니다.

그렇기 때문에 두 이야기는 서로 다른 이야기입니다.

39

억지로 초대해 놓고 예복을 입지 않았다고 쫓아낸 것은 부당해요! 《 마태복음 22:11

민영진 목사님

이런 질문 드려도 되는지요? 성경 본문의 내용이 이해가 안 되는 것은 아니고요, 예수님 말씀이 조금 불합리한 것 같아서 그렇습니다. 마태복음 22:1-14를 보면 예수님이 비유를 말씀하시거든요. 그런데 그 비유에 나오는 임금이 길거리에 지나가는 사람들을 손님으로 초청해 놓고는, 손님들 가운데 한 사람이 혼인 예복을 입지 않았다고 그 사람의 손과 발을 묶어서 바깥 어두운 데로 내던져 버렸어요. 길거리 가던 사람이 혼인 예복이 어디 있다고 그런 것인지 이해가 잘 되지 않네요. 이 문제를 어떻게 이해해야 할까요? 혼인 예복을 늘 입고 다닐 수는 없잖아요.

분당에 사는 맥스

맥스 님

재미있는 질문을 해주셨군요. 맞습니다. 예복을 늘 입고 다닐 수는 없죠. 맥스 님이 제기하신 문제는 바로 다음의 본문이지요?

> 10 종들은 큰길로 나가서, 악한 사람이나, 선한 사람이나, 만나는 대로 다 데려왔다. 그래서 혼인 잔치 자리는 손님으로 가득 차게 되었다. 11 임금이 손님들을 만나러 들어갔다가, 거기에 혼인 예복을 입지 않은 사람이 한 명 있는 것을 보고 그에게 묻기를, … 13 … 그 때에 임금이 종들에게 분부하였다. '이 사람의 손발을 묶어서, 바깥 어두운 데로 내던져라. 거기서 슬피 울며 이를 갈 것이다.' –『새번역』 마 22:10-13

마태복음 22:1-14를 보면 예수께서는 천국에 관해, 아들을 위하여 혼인잔치를 베푸는 어떤 임금과 같다고 하시면서 비유로 말씀하십니다. 바로 "왕실 혼인잔치의 비유"라고 하는 이야기지요. 임금이 종들을 보내어 이미 초청한 몇몇 귀한 손님들을 오라고 했더니, 초청받은 이들이 모두 오기를 싫어한다는 말을 듣습니다. 이에 임금은 다른 종들을 보내어 혼인잔치에서 대접할 풍성한 식단까지 소개해 가며 다시 초청합니다. 그러나 한 사람은 자기 밭일이 바쁘다고 밭으로 가고, 또 한 사람은 사업차 길을 떠나고, 초대받았던 나머지 손님들은 임금의 종을 능욕하고 죽입니다. 그러자 노한 임금은 군대를 보내어 살인자들을 진멸하고 동네를 불사릅니다. 그러면서 임금은 잔치 준비가 끝났음을 알리고 이미 초청받은 이들은 이 잔치에 합당한 사람들이 아님을 확인하며 "네 거리로 나가서, (사람들을) 아무나, 만나는 대로 잔치에 청해"(마 22:9) 오게 합니다. 그래서 "종들은 큰길로 나가서, 악한 사람이나, 선한 사람이나, 만나는 대로 다 데려왔고, 그래서 혼인잔치 자리는 손님으로 가득 차게"(마 22:10) 되었습니다.

이제 임금이 손님들을 보려고 들어옵니다. 그런데 거기서 예복을 입지 않은 한 사람을 발견하고는 왜 예복을 입지 않고 들어왔느냐고 묻습니다. 그러자 초대받고 들어온 그 사람은 유구무언(有口無言)이라고 합니다. 어디 그뿐입니까! 임금은 예복을 입지 않은 손님의 손과 발을 결박한 채로 "바깥 어두운 곳"에 던지라고 합니다. 이 무슨 날벼락입니까? 예수께서는 그 예복 입지 않은 자가 "거기서 슬피 울며 이를 갈 것"이라고 말씀하십니다.

봉변을 당한 사람으로서는 참으로 통탄할 일이네요. 거리에 있는 사람 억지로 불러다가 혼인잔치에 앉게 해서 앉은 것뿐인데, 혼인잔치에 걸맞은 예복을 입지 않았다고 손을 묶는 것으로도 모자라 손과 발을 결박하여 땅 속 어두운 곳에 가두다니요! 당한 사람으로서는 이를 갈 일이지요. 미리 초청을 받았다면 예복을 준비했을 수도 있었겠지만, 거리에서 돌아다닐 때 입던 옷 그대로 초대받아 왔는데, 무슨 예복이란 말입니까! 혼인잔치에 갈 생각도 못하고 거리로 나왔다가 잔치 자리에 온 다른 손님들은 도대체 언제, 어떻게 예복을 준비하여 입고 왔단 말입니까?

저는 언젠가 어느 친구에게 초대를 받아 '클럽 하우스'라는 데를 가본 일이 있습니다. 때는 여름이어서 넥타이를 매지 않은 채 정장 윗도리를 입고 갔습니다. 그런데 입구에서 손님을 맞는 식당 종업원이 저의 길을 막더군요.

"손님, 죄송합니다. 저희 식당은 정장을 하셔야만 출입이 됩니다. 초청하신 분께서 이미 말씀하셨을 줄 압니다."

"네, 말을 들었습니다. 그래서 이렇게 제 방식대로 정장을 하고 왔습니다."

"넥타이를 매셔야 합니다."

"이 옷은 넥타이를 매지 않는 옷인데요."

"그래도 매셔야 합니다. 여기 규정이 그러합니다. 손님 같은 분을 위해 저희가 넥타이를 준비했습니다."

종업원이 검은색 계통의 넥타이 여러 개를 어디선가 가지고 왔습니다. 저는 더 완강하게 버틸 처지도 아니고 해서, 약간은 바보 같은 느낌이 들어도 바보들의 축제에 온 기분으로 맨목에 검은 타이를 매고 들어갔습니다. 그러고는 우리 일행이 와 있는 방으로 들어갔습니다. 모두들 저의 기괴한 패션에 놀라지 않을 수 없었겠지요. 저는, "예복을 안 입고 오면 바깥 어두운 곳에 쫓겨날까 봐 이렇게 넥타이를 매고 왔습니다."하고 말했고, 거기 모인 우리 일행은 모두들 저의 바보 같은 옷차림을 보고 한바탕 웃었습니다.

저는 좌중을 둘러보며 말했습니다.

"바로 이것이었던 같습니다. 예수께서 말씀하신 '왕실 혼인잔치의 비유'에서도, 뜻밖에 혼인잔치에 초대받은 사람들이 어느 사이에 예복을 준비하여 그것을 입고 예식장에 들어갔겠습니까? 혹시 혼인잔치에 참석하는 사람들에게 주인이 예복을, 여기에서 주는 이런 넥타이 같은 어떤 것을 주지 않았을까요? 임금에게 혼난 이 사람은 종업원들이 그런 예복을 입으라고 주었는데도, 이 핑계 저 핑계 대면서 그냥 들어왔다가 임금에게 죄인 취급을 받고 감옥에 갇히게 된 것이고요……."

생각해 보니 그럴 것 같습니다. 주석들을 보니, 모두 저처럼 추측을 하고 있습니다. 손님을 초대한 주인은 손님들이 예복으로 걸칠 것을 미리 준비해 놓았다가 그것을 걸치고 예식장 안으로 들어오게 하는 풍속이 있었다는 것입니다. 더욱이 미리 초대받고 온 이들이 아니고 거리에 있던 이들을 초대하는 경우에는 더 더욱 주인이 이런 예복을 준비했을 가능성이 많습니다. 예복을 준비했는데도 입기를 거절한 것은 어떤 의미에서는 초청자인 주인을 모독하는 일입니다. 지금도 이스라엘에 가보면 유대교에서 특별히 거룩하게 여기는 곳에는 노출이 심한 옷을 입고 들어갈 수가 없습니다. 거기에 들어가기 위해서는 미리 준비된 긴 치마와 어깨와 팔을 가릴 웃옷을 입어야 합니다.

예언자들은 오래 전부터 하나님의 백성을 준비시켜 장차 올 구원에 대비하게 하였습니다. 그러나 정작 잔치가 벌어졌을 때, 초대받은 이들은 초대에 응하기를 거절하였습니다. 거리에서 초대받은 이들 중에도 예복 입기를 거절해서 쫓겨난 이들도 있습니다. 예복을 입는다는 것은 그 초대에 걸맞은 삶을 산다는 것이겠지요. 그것이 그렇게 힘든 일일까요? "청함을 받은 자는 많되, 택함을 받은 자는 적으니라"(마 22:14)는 말도 이를 두고 한 말일 것입니다.

40

구약성경이 원적외선의 효능을 인정한 것이 사실인가요?

말라기 4:1-2

민영진 목사님!

그동안 잘 지내셨지요? 목사님께서도 들어보셨는지 모르겠지만 '원적외선'을 방출한다고 하는 돌멩이가 있습니다. 이 물건을 지니고만 있어도 변비, 위장병, 위궤양, 피부노화, 주독(酒毒), 신경통, 관절통, 무좀 등의 병이 다 낫고, 두통과 멀미도 없어지고, 고혈압도 없어진다고 합니다. 동물과 식물의 성장 발육을 촉진시키고, 간장에 넣으면 쓴맛이 없어지고, 수돗물에 넣으면 독소가 없어지면서 생수가 되고, 냉장고에 넣으면 각종 저장품의 신선도가 오래 유지되고… 이루 나열할 수 없는 많은 효능이 있다고 선전하고 있습니다.

그런데 돌멩이에서 원적외선이 나오는지 여부는 차치하고라도 그 회사는 이런 효능을, 다름 아닌 기독교의 경전인 구약성경이 보장한다고 광고를 하고 있습니다. 선전 문구에는 "내 이름을 경외하는 너희에게는 의로운 해가 떠올라서 치료하는 광선을 발하리니 너희가 나가서 외양간에서 나온 송아지 같이 뛰리라"(말 4:2)는 성경 구절이 인용되어 있거든요. 여기서 말하는 "치료하는 광선"이 다름 아닌 바로 이 원적외선이라는 것인데, 그 말이 맞는 것인지요? 구약성경이 원적외선의 효능을 인정하는 것인지 궁금합니다.

은명교회 이영란 올림

이영란 자매님

안녕하세요? 자매님도 그동안 잘 지내셨지요? 안 그래도 얼마 전에 이와 비슷한 질문을 받은 일이 있습니다. 먼저 말라기 4:1-2를 살펴볼까요?

> 1 만군의 여호와가 이르노라 보라 극렬한 풀무불 같은 날이 이르리니 교만한 자와 악을 행하는 자는 다 초개같을 것이라 그 이르는 날이 그들을 살라 그 뿌리와 가지를 남기지 아니할 것이로되 2 내 이름을 경외하는 너희에게는 의로운 해가 떠올라서 치료하는 광선을 발하리니 너희가 나가서 외양간에서 나온 송아지 같이 뛰리라 –『개역한글판』

> 1 나 만군의 주가 말한다. 용광로의 불길같이, 모든 것을 살라 버릴 날이 온다. 모든 교만한 자와 악한 일을 하는 자가 지푸라기같이 타 버릴 것이다. 그 날이 오면, 불이 그들을 살라서, 그 뿌리와 가지를 남김없이 태울 것이다. 2 그러나 내 이름을 경외하는 너희에게는, 의로운 해가 떠올라서 치료하는 광선을 발할 것이니 너희는 외양간에서 풀려 난 송아지처럼 뛰어다닐 것이다. –『새번역』

자매님이 말씀하신 원적외선(遠赤外線, infrared ray)에 대해서 조금 공부해 보았습니다. 원적외선은 가시광선(可視光線)보다 파장이 깁니다. 햇빛이나 백열(白熱)된 물체로부터 방출되는 빛을 스펙트럼을 통하여 분산시켜 보면, 적색(赤色) 스펙트럼의 끝보다 더 바깥쪽에 이 광선이 있으므로, 적색 스펙트럼 밖에 있다고 하여 적외선(赤外線)이라 한다고 합니다. 적외선은 다시, 적색 스펙트럼 가까이 있는 근적외선과 더 멀리 있는 원적외선으로 나뉩니다. 가시광선이나 불가시광선(不可視光線)인 자외선에 비해 강한 열작용을 가지고 있는 것이 특징이며, 이 때문에 열선(熱線)이라고도 합니다. 태양이나 발열체로부터 공간으로 전달되는 복사열은 주로 적외선에 의한 것이라고 하지요. 공업

::: Tip

길가메쉬 서사시(Gilgamesh Epic)는 인류 최초의 신화로 고대 수메르 사람들의 영웅 이야기입니다. 구약에 나타나는 노아의 홍수 이야기와 매우 흡사한 홍수 이야기가 포함되어 있습니다.

용이나 의료용으로 사용하기 위한 것으로 강한 적외선을 방출하는 적외선 전구가 있습니다. 적외선 레이저가 연구용, 공업용, 의료용으로 활용되고 있다는 것을 우리는 잘 알고 있습니다. 특히 의료 방면에서는 소독 및 멸균과 관절 및 근육의 치료로서 근적외선이 많이 쓰이고 있고, 적외선 레이저빔으로는 외과수술, 종양의 제거, 신경의 연결 등에 실용화되고 있다고 합니다.

그런데 자매님이 말씀하신 것처럼 국내의 모 기업이 이러한 '원적외선'을 방출한다는 돌멩이 같은 물건을 상품으로 내놓고 구약성경을 인용하면서 이 상품을 선전한다고 하지요? 구약의 말라기 4:2가 원적외선의 효능을 증명한다는 것입니다. 이 구절에서 말하는 "치료하는 광선"이 다름 아닌 바로 이 원적외선이라고 선전하는 것이지요.

"의의 태양이 치료하는 날개를 펴고서 떠오른다."라고 하는 이 표현은 구약성경 안의 다른 곳에서는 나오지 않습니다. 이것은 말라기서에만 나오는 독특한 표현이지요. 다만 하나님을 "해"라고 비유한 것, 곧 "여호와 하나님은 해요 방패시라"(시 84:11)는 표현이 시편에 한 번 나올 뿐입니다. 이사야 60:1 "일어나라 빛을 발하라 이는 네 빛이 이르렀고 여호와의 영광이 네 위에 임하였음이니라"는 표현과 19절 "다시는 낮에

해가 네 빛이 되지 아니하며 달도 네게 빛을 비취지 않을 것이요 오직 여호와가 네 영영한 빛이 되고 네 슬픔의 날이 마칠 것이니라"에서는 하나님의 영광을 떠오르는 해에 견주어 진술합니다.

말라기 4:1-2의 내용은, 심판의 날이 닥치면 하나님을 우습게 보던 이들, 곧 "교만한 자와 악을 행하는 자"(말 4:1), 그리고 "하나님의 이름을 경외하는 이들"(말 4:2), 이들 둘 사이에 차이가 드러날 것을 말하는 것입니다. "의의 태양"이 하나님을 경외하는 이들의 모든 상처를 치료해 줄 것이며, 그러면 그들은 마치 송아지가 좁은 외양간에서 나와서 광활한 초원에서 뛰노는 것과 같이, 그렇게 자유를 누리게 될 것을 말하는 것입니다.

말라기 4:2의 "치료하는 광선"은 태양에서 나오는 온갖 광선을 다 말하는 것이지 특별히 원적외선을 말하는 것이 아닙니다. 그리고 여기에서 말하는 "의의 태양"은 하나님의 영광과 위엄을 말하는 것이지, 단순히 열을 발하는 피조물로서의 태양 자체를 말하는 것은 아닙니다.

41

창세기 27:23을 '이삭이 야곱에게 축복을 했다.' 고 번역하는 것이 맞나요? ⟪ 창세기 27:23

민영진 목사님께

라오스의 복음교단에 속한 분번입니다. 번역판마다 서로 달리 번역되어 있는 것이 있어서 여쭈어 보려고 합니다. 창세기 27장은 아버지 이삭이 아들 야곱을 에서인 줄 알고 축복을 하는 이야기입니다. 리브가는 야곱을 형 에서처럼 털이 많게 꾸미고 이삭에게 축복을 받게 합니다. 눈이 어두운 이삭은 "목소리는 야곱 같다만 팔에 털이 많은 걸 보니까 에서로구나." 하면서 야곱에게 복을 빌어줍니다. 그래서 23절은 "이삭이 야곱에게 축복을 했다"고 번역되어 있습니다. *KJV*, *NIV* 및 초창기의 라오 어 번역들이 그렇게 번역하고 있습니다.

그런데 2000년에 대한성서공회에서 출판된 현대 라오 어 역(Lao Common Language)을 보면 23절을, 아직 이삭이 야곱을 축복하지는 않고 "막 축복하려고 했다."고 번역하고 있습니다. 어떤 번역이 맞는 번역입니까?

비엔티안 라오 복음교회 분번 올림

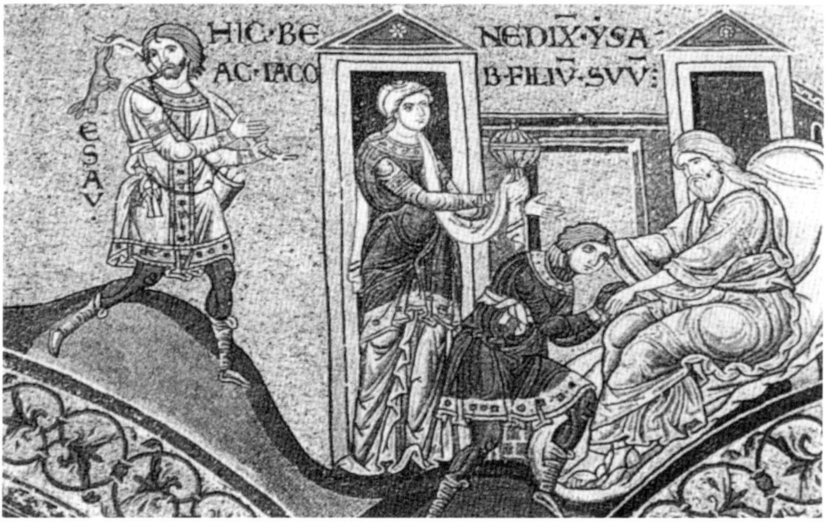

야곱을 축복하는 이삭. 12세기 말의 것으로 시칠리아 섬에 있는 몬레알레 대성당의 모자이크입니다. 사냥을 끝내고 돌아오는 에서와 그 사이에 아버지로부터 축복을 받고 있는 야곱을 그리고 있습니다.

분번 부인께

분번 부인 안녕하셨습니까? 아주 흥미 있는 질문을 해주셔서 감사합니다. 우선 대한성서공회에서 2000년에 출판된 현대 라오 어 번역 성경전서는 대한성서공회에서 출판한 것일 뿐 번역은 라오 어 번역자가 한 것입니다. 우선 현대 라오 어 성경 번역이 이 부분을 아주 훌륭하게 번역한 것을 기쁘게 생각합니다.

라오 어 번역뿐만 아니라 우리 한국어 성경도 전통적인 번역들은 이삭이 23절에서 야곱을 "축복했다"로 번역했고, 『공동번역』과 『새번역』 성만이 "이삭이 야곱에게 복을 빌어주기로 했다." 라고 번역했습니다. 야곱이 이삭에게 처음으로 접근하는 단계에서는 이삭이 아들에게 복을 빌어줄 생각만 했을 뿐, 실제로 복을 빌어주지는 않은 것으로 번역한 것이지요.

여기서 우리는 히브리어가 어떠니, 문법이 어떠니 따질 필요가 없습니다. 내용을 살펴볼까요? 23절에서는 아직 이삭이 야곱에게 복을 빌어주지 않습니다. 24절에서 이삭은 한 번 더 상대를 확인하지요. "네가 정말 에서냐?"고. 그러니까 야곱이 거짓말로 "그렇다."고 말하지요? 이삭이 야곱에게 언제 복을 베풀어줍니까? 실제로 복을 베푸는 장면은 26절 이하에 나옵니다.

다시 25절로 소급해 올라가 보지요. 야곱이 거짓으로 에서라고 말하자 이삭이 고기를 좀 가져오라고 그러지요? "고기를 먹은 다음에 복을 베풀어 주겠다."고 하지요? 거 보세요. 23절은 아직 이삭이 야곱에게 복을 베풀기 전이지요. 야곱이 고기와 포도주를 이삭에게 가져오니까(25절) 이삭이 야곱에게 가까이 오라고 말하고 입을 맞추라고 말하지요.(26절) 야곱이 이삭이 하라는 대로 가까이 가서 볼에 입을 맞추니까 이삭이 그의 옷 냄새를 맡고, 그제서야 복을 빌어줍니다.(27절)

그러니까 창세기 27:23 번역에서는 현대 라오 어 번역 성경의 번역이 옳습니다. 그러면 다른 여러 전통적인 번역, 곧 23절에서 이미 "이삭이 야곱을 축복하였다"고 한 번역은 틀린 번역일까요? 아닙니다! 이야기의 결과를 잘 알고 있는 경우에는 결과적인 이야기를 미리 할 수도 있는 것 아니겠습니까.

42

'주를 위해 갇힌 자'를 '예수님의 포로'로 해석할 수 있나요? ⟪ 디모데후서 1:8

민영진 목사님께
디모데후서 1:8을 보면 다음과 같은 본문이 있습니다.

> 그러므로 네가 우리 주의 증거와 또는 주를 위하여 갇힌 자 된 나를 부끄러워 말고 오직 하나님의 능력을 좇아 복음과 함께 고난을 받으라 – 『개역한글판』

> "그러므로 그대가 우리 주님을 위해서 증인이 된 것이나 내가 주님을 위해서 죄수가 된 것을 부끄러워하지 마시오. 오히려 하느님께서 주시는 능력을 가지고 복음을 전하는 일을 위해서 나와 함께 고난에 참여하시오." – 『공동번역』

우리말 번역 성경이 "주를 위하여 갇힌 자 된 나"(『개역한글판』)라고 한 것이나 "주님을 위해서 죄수가 된 것"(『공동번역』)이라고 한 것에 반하여, 영어 번역 성경들은 다음 예문에서 보듯이 "his prisoner"라고 번역하고 있습니다.

> "Be not thou therefore ashamed of the testimony of our Lord, nor of me his prisoner: but be thou partaker of the afflictions of the gospel according to

the power of God." — *KJV*

"So do not be ashamed to testify about our Lord, or ashamed of me his prisoner. But join with me in suffering for the gospel, by the power of God." — *NIV*

물론 바울 사도가 이 글을 쓸 당시 그가 감옥에 갇혀 있던 것은 사실이겠지만 바울이 자신을 "his prisoner"라고 했다면 "예수님에게 잡힌 자(포로)"라는 의미를 담고 있다고 봐야 하지 않을까요? 그리스 어 원문에는 어떻게 되어 있는지요? 같은 내용이 에베소서 3:1에도 있습니다.

이러하므로 그리스도 예수의 일로 너희 이방을 위하여 갇힌 자 된 나 바울은… — 『개역한글판』

같은 본문이 영어 번역 성경에서는 다음과 같이 되어 있습니다.

For this cause I Paul, the prisoner of Jesus Christ for you Gentiles — *KJV*

For this reason I, Paul, the prisoner of Christ Jesus for the sake of you Gentiles — *NIV*

영어 번역은 바울이 자신을 "the prisoner of Jesus Christ"라고 하여 분명히 세상 옥에 갇힌 자가 아니라, 예수께 매인 자라는 의미를 담고 있습니다. 속 시원한 답을 좀 주시기 바랍니다.

이광열 드림

이광열 님께

디모데후서 1:8 번역에서 우리말 번역과 영어 번역 사이에 차이가 있다는 것을 보신 것은 귀하의 세밀한 관찰입니다. 영어 번역 "his prisoner"는 그리스 어 원문의 "톤 데스미온 아우투"를 문자 그대로 번역한 것입니다. 그러나 그리스 어 신약 사전들은 디모데후서 1:8의 그리스 어 '데스미오스'가 '감옥에 구류되어 있는 자'(a person who is under custody in prison)라는 뜻을 가지고 있다고 설명합니다.(Louw & Nida, *Greek-English Lexicon of the New Testament Based on Semantic Domains*) 더욱이 '부끄러워하다'라는 뜻을 지니고 있는 문장의 주동사 '에파이스쿠노마이'(ἐπισχύνομαι)가 "그의 갇힌 자 나"와 연결되고, 하반절의 "고난을 받으라"를 고려해 볼 때, "그(주)를 위하여 갇힌 자 된 나"를 뜻하는 것으로 보입니다. 그래서 직역을 하고 있는 대다수의 영어 번역은 "his prisoner"

:: Tip

성경은 세계에서 가장 많이 번역된 책입니다. 성경은 이미 1880년에 70개 언어로 완역이 되었고, 1900년에는 성경의 일부라도 번역된 것이 500개의 언어에 달했습니다. 20세기 말에는 이 수치들이 4배 이상 증가하여 거의 2,300개 언어로 번역되었습니다. 이 숫자는 지구상에 존재하는 모든 언어의 3분의 1에 해당하는 것이지만, 세계 인구의 90%를 포괄합니다. 성경 번역은 세계성서연합회와 그에 소속된 각 나라 성서공회들의 주요한 과업이기도 한데, 그 목적은 하나님의 말씀을 모든 사람에게 제공하도록 하는 것입니다. 2005년 12월 말 기준으로 하나님의 말씀이 최소한 단편(쪽복음)이라도 번역된 언어의 수는 2,403개에 이릅니다. 그러나 아직도 4,000여 개의 언어를 쓰고 있는 부족들이 하나님의 말씀이 자신들의 언어로 번역되기를 간절히 기다리고 있습니다.

라고 번역했지만, *NLT* 같은 것은 그 뜻을 살려서 "I am in prison for Christ"라고 번역하였습니다. *TEV*도 역시 우리말 번역과 같은 이해를 반영하는 것으로 볼 수 있습니다.

> Do not be ashamed, then, of witnessing for our Lord; neither be ashamed of me, a prisoner for Christ's sake. Instead, take your part in suffering for the Good News, as God gives you the strength for it.

에베소서 3:1에 관해서도 영어 번역본 중 *NRSV*는 "a prisoner for Christ Jesus for the sake of you Gentiles"로, *RSV*는 "a prisoner for Christ Jesus on behalf of you Gentiles"라고 하여 우리말 번역본들의 "그리스도 예수의 일로 너희 이방을 위하여 갇힌 자 된"과 유사한 번역을 하였습니다. 그러나 이것과는 달리 "예수의 포로"라고 이해한 번역도 있습니다. 예를 들면 다음과 같습니다.

> 그러므로 이방인 여러분들을 위하여 그리스도 예수의 포로가 된 나 바울로는 하느님께 기도 드립니다. -『공동번역』

> Christ Jesus made me his prisoner, so that I could help you Gentiles. -*CEV*

좋은 질문 주신 것 감사합니다.

43

푸른 나무와 마른 나무가 상징하는 것은 무엇인가요?

《 누가복음 23:31

민영진 목사님께

예수께서 유죄판결을 받으신 후 죄인의 신분으로 십자가 형틀을 지고 골고다로 가시는데, 많은 사람들이 그 광경을 보고 애통해 했다고 합니다. 특히 많은 여인들이 가슴을 치며, 슬피 울며, 그 죄수의 뒤를 따랐다고 합니다. 그때 예수께서 여인들에게 하신 말씀이 있지요.

> **28** … 예루살렘의 딸들아 나를 위하여 울지 말고 너희와 너희 자녀를 위하여 울
> 라 **29** 보라 날이 이르면 사람이 말하기를 잉태하지 못하는 이와 해산하지 못한
> 배와 먹이지 못한 젖이 복이 있다 하리라 **30** 그 때에 사람이 산들을 대하여 우리
> 위에 무너지라 하며 작은 산들을 대하여 우리를 덮으라 하리라 **31** 푸른 나무에도
> 이같이 하거든 마른 나무에는 어떻게 되리요 하시니라 –『개역개정판』 눅
> 23:28-31

28-29절은 그런대로 이해가 되는데, 30-31절은 잘 이해가 안 됩니다. 사순절에 우리 주님의 고난을 기록한 복음서를 읽다가 이 본문을 만나 잠깐 의아하여 목사님께 여쭙습니다. 목사님, 늘 건강하시고 총명하시기 바랍니다.

왕십리중앙교회 김성자 올림

김성자 자매님

저는 가끔 여성들이 처형당하는 예수님 때문에 애통해 하면서 울었다는 것에 이상한 매력을 느낍니다. 저를 위해서 울어준 여성은 어머니 한 분뿐이지요. 우리 어머니만이 아니고, 어머니들은 자식을 위해서 기도할 때는 늘 울더군요. 그런데 그런 울음은 자식들에게 큰 힘과 위로가 됩니다. 어머니의 눈물 앞에서 자식들은 한없이 약해지는데, 그 약해질 때가 사실은 가장 강해지는 전환의 순간이기도 하지요.

예루살렘 시민들과 특히 그중에서도 여성들에게 고맙습니다. 처형될 죄수를 위해서 공개적으로 애도하는 것이 금지되어 있었을 터인데, 그럼에도 불구하고 처형받을 죄수를 위하여 집단으로, 또 공개적으로 가슴을 치며 슬프게 통곡했다는 것, 그러면서 행진했다는 것(27절)은 여간 큰 용기가 아니고서는 못 할 일입니다.

아마도 이러한 항의와 애도는 처형장으로 가시던 예수님에게도 큰 위로가 되었을 것입니다. 사형당하러 가는 길인데, 형 집행정지라면 모를까 그까짓 군중들의 울음이 무슨 위로가 되었겠느냐고 할 이들도 있겠지만, 보세요! 예수님은 그냥 가시지 않고 가던 걸음을 잠시 멈추시고, 지금 자매님이 물으신 28절 이하 31절까지의 그 유명한 말씀을 하신 것입니다. 아마 여인들이 예수님을 위한 애도를 하지 않았다면, 아마도 우리 성경에는 누가복음 23:28-31 말씀은 없었을 것입니다.

> 예루살렘의 딸들아, 나를 두고 울지 말고, 너희와 너희 자녀를 두고 울어라. ―
> 『새번역』 눅 23:28

무서운 말입니다. 더 큰 재난이 다가올 것을 예고하는 말씀입니다. 이스라엘 국민이 그들의 메시아를 거절한 일로 그 나라에 가져올 심판이 어떠한 것일지를 예견하고서 하신 말씀입니다. 임신하지 않은 여성, 임신하지 않았으니 애를 낳을 일도 없는 여성, 임신하지 않았고 아이를 낳지도 않았으니, 젖 먹일 일도 없는 여성이 행복할 것이라는 말(29절)은 고난의 날이 와도 그만큼 고통을 덜 받을 것이라는 말이지요. 자매님도 아이를 키우셨다면 예수께서 하신 이 말씀을 쉽게 이해하실 수 있을 것입니다.

자매님이 물으신 것은 30-31절입니다. 우선, 산을 향해 자기들 위에 무너져 내리라고, 자기들을 매몰시키라고 하는 것(30절)은 두 가지로 해석할 수 있습니다. 하나는 고통을 당하는 이들이 안락사를 원하는 심정으로 그런 말을 할 수 있다는 것이고, 다른 하나는 심판자의 진노 앞에서 숨고자 하는 의도를 가진 말이라고 볼 수 있습니다.

문제의 31절에 관해서는 주석가들의 일치된 견해는 없습니다만, 일반적으로는 이 구절을 속담으로 봅니다. 31절을 심판 때의 불과 관련하여 생각해 보면 어떤 연상이 가능할 것입니다. 불이 나무를 태울 때 살아 있는 생나무보다는 마른 나무에 더 잘 붙고 그 나무를 깡그리 태우겠지요. 생나무도 타버릴 심판 앞에서 마른 나무야 오죽 더 잘 타겠습니까! 우리의 생각을 좀더 발전시킨다면, 죄 없는 의인이신 예수님께 유죄판결을 하여 처형하는 예루살렘이 당할 심판이 지금 예수께서 당하시는 고통보다 훨씬 더 참기 어려울 것이라는 생각도 듭니다.

44

새 포도주와 묵은 포도주가 상징하는 것은 무엇인가요?

《《 누가복음 5:38-39

민 박사님

안녕하세요? 새 포도주보단 묵은 포도주가 낫지요. 11월에 프랑스에서 나오는 새 포도주 보졸레 누보가 유명하다는 말을 들었지만 일반적으로 오래 숙성된 포도주가 더 비쌉니다. 저야 포도주 맛은 잘 모르지만, 새 포도주보다는 묵은 포도주가 더 좋은 것 같습니다. 그런데 예수께서는 새 포도주는 새 부대에 담아야 한다고 말씀하셨는데, 그것까지는 이해하겠어요. 헌 부대에 넣으면 포도주가 발효되면서 부대가 터지니까요. 그런데 바로 뒤이어 묵은 포도주가 좋다고 말씀하시거든요. 묵은 포도주를 마시고 새것을 원하는 사람이 없다고 하셨는데, 이 말씀을 갑자기 왜 하시는 것인가요? 묵은 포도주는 무엇을 의미하고, 새 포도주는 무엇을 의미하나요? '술'로 상징되는 것이 좋은 것인가요, 아니면 나쁜 것인가요?

노을 드림

노을 님께

술을 잘 마시지 않는 그리스도인들은 포도주에 대하여 잘 모르는 것 같습니다. 성만찬 예식 때에만 한 모금 마시는 것이 고작이니까 그럴 수밖에 없을 것입니다. 그러나 예수께서는 술에 관한 한, 우리보다는 더 많은 상식을 가지고 계셨던 것 같습니다.

> 38 새 포도주는 새 부대에 넣어야 한다. 39 묵은 포도주를 마시고 나서, 새 포도주를 원하는 사람은 없다. 묵은 포도주를 마신 사람은 묵은 것이 좋다고 한다. —『새번역』 눅 5:38-39

노을 님, 바로 이 구절이지요? 예수께서 이렇게 말씀하신 것을 보면, 새 포도주는 반드시 새 가죽 부대에 보관해야 했던 것 같습니다. 예수께서는 새 포도주의 보관 방법을 잘 알고 계셨습니다. 또 맛으로 치자면 새 포도주보다는 묵은 포도주 맛이 더 좋다고 말씀하셨는데, 이처럼 예수께서는 포도주의 맛에 대해서도 잘 알고 계셨던 것 같습니다. 그리고 직접 포도주를 만드시는 이적(異蹟)도 베푸셨고요. 예수께서 만드신 포도주를 시음해 본 사람들은 그 포도주가 극상품 포도주라고 하였습니다. 혼인잔치 집에서 그 포도주를 시음해 본 이들은 신랑에게 말하기를 "누구든지 먼저 좋은 포도주를 내놓고, 손님들이 취한 뒤에 덜 좋은 것을 내놓는데, 그대는 이렇게 좋은 포도주를 지금까지 남겨 두었구려!" 하였잖아요.(요 2:10)

> 그 날이 오면, 산마다 새 포도주가 넘쳐 흐를 것이다. 언덕마다 젖이 흐를 것이다. 유다 개울마다 물이 가득 차고 주의 성전에서 샘물이 흘러 나와, 싯딤 골짜기에 물을 대어 줄 것이다. —『새번역』 욜 3:18

… 그 때가 되면, 농부는 곡식을 거두고서, 곧바로 땅을 갈아야 하고, 씨를 뿌리고서, 곧바로 포도를 밟아야 할 것이다. 산마다 단 포도주가 흘러 나와서 모든 언덕에 흘러 넘칠 것이다. ―『새번역』 암 9:13

이렇듯 포도주는 구원받았을 때의 삶의 기쁨과 풍요로움에 관련되어 있습니다. 예수께서 포도주를 예로 드셨다는 것이 흥미 있습니다. 새 포도주와 묵은 포도주의 특성을 잘 알고 계시는 것도 흥미 있습니다.

포도주의 제조 과정과 포도주의 맛은 서로 긴밀한 관계가 있다고 합니다. 포도를 수확한 다음에 껍질을 벗겨 발효통에 옮겨 발효시키는데, 전통적으로는 사람이 발효통에 들어가 발로 포도를 으깨었다고 합니다. 발효가 종료될 때까지는 온도나 이스트의 차이에 따라 3일 내지 3주일이 걸립니다. 술이 다 되면 통의 마개를 빼어 발효된 포도주가 자연스럽게 흘러나오도록 하는데, 이 때 흘러나온 포도주가 바로 품질이 우수한 상등주(上等酒)가 됩니다. 다음에, 통 속에 남은 찌꺼기를 압착하여 짜내는 포도주가 있는데, 이것을 '압착하여 짜낸 포도주'라는 뜻의 '뱅 드 프레스'(vin de press)라고 합니다. 이것은 하등주(下等酒)에 해당합니다.

상등주이든 하등주이든, 갓 거른 '새 포도주'는 탁하고 맛이 별로 좋지 않습니다. 포도주의 품질은 포도를 수확한 그 해의 기상 조건에도 크게 좌우된다고 하지요. 기상이 좋은 해의 포도주는 해를 거듭함에 따라 미주(美酒)로 숙성되나, 기상이 나쁜 해의 술은 그 맛이 그렇게 크게 향상되지는 않으며 오래 저장할 수도 없다고 합니다. 따라서 양주(良酒)라고 해서 무조건 오래 묵을수록 좋은 것이 아닙니다. 최상의 기후조건에서 수확하여 만든 최상의 미주를 완전한 상태로 보존한다 하더라도 70년 이상을 묵히게 되면, 되레 질이 급속히 떨어진다고 합니다.

그런데 우리로서 참으로 이상한 것은, 예수께서 기껏 '새 포도주'를 주제로 삼아 말씀하시면서, 그리고 '새 포도주'는 '새 가죽 부대'에 담아야 한다고까지 말씀해 놓으시고서, '묵은 포도주를 마시고 나서 새 포도주를 원하는 사람은 없다. 묵은 포도주를 마신 사람은 묵은 것이 좋다고 한다.'(눅 5:39)고 말씀하신 것입니다. 그 까닭은 무엇일까요?

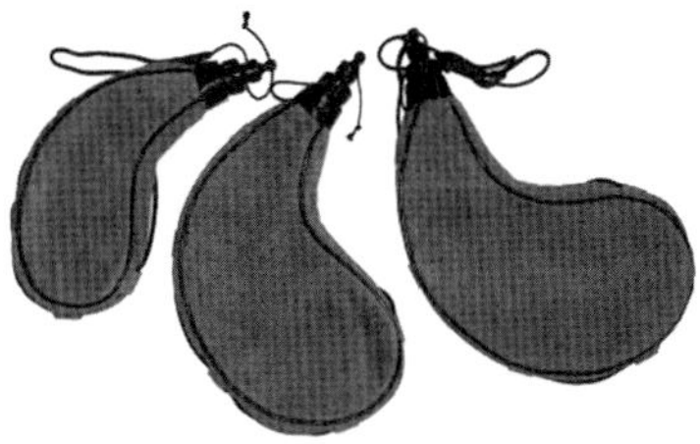

포도주를 넣는 가죽 부대.

이것은 유대인들이 새 포도주인 '복음'을 받아들이려 하지 않음을 빈정대어 하신 말씀입니다. 따라서 우리가 깨닫는 것은, 예수께서는 지금 포도주 보관 방법을 말씀하고 계시는 것이 아니라는 것, 새 포도주나 묵은 포도주의 맛에 관하여 말씀하시려는 것은 더더구나 아니라는 것, 오히려 예수께서는 지금 새 가치와 옛 질서가 결합될 때 그것이 필연적으로 초래하는 비극적인 결과, 곧 둘 다 자멸해 버리고 마는 파괴적 작용을 말씀하고 계시다는 것입니다.

다만 사람들이 새 포도주보다는 묵은 포도주를 선호한다는 말은(눅 5:39) 일반적인 상식을 말씀하신 것이고, 같은 이치로 유대인들이 자신들의 옛 종교를 더 좋아하고 새로운 가치로서의 복음을 받아들일 뜻이 없음을 지적하신 것으로 볼 수 있습니다.

그러나 예수께서는 지금 당신에게서 비롯되

는 복음이, 포도주로 말할 것 같으면, '새 포도주'에 해당된다는 것을 말씀하고 계신 것이 아닙니다. 또는 '새 포도주'인 '복음'이 '묵은 포도주'인 '유대교'보다 그 맛에 있어서 열등하기 때문에 사람들이 복음을 잘 받아들이려 하지 않는다고 말씀하시는 것도 아닙니다. 지금 예수님은 두 가지의 결합이 적절한 경우와 부적절한 경우를 비유를 써서 말씀하고 계십니다. 결합이 적절한 경우에는 둘 다 살지만, 부적절한 경우에는 둘 다 못쓰게 된다는 것이지요. 새 옷에서 한 조각을 떼어내서, 낡은 옷에다가 붙이면 어떻게 되겠습니까? 그렇게 하면 새 옷은 새 옷대로 조각이 찢겨나갔으므로 못쓰게 되고, 새 옷에서 떼어내어 낡은 옷에 붙인 조각은 낡은 옷에 어울리지도 않는다는 것입니다.(눅 5:37-38) 단순히 어울리지만 않을 뿐 아니라 생베 조각을 낡은 옷에다가 대고 기우면 새로 댄 조각이 낡은 옷을 당겨서, 그 낡은 옷이 더욱더 크게 찢어지게 됩니다.(마 9:16) 새 포도주를 낡은 가죽 부대에 넣으면 새 포도주가 그 가죽 부대를 터뜨려서 포도주는 쏟아지고, 가죽 부대는 못쓰게 된다는 것도 같은 논리입니다. 결론은, 새로운 내용은 새로운 용기(容器)에 넣어야 한다는 것이지요. 복음을 율법의 그릇에 담을 수 없다는 말입니다.

새것에는 왕성한 기운이 충일합니다. 낡은 것이 새것을 포용할 수 없는 이유가 바로 여기에 있습니다. 새것과 낡은 것이 내용과 그릇으로 합치면 둘 다 죽습니다.

45

기독교의 경전과 관련된 이름들의 유래를 알고 싶어요

《《 예레미야 31:31-34

민영진 목사님께

기독교의 경전을 『성경전서』라고도 하고, 『구약전서』 혹은 『신약전서』라고도 하는데, 『성경』이나 『구약』이나 『신약』 등 기독교의 경전과 관련된 이러한 이름들의 유래를 알고 싶어요. 이런 질문도 대답해 주실 거지요? 고맙습니다.

궁금이 올림

궁금이 님께

기독교의 경전은 『구약전서』와 『신약전서』입니다. 이것을 합해서 『성경전서』라고 합니다. 본래 『구약전서』는 『율법서와 예언서와 성문서』라고 하는 긴 이름을 가진 유대교의 경전이었습니다. 엄밀한 의미에서는 『신약전서』만이 기독교의 고유한 경전입니다. 『구약전서』는 서로 다른 두 종교인 유대교와 기독교가 함께 가지고 있는 경전입니다.

기독교 역사에서 먼저 그리스도인이 된 이들 가운데에는 유대교인들이 많았습니다. 그들이 유대교를 떠날 때 그들은 유대교의 전통을 다 버리고 떠납니다. 그런데 단 하나 그들이 읽던 성경 곧 『율법서와 예언서와 성문서』를 가지고 떠납니다. 그것을 그들은 '책' 혹은 '성서'(거룩한 책)라고 불렀습니다.

그런데 그들에게는 또 다른 중요한 문헌이 있었습니다. 예수님의 언행록과 사도들의 행적을 적은 기록과 사도들이 교회에 보낸 편지들과 계시록 한 권이 그것이었지요. 지금 우리가 『신약』이라고 부르는 책이었습니다.

기독교가 탄생하고 발전하면서 교회는 이 두 경전에다가 어떤 '이름'을 붙여야 했습니다. 먼저 자기들만의 고유한 경전에 무슨 이름을 붙일 것인가를 심사숙고했습니다. 드디어 그들은 자신들의 자기이해에 걸맞은 이름을 발견하였습니다. 기독교의 발생과 함께 새로운 신앙공동체는 자신들을 '하나님의 백성'이라고 하는 '역사적 이스라엘'과 구별하여 '새 이스라엘,' 즉 하나님과 새로운 계약 관계를 맺은 '새 계약 백성'이라고 이해하였습니다. 이것은 기독교에서 나온 새로운 개념이 아니라 이미 유대교 안에 있던 사상이었습니다. 예레미야서에 다음과 같은 말씀이 있습니다.

> 31 그 때가 오면, 내가 이스라엘 가문과 유다 가문과 새 언약[신약(新約)]을 세우
> 겠다. 나 주의 말이다. 32 이것은 내가 그들의 조상의 손을 붙잡고 이집트 땅에
> 서 데리고 나오던 때에 세운 언약과는 다른 것이다. 내가 그들의 남편이 되었어

도, 그들은 나의 언약을 깨뜨려 버렸다. 나 주의 말이다. 33 그러나 그 시절이 지
난 뒤에, 내가 이스라엘 가문과 언약을 세울 것이니, 나는 나의 율법을 그들의
가슴속에 넣어 주며, 그들의 마음 판에 새겨 기록하여, 나는 그들의 하나님이 되
고, 그들은 나의 백성이 될 것이다. 나 주의 말이다. 34 그 때에는 이웃이나 동포
끼리 서로 '너는 주를 알아라' 하지 않을 것이니, 이것은 작은 사람으로부터 큰
사람에 이르기까지, 그들이 모두 나를 알 것이기 때문이다. 내가 그들의 허물을
용서하고, 그들의 죄를 다시는 기억하지 않겠다. 나 주의 말이다. —『새번역』 렘
31:31-34

1세기에 그리스도인들이 된 사람들은 참 이스라엘, 진정한 하나님의 백성은 역사적 이스라엘, 즉 육체적으로 아브라함의 후손이 된 자들이 아니라고 생각하였습니다. 위의 성경 본문에서 알 수 있듯이 이스라엘은 이미 오래 전부터 하나님과 '새로운 계약'을 맺은 사람들로 새롭게 구성되는 하나님의 백성이 출현할 것이라는 희망을 가지고 있었습니다. 그런데 예수 그리스도를 중심으로 형성된 새 이스라엘이 바로 기독교이고, 그리스도인들은 다름 아닌 하나님의 새 계약 백성이라는 자기이해를 하게 됩니다.

그래서 초창기 그리스도인들은 자신들을 '새 언약/계약 백성'이라고 이해하였고, 자신들의 경전을 '새 언약/계약' 곧 『신약(新約)』이라고 부르게 된 것입니다. 그러면서 자연히 그들이 유대교에서 가지고 온 『율법서와 예언서와 성문서』는 '옛 언약/계약' 곧 『구약』(舊約)이라고 부르게 된 것이지요. 그리고 구약은 유대교에서와 마찬가지로 39권의 낱권이 합쳐진 것을, 신약은 27권의 낱권으로 경전의 범위를 한정하여 경전으로 고백하게 된 것입니다. 그리하여 이 두 권을 합쳐서 『성경전서』라고 하기에 이른 것입니다.

우리나라에서는 기독교의 경전을 '성경'(聖經)이라고 부를 것인지, '성서'(聖書)라고 부를 것인지, 가끔 논란이 됩니다. 거룩할 '성'(聖) 자에 경서(經書)

:: Tip

'바이블'(Bible)이라는 단어는 '책'을 의미하는 그리스 어의 '비블로스'(biblos)에서 유래한 단어입니다. 그런데 이 단어는 페니키아의 항구 도시인 비블로스(byblos)라는 지명에서 유래하였습니다. 이 도시는 파피루스 식물이 잘 자라던 곳이며, 따라서 파피루스 용지를 만들어 수출하는 산업이 발달하였습니다. 물론 책의 중심지이기도 하였지요. 레바논의 베이루트 북쪽 40km 정도 떨어진 곳에 위치한 도시 이름이 '성경'이 된 것입니다.

'경'(經) 자를 쓰면 우리의 경전을 높여 부르는 이름인 것 같고, 거룩할 '성'(聖) 자에 책 '서'(書) 자를 쓰면 그 경전을 조금은 폄(貶)하는 것 같은 인상을 받아서 굳이 '성서'라고 하지 말고 '성경'이라고 하자는 주장이 있습니다. 그러나 우리의 『신약전서』와 『구약전서』를 거룩한 경전이라고 하든 거룩한 책이라고 하든, 그것이 그렇게 예리하게 의미 구분이 되는 것이 아닙니다. 다만 중국 전통에서는 '성경'이라고 불러오고 있고, 일본 전통에서는 '성서'라고 부르고 있을 뿐입니다. 우리는 이 두 전통을 융합하고 있습니다. 그래서 '성경'이란 말도 쓰고 '성서'라는 말도 쓰고, 『성경전서』라고 하여 '경'(經)과 '서'(書)를 절묘하게 융합하기도 했습니다.

'성경'이든 '성서'이든 그것은 일반 종교의 경전을 두루 일컫는 보통명사입니다. 그러나 기독교가 우리나라에서 우세한 종교가 되면서 그 용어를 기독교가 사유(私有)하게 된 것이지요. 일본 사람들이 성경이라고 하지 않고 성서라고 하는 것은 일본에서 불경을 성경이라고 했기 때문에 그것과 구별하려고 한 것 같다는 말을 전 일본성서협회 총무인 사토 목사에게 들은 일이 있습니다. 우리나라의 사정도 이것과 다르지 않습니다. 우리나라 불교 용어에 '성경대'(聖經臺)라는 것이 있는데, 이것은 불경을 놓고 읽는 독서

대(讀書臺)를 가리킵니다.

이제 '성경'은 『성경전서』를 줄여서 부르는 이름입니다. 처음 두 자를 취한 것입니다. '성서'는 본래는 그런 것이 아닙니다만, 『성경전서』의 첫 자와 마지막 자를 취한 것이라고 생각할 수 있습니다. 두 가지 모두 경전을 일컫는 이름입니다. '경'이나 '서'에 가치판단의 구분은 없습니다. 예언서들은 으레 예언서/선지서라고 부르지 절대로 예언경/선지경이라고 하지 않습니다. 로마서, 고린도전후서, 야고보서라고 하지, 로마경, 고린도전후경, 야고보경이라고 하지 않는 것도 고려해 볼 필요가 있습니다.

46

성경에 절 표시만 있고 본문 내용이 없는 것들은 왜 그런가요?

《《 마태복음 17:21

민영진 목사님

우리말 신약성경을 읽다보면, 절 표시만 있고 본문 내용이 없는 절들이 있는가 하면, 난외주에 다른 내용이 더 첨가된 절들도 있습니다. 예를 들어, 『개역개정판』 마태복음 17:21을 보면, 본문이 있어야 할 곳에 본문은 없고, 그 대신에 괄호가 쳐 있고 그 괄호 안에 "없음"이라는 말이 들어 있습니다. 그리고 거기에는 난외주 1번을 보라는 지시가 있는데, 그 지시를 따라서 난외주 1번을 보면 "어떤 사본에, 21절 '기도와 금식이 아니면 이런 유가 나가지 아니하느니라'가 있음"이라고 적혀 있습니다. 『새번역』의 경우는 "다른 고대 사본들에는 '21절 그러나 이러한 종류는 기도와 금식을 하지 않고는 나가지 않는다'가 첨가되어 있음"이라고 되어 있습니다. 왜 이런 경우가 생겼는지 궁금합니다.

왜관에서 김상도 드림

김상도 님께

맞습니다. 그렇게 빠진 절들이 있고, 난외주에 보면 귀하께서 확인하신 대로 후대 사본에는 다른 내용이 더 첨가되어 있는 것을 밝혔습니다. 예를 들면 귀하께서 물어오신 마태복음 17:21의 경우, 다른 후대 사본에는 있다고 하는 그 구절 곧 "기도와 금식이 아니면 이런 유가 나가지 아니하느니라"는 정보가 귀하에게 전혀 생소하지는 않을 것입니다. 바로 이것은 마가복음 9:29에서 따다가 첨가한 것이기 때문입니다.

마태복음 18:11도, 본문이 없고 난외주에 "어떤 사본에, 11절 '인자가 온 것은 잃은 자를 구원하려 함이니라'가 있음"이라고 적혀 있습니다. 이것은 누가복음 19:10에서 가져다가 여기에 첨가한 것입니다.

마태복음 23:14 역시 본문이 없고 난외주에는 "어떤 사본에, 14절에 막 12:40과 눅 20:47과 유사한 구절이 있음"이라고 되어 있습니다. 누가복음 20:47에는 다음과 같은 본문이 있습니다. "그들은 과부의 가산을 삼키며 외식으로 길게 기도하니 그들이 더 엄중한 심판을 받으리라 하시니라"(『개역개정판』)인데, 사본에 따라 다음과 같은 본문을 가지고 있습니다. "이 외식하는 서기관들과 바리새인들아 너희에게 화가 있으리라 너희는 과부의 집을 삼켜 버리고 남에게 보이려고 길게 기도하니 무서운 심판을 받으리라."

마태복음 27:49 같은 것을 보면, 절은 있는데 사본에 따라 절 끝에 다른 내용이 더 들어 있는 것도 있음을 밝히고 있습니다. 49절의 내용은 "그 남은 사람들이 이르되 가만 두라 엘리야가 와서 그를 구원하나 보자 하더라"(『개역개정판』)인데, 여기에 찾아보기 번호 1이 붙어 있어서, 그 지시를 따라 난외주 1번을 보면, "어떤 사본에, 49절 끝에 요 19:34와 같은 말이 있음"이라는 정보가 제공되어 있습니다. 즉 사본에 따라 "그 중 한 군인이 창으로 옆구리를 찌르니 곧 피와 물이 나오더라"(『개역개정판』)는 말이 더 첨가되어 있다는 뜻이지요.

스테파누스의 신약성서 4판. 1551년 출판된 이 책에서 오늘날과 같은 형태의 장절 표시가 붙었다고 합니다.

설명은 간단합니다. "－절 없음"이라고 된 부분은 대다수의 고대 사본에는 없는 본문입니다. 일반적으로 3세기 전후의 파피루스 사본이나, 4-5세기의 대문자 사본에는 없는 본문들이지요. 거의 대부분 11세기 전후의 소문자 사본에만 나오는 본문입니다. 지금 우리가 사용하는 장절 구분은 1551년 스테파누스라고 하는 사람의 작품입니다. 그는 후대의 소문자 사본들을 근거로 만든 신약성경 본문에 절을 구분하였습니다. 그런데 그 신약성경의 일부 구절들이 후대의 첨가라는 것이 밝혀졌고, 이에 따라 그 절들이 신약성경에서 탈락되었는데, 고유 절 번호는 그대로 두었기 때문에 이러한 "－절 없음"이라는 표시가 나오게 된 것입니다. 11세기의 사본은 일반적으로 확대된 사본이라고 할 수 있습니다. 확대된 내용은 다른 엉뚱한 곳에서 온 것이 아니라, 주로 성경의 관련 구절에서 온 것들입니다. 그러므로 "－절 없음"이라는 표시가 있는 난외주에서 거기에 첨가되어 있던 본문을 보면 결코 생소한 본문이 아닌 것을 쉽게 알 수 있습니다.

앞에서 우리는 성경의 정통성을 놓고 성도들 사이에 의혹과 논쟁이 생긴 것을 다루었습니다.(제2부 33) 우리말 성경의 정통성 의혹이라고 하는 것은, 현재 우리가 읽고 있는 우리말 성경 곧 대한성서공회가 지난 한 세기 동안 발행해 온 성경이 '변개된 성경'으로서, 최초의 하나님의 말씀이 아니라는 의혹을 말합니다. 이러한 사정은 비단 대한성서공회가 발행한 『개역한글판』(1961)이나 『공동번역』(1971)이나 『표준새번역』(1993)뿐만이 아닙니다. 우리가 보는 성경의 정통성을 의심하고, 이 성경들에 의문을 제기하고 또 이 성경들을 헐뜯는 이들은 1,200여 개 나라에 있는 세계성서공회연합회 안의 모든 성서공회에서 나온 모든 성경, 그리고 성서공회 이외의 기관에서 나온 여러 번역 성경들이 모두 '사탄이 변개한 성경'이라고 주장합니다. 그리고 정통성을 지닌 성경은 오로지 *KJV*의 번역 대본이었던 '텍스투스 레셉투스'와 거기에서 번역된 *KJV*뿐이라고 합니다.

그러니까 세상에는 '변개된 성경'과 '보존된 성경'이 있는데, '변개된 성경'은 성경 본문의 중요한 신학적 교리를 왜곡할 목적에서 '보존된 성경'에서 중요한 낱말(마 5:22)이나 구(마 5:27)나 절(마 5:44)이나 문장(행 9:5-6)이나, 심지어는 문단(요 7:53-8:11)에 이르기까지 많은 곳을 삭제하거나, 낱말을 바꾸거나(딤전 3:16, 6:19), 드문 경우이기는 하지만 때에 따라서는 첨가(마 24:36)를 하여, 성경 본문을 변개시켰다는 것입니다. 그 결과로, 변개된 성경에는 보존된 성경에서 약 2,600여 개의 낱말이 삭제되어 버리고 없다는 것이지요. 예를 들면 다음과 같습니다.

마태복음 5:22를 보면, 상반절에 "나는 너희에게 이르노니 형제에게 노하는 자마다 심판을 받게 되고"라는 구절이 있습니다. 이것은 『개역개정판』의 본문을 그대로 인용한 것입니다. 그런데 텍스투스 레셉투스(수용 본문)에는 단순히 노하는 자마다 심판을 받는 것이 아니라, 형제에게 '까닭 없이' 노하는 자가 심판을 받는 것으로 되어 있습니다. 그들의 주장에 따르면, 그리스 어 원문에는 "까닭 없이"라고 번역되는 그리스 어가 있는데, 신약 본문을 변개한 자들은 이 말을 삭제해 버림으로써, 때로는 노를 발하셨던(막 3:5) 예수 그리스도의 도덕적 인격을 의심하게 만들었다는 것입니다.

마태복음 5:27을 보면, "또 간음하지 말라 하였다는 것을 너희가 들었으나"(『개역개정판』)라는 말이 있습니다. 그런데 그들에 따르면, 그리스 어 신약 원문에는 "또 옛날 사람들에게서 간음하지 말라 하였다는 것을 너희가 들었으나"라고 되어 있어서, "옛날 사람들에게서"라고 번역되는 그리스 어 구가 원문에 있었다는 것입니다. 그런데 신약성경의 본문을 변개시킨 무리들이 이 구를 삭제해 버렸다는 것이지요.

마태복음 5:44에 "나는 너희에게 이르노니 너희 원수를 사랑하며 너희를 박해하는 자를 위하여 기도하라"(『개역개정판』)는 말이 있습니다. 텍스투스 레셉투스를 유일하게 올바른 본문으로 주장하는 이들은, 그리스 어 원문에는 "원수를 사랑하며"에 이어 "너희를 저주하는 자를 축복하며, 너희를 미워하는 자에게 잘해주고"라고 번역되는 그리스 어 구절이 있었다고 합니다. 그런데 신약 본문을 변개한 이들이 이 구절을 삭제하였다는 것입니다.

『개역개정판』은 위의 본문들이 고대 사본에는 없다는 사실을 난외주에 밝힘으로써 사본에 따라서는 이 본문이 있는 사본도 있음을 말해주고 있습니다. 그렇지만 이러한 사본들은 후대의 열등한 사본들입니다. 그런데 텍스투스 레셉투스를 주장하는 쪽에서는 이런 열등한 본문이 그리스 어 원본 곧 보존된 성경에는 들어 있었다고 주장하는 것이지요. 문제의 해결은 간단합니다. 그 사본을 보여달라고 하면 됩니다. 하지만 그런 고대 사본은 결코 없습니다! 파피루스 사본과 대문자 사본에 들어 있는 본문이라면 고대성을 인정받을 수 있습니다. 문제는 그런 고대의 사본에는 위에서 논한 문제, 즉 텍스투스 레셉투스를 원문이라고 주장하는 이들이 지지하는 본문이 나타나지 않습니다! 참고가 되었기를 바랍니다.

47

신약에 인용된 구약 본문의 출처가 달라요!

《《 마태복음 21:15-16

민영진 목사님께

바쁘신 중에도 우리를 위해 성경 난해구 해설을 해주셔서 감사합니다. 신약의 복음서를 읽다 보면, 구약 본문이 인용되어 있는 것을 자주 보게 됩니다. 그런데 어떤 본문은 복음서에 인용된 본문과 인용의 출처인 구약의 본래 본문 사이에 큰 차이가 있는 것을 볼 수 있습니다. 그 대표적인 것이 예수께서 인용하신 시편의 한 구절입니다.

> 15 대제사장들과 서기관들이 예수께서 하시는 이상한 일과 또 성전에서 소리 질
> 러 호산나 다윗의 자손이여 하는 어린이들을 보고 노하여 16 예수께 말하되 그들
> 이 하는 말을 듣느냐 예수께서 이르시되 그렇다 어린 아기와 젖먹이들의 입에서 나오는 찬미를 온전하게 하셨나이다 함을 너희가 읽어 본 일이 없느냐 하시고 – 『개역개정판』 마 21:15-16

관주를 보니까 예수께서 하신 이 말씀이 시편 8:2라고 되어 있기에 그곳을 참조해 보았더니 본문이 좀 다릅니다. 여기 그 본문을 그대로 인용해 보겠습니다.

주의 대적으로 말미암아 어린 아이들과 젖먹이들의 입으로 권능을 세우심이여 이는 원수들과 보복자들을 잠잠하게 하려 하심이니이다 –『개역개정판』 시 8:2

이렇게 서로 다른 본문을 어떻게 인용이라고 볼 수 있는 것인지요?

용두동교회 서영동 올림

서영동 님께

예수께서 인용하신 것으로 나타나는 구약 본문은 히브리 본문이 아니라 그리스 어 번역 본문입니다. 신약성경 안에는 구약 본문을 인용한 것이 참 많습니다. 서영동 님께서 지적하신 것 말고도, 구약 자체의 본문과 신약에 인용된 본문 사이에 약간씩의 차이가 나는 것이 많습니다. 우선 쉽게 말씀드린다면, 예수께서는 히브리어나 아람어로 말씀을 하셨을 것이고, 예수께서 인용하신 구약은 히브리어 본문이었을 것인데, 신약의 복음서를 쓴 문필가들은 그것을 모두 그리스 어로 적었습니다. 히브리어나 아람어로 말씀하셨을 예수님의 말씀이 모두 그리스 어로 적혔다는 말입니다. 그리고 신약에서 볼 수 있는 많은 구약 인용도 히브리어 본문의 인용이라기보다는 고대 그리스 어로 번역된 본문에서 인용된 것입니다. 흔히 『칠십인역』이라고 부르는 그리스 어 번역 성경입니다. 따라서 귀하께서 제기하신 문제는 인용의 정확성 여부에 관련된 것이 아니고, 서로 다른 두 구약 본문과 관련된 것임을 알 수 있습니다.

영감(靈感)이 연륜(年輪)을 앞서는 것 같습니다. 귀하께서는 인용 관계에 있는 본문이 출처와 인용 사이에 본문이 변경된 것 같다는 점을 문제삼으셨지만, 마침 귀하께서 주신 본문이 저에게 어떤 생각을 불러일으키기에, 이 본문과 만난 제 자신의 성경 체험, 본문 체험을 함께 나누고자 합니다.

젊은 예언자들의 예언을 만나거나 젊은 천재 시인들의 시를 만나보면, 영감이 연륜을 앞선다는 것을 쉽게 알 수 있습니다. 소월이나 윤동주 같은 시인들은 젊은 나이에 세상을 떠났지만 남녀노소 할 것 없이 모두 그들의 노래와 시를 좋아하고, 어떤 교수는 칠십 평생을 20대에 요절한 시인들의 시를 연구하며 보내기도 합니다.

아직 제가 어렸을 때 바울, 아모스, 호세아, 미가, 이사야, 예레미야 같은 성경의 인물들을 만나면서, 그들이 인생의 선배이기도 하다는 생각을 하면서 그들의 글을 읽었습니다. 그러나 저 자신이 회갑을 지난 이후부터는 성경의 인물들이 한창 활동하던 시기가 저보다는 다들 젊었을 때였을 것이라는 점에 착안하면서 역시 영감은 연륜에 앞선다는 생각을 하였습니다.

시편 8:2에서 시편의 시인은 "어린 아이와 젖먹이의 입에서 나오는 말"이 "권위"가 있어서 "하나님의 원수들"도 그 앞에서 꼼짝없이 할 말을 잃고 유구무언이었다고 말합니다. 하나님을 대적하던 하나님의 원수들이 젖먹이 같은 어린 아이가 하는 말의 권위 앞에서 물러서고 말았다는 것입니다. 예수께서는 바로 이 구절을 인용하여 대제사장들과 서기관들을 잠잠케 하신 것입니다.

하루는 예수께서 예루살렘 성전 뜰에서 눈먼 사람들과 다리를 저는 사람들을 고쳐주고 계셨

:: Tip

예수는 어떤 언어를 사용하셨을까요? 예수 시대에 이스라엘 사람들은 대개 두 가지 언어를 사용하였습니다. 성경(특히 사도행전 6장)에서 '히브리 파'라고 묘사되는 부류는 아람어를 모국어로 사용하는 집단이었고, '헬라 파'로 묘사되는 사람들은 그리스 어를 모국어로 사용하는 집단입니다. 이미 고대 아시리아 시대 때부터 아람어가 고대 근동에서 공용어로 사용되었는데, 이스라엘 사람들은 기원전 6세기 바빌론 포로기 때부터 아람어를 사용하기 시작하여, 예수 때까지도 팔레스타인 지역에서는 아람어를 썼습니다. 반면 헬라 시대가 시작되면서, 그리스 어가 공용어로 통용됨에 따라, 팔레스타인 외부에 흩어져 살던 소위 디아스포라는 그리스 어를 모국어로 사용하였지요. 따라서 예수는 아람어로 말씀을 선포했고, 바울의 편지들은 그리스 어로 쓰였다고 할 수 있습니다. 사진은 아람어로 쓰인 점토판입니다.

습니다. 그때 아이들이 성전 뜰에서 예수님을 향해, "다윗의 자손 예수에게 호산나!" 하면서 환호를 하였습니다. 대제사장들과 서기관들과 같은 어른들은 아이들이 외치는 것을 보고 화가 나서 예수님을 나무랐습니다. "아이들이 지금 당신을 보고 무어라고 하는지 듣고 있소?" 그러자 예수께서 그 어른들에게 말씀하셨습니다. "그렇소. 다 듣고 있소. 당신들은 성경에 '주께서는 어린 아이들과 젖먹이들의 입에서 완전한 찬양이 나오게 하셨다'고 하신 시편의 말씀도 읽어보지 못하였소?"(마 21 : 14-16)하고 받아치신 것입니다.

인용구의 출처인 시편 시인에게서나 예수께서 인용하신 이 구절에서 저는 영감이 연륜보다 앞선다는 것을 깨닫습니다. 단순히 '젊은이'일 뿐만 아니라, '어린아이들과 젖먹이들'에게 영감이 작용합니다. "어린아이들과 젖먹이들"의 입에서 나오는 말이 바로 기성세대("원수들과 보복자들")를 굴복시키는 말(시편 시인)이 되고, "하나님 찬양을 완성하는 작품"(예수)이 된다는 것입니다. 영감이 연륜을 앞선다는 것에 있어서 이것보다 더한 강조를 어디에서 볼 수 있겠습니까!

이것은 곧 나이 많은 성도들이 어린이들을 존중히 대하고, 그들에게 겸손해야 할 뿐만 아니라 그들이 하는 말에도 귀를 기울여 들어야만 한다는 것을 우리에게 가르치고 있습니다. "어린 것들이 뭘 안다고……" "젊은애들이 알면 얼마나 안다고……" 이런 말을 해서는 안 된다는 것입니다. 나이 많은 이들이 하나님의 성령을 모시지 못할 때 성령께서 어린아이들 속으로 들어가셔서 그 아이들의 입을 통해서 말씀하시기 때문에, 하나님께서는 어린아이에게서 완전한 기도, 완전한 찬미가 나오게 하시어 어른을 부끄럽게도 하십니다.

48

신약에 인용된 구약의 본문이 실제 구약의 본문 내용과 달라요! 《 고린도전서 2:9

민영진 목사님께

신약에 구약 본문 인용이 많다는 것은 성경을 자주 읽는 독자들은 잘 알고 있습니다. 그런데 고린도전서 2:9의 경우는 사정이 좀 다른 것 같아서 질문합니다.

> 기록된 바 하나님이 자기를 사랑하는 자들을 위하여 예비하신 모든 것은 눈으로 보지 못하고 귀로 듣지 못하고 사람의 마음으로 생각하지도 못하였다 함과 같으니라 – 『개역개정판』

그런데 인용의 출처를 밝히는 관주 성경이나, 구약성경에서 인용된 구절의 출처를 밝히는 난외주가 붙어 있는 성경들을 보면, 이 구절이 구약 이사야 64:4 혹은 65:17에서 인용된 것이라고 하지만, 구약 본문과는 그 내용이 많이 다릅니다.

고린도전서 2:9에 인용된 본문의 내용은 "하나님이 자기를 사랑하는 자들을 위하여 예비하신 모든 것은 눈으로 보지 못하고 귀로 듣지 못하고 사람의 마음으로 생각하지도 못하였다"입니다. 그런데 거기 제시된 구약의 본문을 보면, 하나는 "주 외에는 자기를 앙망하는 자를 위하여 이런 일을 행한 신을 옛부터 들은 자도 없고 귀로 들은 자도 없고 눈으로 본 자도 없었나이다"(개역개정판』 사 64:4)라고 되어 있고, 다른 하나는 "보라 내가 새 하늘과 새 땅을 창조하나니 이전 것은 기억되거나 마음에 생각나지 아니할 것이라"(『개역개정판』 사 65:17)라고 되어 있습니다. 인용 관계가 아닌 본문이 지시되어 있습니다. 이런 것은 어떻게 이해하여야 합니까?

감리교신대학교 김명하 올림

김명하 님께

신약에서 "기록된 바…"라는 말이 나오면 그것은 으레 구약 본문의 인용을 가리키는 것인데, 여기 고린도전서 2:9에 인용된 본문은 우리가 알고 있는 구약 본문이 아닙니다. 그래서 귀하께서 지적하신 것이 옳습니다. 고린도전서 2:9는 이미 여러 주석들이 잘 지적하고 있듯이 구약에서 직접 인용된 본문이 아닙니다. 이미 귀하께서도 지적하신 것처럼 이사야서 64:4나 65:17은 고린도전서 2:9의 인용문에 사용된 비슷한 용어만이 몇 개 나올 뿐, 그것들이 우리 본문의 인용의 출처는 아닙니다.

주석들을 보면, 바울이 인용한 것과 유사한 본문이 다음 몇 곳에도 나온다고 합니다.

(1) 라비 요하난의 말: "오 하나님, 당신 외에는, 하나님을 사모하는 자를 위해 하나님이 예비하신 것을 아무도 눈으로 보지 못하였습니다." 라비의 이 말은 위에서 질문자께서 이미 인용한 이사야 64:4와 시편 31:20, "주께서 그들을 주의 은밀한 곳에 숨기사 사람의 꾀에서 벗어나게 하시고 비밀히 장막에 감추사 말다툼에서 면하게 하시리이다"(『개역개정판』)를 서로 자유롭게 연결하고 축약한 것 같습니다.

(2) "도마복음서": "예수께서 말씀하시기를, 어떤 눈도 본 적이 없고, 어떤 귀도 들은 바가 없고, 어떤 손도 만진 바가 없고, 사람의 마음에는 한번도 들어가 본 적이 없는 것을 내가 너희에게 주리라."(17절)

:: Tip

낙함마디에서 발견된 코덱스들. 1945년 이집트의 나일 강 상류지역에 위치한 낙함마디라는 마을에서 대량의 콥트 어 문서들이 들어있는 항아리가 발견되었습니다. 알려진 바로는 13권의 책에 『도마복음서』와 『마리아복음서』 등 52편의 글이 포함되어 있는데, 대개 초기 기독교 영지주의 문서입니다. 암거래상들과 이집트 정부의 치열한 신경전 가운데 14번째 책이 사라진 것으로 알려져 있습니다. 이 문서는 초기 기독교를 이해하는 데 귀중한 자료입니다.

(3) 『이사야의 승천기』, 『에스라의 묵시록』, 『다니엘의 묵시록』 등에도 이 비슷한 구절이 들어 있었다고 합니다. 오리게네스는 바울의 이 구절이 『엘리야의 묵시록』에서 인용된 것이라고 말하지만 현재 남아 있는 단편 조각 사본에서는 이 본문을 확인할 수 없다고 합니다.

이미 우리가 보았듯이 바울이 인용한 이 구절은 성경의 여러 구절에서 조금씩 추출하여 만든 모자이크 같은 본문입니다. 그런 모자이크 본문이 위경(僞經) 중에 어디엔가 있었던 것 같습니다. 그러나 현재로서는 바울이 인용한 것과 같은 동일한 본문이 어디에 있는지 알 길이 없습니다. 다만, 정경의 여러 곳에 이 비슷한 표현들이 있다는 것만을 지적할 뿐입니다.

예를 들면, 이사야 64:4 외에도 다음과 같은 구절이 있습니다.

> 9 여호와께서 이르시되 가서 이 백성에게 이르기를 너희가 듣기는 들어도 깨닫
> 지 못할 것이요 보기는 보아도 알지 못하리라 하여 10 이 백성의 마음을 둔하게
> 하며 그들의 귀가 막히고 그들의 눈이 감기게 하라 염려하건대 그들이 눈으로
> 보고 귀로 듣고 마음으로 깨닫고 다시 돌아와 고침을 받을까 하노라 하시기
> 로–『개역개정판』 사 6:9-10

> 어리석고 지각이 없으며 눈이 있어도 보지 못하며 귀가 있어도 듣지 못하는 백성이여 이를 들을지어다–『개역개정판』 렘 5:21

중요한 문제를 물어주시어서 우리 모두가 많이 배울 수 있었던 것에 대하여 다시 한 번 감사드립니다.

49

제 자신이 마귀처럼 느껴져요! 《 디모데후서 3:1-5

민영진 목사님께

이럴 때 목사님께서 계시니까 참 좋습니다. 굉장히 스트레스를 받는 일이 있어서 어디에다 하소연해야 할지 몰라 고민하다가 문득 목사님을 생각해냈습니다. 오늘 새벽까지 비가 내리고 있습니다. 유월의 비는 찢겨진 가슴만큼이나 참담하게 제 마음속에 스며듭니다. 분통이 터져 참지 못하고 어쩌지도 못하고… 분을 이기지 못하여 벌벌 떨면서 고민하고 있었습니다.

상세한 내용을 말씀드리지 못하고 제가 다만 제 자신을 통제할 수 없을 만큼 큰 분노에 사로잡혀 있었다는 것, 그리고 저를 이렇게 화가 나게 한 사람들이 사람으로 보이지 않고 마귀들로 보인다는 것만을 말씀드리는 것을 이해해 주시기 바랍니다. 저는 제 가까이에서 함께 지내던 사람들이 점점 거칠어지고 악랄해져 간다는 사실 앞에서, 그리고 거기에서 오는 배신감에 짓눌려 죽을 수도 죽지 않을 수도 없는 모멸감으로 오열했습니다.

그런데 저는 오늘 새벽 무렵에 또 다른 사실 앞에서 오열하였습니다. 밤새 분노를 삭이지 못하고 고민하다가, 그렇게도 원망스럽고 분하고 원통했던 그 마귀의 얼굴이 사실은 바로 제 자신의 얼굴이라는 것을 발견했습니다. 그러니 제가 또 얼마나 놀라고, 얼마나 절망을 했겠습니까! 그런데 우연히 디모데후서 3:1-5의 말씀을 읽게 되었습니다.

1 그대는 이것을 알아두십시오. 말세에 어려운 때가 올 것입니다. 2 사람들은 자
기를 사랑하며, 돈을 사랑하며, 뽐내며, 교만하며, 하나님을 모독하며, 부모에
게 순종하지 않으며, 감사할 줄 모르며, 불경스러우며, 3 무정하며, 원한을 풀지
아니하며, 비방하며, 절제가 없으며, 난폭하며, 선을 좋아하지 않으며, 4 배신하
며, 무모하며, 자만하며, 하나님보다 쾌락을 더 사랑하며, 5 겉으로는 경건하게
보이나, 경건의 능력은 부인할 것입니다. 그대는 이런 사람들을 멀리하십시
오. —『새번역』

이 말씀이 심판의 말씀 같기도 하고 위로의 말씀 같기도 하여 정신을 차릴 수가 없습니다. 바울이 멀리하라고 말한 인물이 바로 저 자신이라는 생각이 드니까 제 자신이 미워 죽겠습니다.

용두동교회 서란희 올림

서란희 자매님

숨은 그림을 찾아보세요. 미운 사람들이 마귀의 얼굴을 하고 있다고요? 심지어는 자매님 자신까지도 마귀의 얼굴을 하고 있더라고요? 다른 모습도 찾아보시기 바랍니다. 누구의 얼굴에나 숨어 계시는 하나님의 얼굴을 찾아보시기 바랍니다. 그리고 스스로를 학대하지 마십시오. 비록 우리가 마귀의 얼굴처럼 보이는 때가 있다 하더라도 우리는 누가 뭐라고 하더라도 하나님의 작품입니다. 하나님께서 우리를 당신의 것이라고, 우리 얼굴 어느 구석에 사인을 하셨을 겁니다. 어느 날 제 낙서 노트에 남긴 글을 하나 보냅니다. 위로와 격려가 되었으면 좋겠습니다.

이 몸이

이 몸이 당신 머무시는 집이라니요!
오장육부 다 썩고
겉은 만신창이인데다
속은 온갖 더러움으로 오염되어 있는데

당신은 한 분이시면서도
모든 사람의 몸에
한 몸에만 계시듯
그렇게 충만하게 계시다니요!

우리가 아플 때는
당신도 아프시겠네요?
생로병사, 희로애락을
우리와 같이 하신단 말인가요?

이 몸이 육신의 장막을 벗는 날
당신께서는 우리를 떠나시나요?

"떠나긴. 네가 내게 오는 거지.
그때부터는
네가 내 안에 사는 거지."

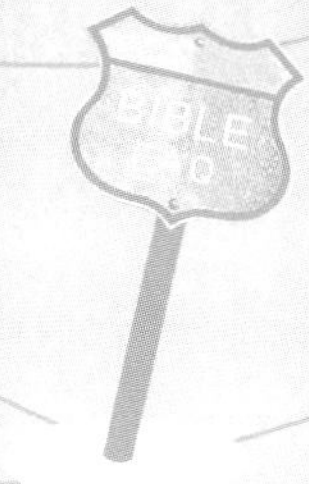

부록 »

01. 성경, 바로 읽기와 잘못 읽기

02. 성경공부 노래

03. 내가 너를 잊는다면

부록 01

성경, 바로 읽기와 잘못 읽기

독서 방법의 문제

아직도 성경 본문의 해석이나 실생활에서의 적용 문제에 앞서 성경 본문 자체에 대한 정확한 이해가 문제가 되고 있습니다. 그러나 이러한 문제는 성경 공부에서 꼭 해결되어야 할 부분입니다. 우선 다음과 같은 한 성도의 질문을 들어봅시다.

시편 81:15의 해석

얼마 전 우리 교회에서 부흥회가 있었습니다. 부흥회를 인도하시는 목사님께서 시편 81:15의 말씀을 읽으셨습니다.

> 여호와를 한하는 자는 저에게 복종하는 체할지라도 저희 시대는 영원히 계속하리라. – 『개역한글판』

이 본문을 가지고 목사님은 이런 말씀을 하셨습니다.

"우리가 신앙생활을 하는 동안 하나님의 말씀대로 전적으로 순종하진 못하지만 하는 체만 해도 복을 받을 수 있습니다. 그러니 전도를 못 하면 전도하는 체, 기도를 못하면 기도하는 체, 억지로 흉내라도 내보십시오. 그리하면 하나님께서 우리의 시대를 복되게 하며 영원히 보살펴 주실 것입니다."

부흥회가 끝난 뒤 담임목사님도 주일 낮 예배 설교를 하시면서 부흥강사 목사님의 설교를 언급하며 이렇게 말씀을 하셨습니다.

"부흥강사님의 말씀에 저도 많은 은혜를 받았습니다. 성경에 그런 말씀이 있는 줄 잘 몰랐는데 저도 이번에 새롭게 알게 되었습니다. 그러니 우리도 전폭적으로 순종하지 못하면, 하는 체라도 합시다."

물론 많은 성도들은 목사님의 말씀에 "아멘"으로 화답하였습니다. 그런데 저는 좀 이상한 '풀이'다 싶어서 주석을 찾아보았습니다. 그랬더니 그 말씀의 해석이 전혀 다르게 되어 있었습니다. 오히려 "여호와를 한하는 자"는 곧 "여호와를 원망하고 불평하고 탓하는 자"로 나와 있는 것이 아니겠습니까! 그래서 그런 자는 비록 "하나님에게 순종하는 체할지라도 하나님께서 그 진심을 아시고 그 중심을 보시므로 그를 긍휼히 여기지 않고 그의 나머지 일생이 영원히 하나님의 긍휼하심 아래 있지 못하다."라고 해석이 되어 있었습니다.

저는 부흥강사 목사님의 해석과 주석의 해석이 서로 다른 정도가 아니라 완전히 반대가 된다는 사실을 확인하였습니다. 하나님의 말씀을 보면 일관되게 "진심으로 전심으로 여호와를 섬기고 순종할 것"을 말씀하고 있는 것으로 볼 때, 그리고 시편 81편의 시 전체 내용을 볼 때에도, 부흥강사 목사님이나 우리 교회 목사님의 해석이 잘못되었지 않나 싶습니다. 목사님은 어떻게 생각하시는지요? 답변을 기다리며…….

살롬

이중기 올림

이 질문에 대하여 저는 다음과 같은 답변을 보냈습니다.

이중기 님께

『개역한글판』을 보면 시편 81:15는 다음과 같이 번역되어 있습니다.

여호와를 한(恨)하는 자는 저에게 복종하는 체할지라도 저희 시대는 영원히 계속하리라

『개역개정판』도 살펴볼까요?

여호와를 미워하는 자는 그에게 복종하는 체할지라도 그들의 시대는 영원히 계속되리라

그리고 아래의 것은 히브리어 본문을 문자 그대로 반영한 것입니다. 히브리어 원문을 인용하는 대신에 히브리어 본문을 그대로 직역한 영어 번역을 우리말 번역과 비교해 보도록 소개하겠습니다.

Those hating Jehovah feign obedience to Him, But their time is — to the age. — *YLT*

문제는, "저희 시대" 곧 "그들의 시대"가 "영원히 계속할 것"이라는 말의 뜻이 모호하다는 데 있습니다. 다른 번역들을 보면, "그들의 시대"를 "그들이 형벌을 받는 때"(their time of punishment)라고 번역하여, 그 형벌받는 때가 영원히 지속될 것이라고 번역하고 있습니다.

Those who hate the LORD would pretend obedience to Him; And their time of punishment would be forever. —*NAS*

혹은 "그들의 시대"를 "그들의 운명"(their fate), "그들의 파멸의 운명"(their doom)이 영원히 지속될 것이라는 뜻으로 번역하고 있습니다.

Those who hate the LORD would cringe toward him, and their fate would last for ever. —*RSV*

Those who hate the LORD would cringe before him, and their doom would last forever. —*NRSV*

The haters of the LORD would pretend submission to Him, But their fate would endure forever. —*NKJV*

참고가 되기를 바랍니다.

* * *

이 답변에 대하여 질문자 말고 다른 한 독자는 성도의 질문도 이해가 되고, 신학자의 답변도 이해가 되고, 문제의 발단을 제공한 부흥사와 담임목사의 본문 해석도 그렇게 비난받을 것만은 아니라는 견해를 보내왔습니다.

민영진 목사님께

「햇순」 5월호(통권 75호)에서 이중기 형제가 목사님께 시편 81:15 해석에 대하여 질문하였을 때, 목사님께서 답변하신 해석을 읽고 이 글을 기고합니다. 이중기 형제가 시편 본문에서 담임목사님과의 본문 해석상의 충돌로 고민하고 있을 때, 목사님은 이중기 형제의 해석에 손을 들어주었습니다. 목자와 양 사이의 영적인 문제이므로 기도하는 중에 꼭 기고해야 되겠다는 압박감을 느꼈습니다. 저는 독일 바이에른 지역에서 목회를 하는 이희상 선교사입니다. 영혼을 돌보며 고민하는 목회자의 입장에서 두 분의 손을 다 들어주고 싶습니다. 담임목사님의 해석이나 이중기 형제의 해석에 다 동의합니다. 이유를 설명하겠습니다.

1. 목사님은 영어 성경을 선택하여 인용하였습니다. 영어성경 *NIV*에는 "그들이 받은 형벌은 영원히 지속될 것이다."라고 하신 목사님의 주장대로 기록되어 있는 것을 확인하였습니다.
2. 저는 독일어 성경도 인용하겠습니다. (1) 독일어 번역인 『슈투트가르트 해설 성경』에 나온 마르틴 루터 번역을 인용합니다. "하나님을 미워하는 자는 하나님 앞에 순종해야 한다. 그러면 이스라엘의 시대가 영원히 지속될 것이다."(Und die den HERRN hassen, müssten sich vor ihm beugen, aber Israels Zeit würde ewiglich währen) (2) 독일어 번역 성경인 『예루살렘 성경』도 마르틴 루터의 번역과 같은 의미입니다.
3. 히브리 성경 원문에는 시편 81:16(번역본에서는 15절)에 "(영원히) '형벌'이 지속된다"는 단어가 없습니다.
4. 그러므로 시편 81:15는 두 가지로 설명할 수 있습니다. (1) 적극적인 방법으로서는, 그 담임목사님이 하신 대로, "비록 부족하나, 하나님께 순종하면 저의 시대를 복되게 하신다."는 것입니다. (2) 소극적인 방법으로는, 이중기 형제나 목사님이 해석한 대로 "하나님을 미워하는 자들은 그들이 받을 형벌이 영원히 계속될 것이다."라는 것입니다. (3) 문맥상으

로나 전체 흐름을 볼 때 두 가지 해석이 모두 가능하며, 결국 강조하고자 하는 것은 '순종과 복'이라고 판단되어 쌍방의 주장에 동의합니다.

5. 목자와 양은 영적인 관계이므로 말씀 안에서 서로가 신뢰할 수 있어야 예배 생활이 행복할 것입니다.

독일 선교사 이희상 올림

저는 이 의견을 그대로 수용하기가 어려웠기 때문에 저의 견해를 다음과 같이 피력한 바 있습니다.

이희상 선교사님께

「햇순」의 성경 난해구 해설 칼럼을, 관심을 가지고 읽어주신 것에 대하여 먼저 감사의 말씀을 드립니다. 먼 곳에서 하는 선교 사역을 통하여 하나님의 크신 구원의 경륜을 이루시기를 빕니다. 이희상 선교사님께서 제기하신 문제는 두 가지 곧 본문 해석과 본문 번역에 비추어 정리해 볼 수 있습니다.

본문 해석의 문제

선교사님은 히브리어 원문 성경에는 "(영원히) 형벌이 지속된다."는 문장에 "형벌"이라는 말이 없다고 말씀하셨습니다만, 그렇게 말하면, "그들의 시대를 영원히 복되게 하신다."는 문장에서 "복되게 하신다."는 말도 없습니다. 그러나 지금 문제는 그런 것이 아닙니다.

중요한 것은 "하나님을 미워하는 자들이 하나님께 진정으로 순종하지 않고 순종하는 체만 하여도 복을 받고 오래오래 산다."라는 메시지를 시편 81:15에서는 '절대로' 읽어낼 수가 없다고 하는 사실입니다. "하나님을 미워하는 자들" 곧 "하나님의 원수들"이 아무리 하나님께 거짓으로 복종하는 체하더라도, 그러한 자들이 하나님께 영원한 복을 받는다는 사상은 여기 시편 81편에서뿐만 아니라 성경전서 어디에서도 찾아볼 수 없습니다.(비록 악인이 낙과 부를 누리며 사는 현실을 본다 하더라도) 하나님을 미워하는 자들이 하나님께 복종을 가장하여 곧 하나님을 속여서 하나님으로부터 복을 받아낸다는 것은, 그것도 영원한 복을 받아낸다는 것은, 성경 안에서는 도대체가 있을 수가 없는 사상입니다.(비록 하나님의 원수들도 이 세상에서 떵떵거리고 잘사는 것이 현실이어도 말입니다!)

선교사님이 말씀하신 대로, "부족하나마 하나님께 순종하면"이라는 말은 우리의 본문과는 무관한 일반적인 진술이기 때문에, 이런 진술에는 아무런 문제가 없습니다. 사람이 아무리 하나님께 순종한다 하더라도 어찌 그것이 하나님 보시기에 완전한 순종일 수 있겠습니까? 하지만 우리 본문의 "하나님을 미워하는 자들" 곧 "하나님의 원수들"의 경우에, 그들이 진정으로 하나님께 순종하는 것이 아니라, 다만 순종하는 체만 했다고 하여 하나님에게서 복을 받고 오래오래 산다는 해석을 선교사님은 용납할 수 있습니까?

선교사님이 말씀하신 적극적인 방법, 즉 "비록 부족하나 하나님께 순종하면 저의 시대를 복되게 하신다는 것"은 시편 81편 전체의 문맥에 전혀 맞지 않습니다. 그렇게 설명하는 주석은 영어 주석이나 독일어 주석이나 어떤 언어의 주석에도 없습니다. 오히려 14절과 16절 "(이스라엘이 순종하면) 내가 속히 저희 원수를 제어하며 내 손을 돌려 저희 대적을 치리니… 내가 또 밀의 아름다운 것으로 저희에게 먹이며 반석에서 나오는 꿀로 너를 만족케 하리라"는 말씀은 선교사님의 주장대로, 이스라엘 백성이 하나님께 청종을 하면 받게 될 복을 말하는 것입니다. 그러나 15절의 "여호와를 한하는 자는 저에게 복종하는 체할지라도 저희 시대는 영원히 계속하리라"에서 "저희 시대"란 하나님을 청종하지 않음으로써 받는 형벌 곧 외적의 침략(14절)과 기근(16절)으로 점철

되는 시대를 말하는 것입니다.

그리고 마침, 이희상 선교사님께서 독일성서공회가 펴낸 『슈투트가르트 해설 성경』을 보신다고 하니까 말씀을 드립니다만, 그 해설 성경에서 바로 해당 본문인 시편 81 : 12-17의 '해설'을 읽어보시기 바랍니다.

> 하나님께서는 불순종하는 백성을 눈먼 상태 그대로 내버려두신다. 그들은 멀리 내다보지 못하는 자신들의 생각을 좇다가 파멸로 치닫는다. 13-16절은, 이스라엘이 '대적들'과 '기근' 때문에 겪는 외적인 곤경이 그들의 하나님 배반과 무관하지 않음을 말하고 있다.

"그들의 시대가 영원히 계속된다."는 말은 이스라엘 백성이 강퍅하여 하나님의 말씀을 듣지 않음으로써 받게 되는 "외적의 침략과 통치"(14절), 그리고 "계속되는 기근"(16절)과 같은 외적 곤경의 시대가 영원히 지속된다는 말입니다.

선교사님은 또 "문맥상으로나 전체 흐름을 볼 때 두 가지 방법 모두 결국 강조코자 하는 의미는 '순종과 축복'이라고 판단되어 쌍방의 주장에 동의한다." 라고 말씀하셨습니다. 그러나 그것은 순종하면 복을 받고(반드시 그런 것은 아니지만), 불순종하면 벌을 받는다(반드시 그런 것은 아니지만)는 일반적인 진술로는 가능한 말씀이긴 합니다만, 시편 81편 문맥에는 특히 문제의 15절에는 전혀 해당이 되지 않습니다. 15절은 "하나님의 원수들"의 사기성(詐欺性)과 그런 자들이 받을 영원한 형벌을 말하는 것이기 때문입니다.

본문 번역의 문제

문맥과 무관하게, 15절[히브리어 *BHS*와 루터 역(*Lutherbibel*)의 16절]의 히브리어 본문은 난해한 본문 중의 하나입니다. 히브리어 원문 "메사네 아도나이 예카하슈-로 비히 이탐 레올람"을 문자 그대로 우리말로 옮겨보면 대체로 다음과 같습니다.

주님을 미워하는 자들은 주님께 복종하는 체한다. 그리고 그들의 시대는 영원까지 이를 것이다.

이것을 루터는 다음과 같이 번역하였습니다.

Und die den HERRN hassen, müssten sich vor ihm beugen, aber Israels Zeit würde ewiglich währen. −*LUT*
그리고 주님을 미워하는 자들은 그에게 굴복했어야만 했다. 그리고 이스라엘의 시대는 영원히 지속되었을 것이다.

『독일어 공동번역』(*Einheitsübersetzung*)은 약간 달리 번역하였습니다.

Alle, die den Herrn hassen, müssten Israel schmeicheln, und das sollte für immer so bleiben. −*EIN*
주님을 미워하는 자들은 모두 이스라엘에게 아첨을 할 것이고, 그러한 상태는 영원히 지속될 것이다.

그럼 다른 독일어 번역본들을 살펴봅시다.

Die den HERRN hassen, würden ihm Ergebung heucheln, ihre Zeit würde ewig sein. −*ELB*
주님을 미워하는 자들이 주님에게 복종을 가장하더라도 그들의 시대는 영원할 것이다.

Die Hasser Jehovas würden sich ihm mit Schmeichelei unterworfen haben, und ihre Zeit würde ewig gewesen sein. – *ELO*

여호와를 미워하는 자들은 그에게 아첨으로 굴종하겠지만, 그들의 시대는 영원히 지속될 것이다.

Die den HERRN hassen, müssten ihm schmeicheln; ihre Zeit aber würde ewiglich waehren! – *SCH*

주님을 미워하는 자들이 그에게 아첨을 하겠지만, 그들의 시대는 영원히 지속될 것이다.

Alle, die den Herrn hassen, würden vor ihm kriechen müssen, und ihre Zeit wäre für immer vorbei. – *GNB*

주님을 미워하는 모든 자들은 틀림없이 그에게 굴종해야 할 테지만, 그들의 시대는 영원히 지나가 버릴 것이다.

문제의 난해구가 이렇게 여러 가지로 번역이 될 수는 있어도, 이 여러 번역들 중에 어느 한 번역도 "하나님을 미워하는 자들이 하나님을 속여 순종을 가장하여 하나님으로부터 영원한 복을 받는다."고 하는 해석을 합당하다고 지지해 주는 번역은 없습니다.

* * *

다음은 앞에서 시편 81:15의 해석 문제를 제기한 성도가 부흥회에서 있었던 또 다른 본문 오독의 예를 지적하면서 해명을 요청해 온 것입니다.

예레미야애가 4:16의 해석

부흥강사님의 설교 중에 의문이 나는 것이 있어 여쭙습니다. 강사님은 예레미야애가 4:16 "여호와께서 노하여 흩으시고 다시 권고치 아니하시리니 저희가 제사장들을 높이지 아니하였으며 장로들을 대접지 아니하였음이로다"(『개역한글판』)라는 말씀을 읽으시고 다음과 같이 풀어서 말씀하셨습니다.

"이 말씀은 교회의 지도자들을 존경하지 않고 순종하지 아니하거나 대적하는 사람들에게 하나님께서 화를 내리신다는 말씀입니다. 그러니 성도 여러분, 교회에서 목회자들을 잘 모시고 순종하시기 바랍니다. 성도들이 목회자들을 잘 모시지 못했을 때는 하나님께서 그들을 흩어버리고 다시 권고치 아니하십니다. 이 말씀을 명심하시기 바랍니다."

좀 이상한 말씀이다 싶어서 관련된 본문의 주석을 찾아보았습니다. 주석에서는 "14-16절 말씀은 거짓 지도자들(거짓 선지자들과 제사장들)과 그들의 인도를 받는 민중이 받을 화를 예언한 말씀으로, 특히 16절은 제사장들이나 장로들이 이방 사람들 앞에서 멸시를 당하게 됨을 말하는 것이다. 이를 확대적용하면 하나님의 백성이 범죄하고 회개치 않을 때에는 하나님께서 불신자들의 손을 통하여 그들을 벌하신다."라는 내용으로 풀이하고 있었습니다.

부흥강사님과 주석의 풀이는 어찌 보면 정반대의 뜻으로 보입니다. 성도를 유익하게 한다는 이유로 혹은 교회에 유익을 끼치게 한다는 이유로 성경의 원뜻이나 의도와는 다르게 적용되어도 무방한 것입니까? 이 말씀이 부흥강사님이 적용하는 식으로 적용이 되어도 괜찮은 것입니까?

이중기 올림

이중기 님께

이중기 님께서는 예레미야애가 4:16과 관련된 문제점을 잘 지적하셨고, 주석이 말한 이해도 잘 포착하셨습니다. 문맥만 잘 읽어도, 그리고 몇 가지 번역만 비교해서 읽으시면, 구태여 주석까지 보시지 않더라도 정확한 본문 이해를 할 수 있습니다.

문제의 본문은 전체 문맥인 4:12-16에서 보아야 합니다. 이스라엘 사람들은 예루살렘이 안전한 요새라고 생각하였습니다. 당시에 막강했던 바빌로니아 군대도 예루살렘을 점령하는 데 일 년 반이나 걸렸을 정도이니까요. 그런데 그런 예루살렘이, 하나님이 지켜주신다고 믿었던 그 도성이, 결국은 이방인들에게 함락되어 버린 것입니다. 지금 예레미야는 그 까닭이 어디 있는지를 말하고 있습니다. 소위 백성의 지도자들이라고 하는 선지자들과 제사장들의 죄가 예루살렘 파멸의 직접적인 원인이라고 보고 있습니다. 13절의 말이 바로 그것입니다.

> 그 선지자들의 죄와 제사장들의 죄악을 인함이니 저희가 성읍 중에서 의인의 피를 흘렸도다 –『개역한글판』

어쩌면 선지자들은 백성 앞에 파멸이 다가오는데도, '안전하다,' '안전하다' 하며 거짓 평화를 예언했는지도 모릅니다. 말하자면 거짓 예언을 한 셈이지요. 예레미야애가 2:14는 바로 거짓 선지자들의 엉터리 예언이 백성을 미혹하게 하였음을 말하고 있습니다.

> 네 선지자들이 네게 대하여 헛되고 어리석은 묵시를 보았으므로 네 죄악을 드러내어서 네 사로잡힌 것을 돌이키지 못하였도다 저희가 거짓 경고와 미혹케 할 것만 보았도다 –『개역한글판』

또 한편, 제사장들은 엄연히 율법이 살아 있음에도 불구하고 그 법을 어겨가면서까지 죄 없는 사람들에게 사형 판결을 내렸습니다. 선지자와 제사장들의 죄악으로 말미암아 "성읍 중에서 의인의 피를 흘렸도다"(애 4:13b)라는 말이 바로 이것을 두고 한 말입니다.

그래서 하나님께서는 예루살렘을 이방인의 손에 함락되게 하신 것입니다. 그렇게 예루살렘이 함락되자 선지자들과 제사장들은 목숨을 건지려고 달아났는데 그 처량한 모습을 가리켜 "저희가(즉 선지자와 제사장들이) 거리에서 소경 같이 방황함이여 그 옷이 피에 더러웠으므로 사람이 만질 수 없도다"(애 4:14)라고 표현하고 있습니다.

침략자의 칼에 맞아 죽은 사람들의 피가 제사장들과 선지자들의 옷에 묻어 부정(不淨)하게 되었으므로, 사람들은 그들이 마치 악성피부병에 걸린 환자라도 된 것처럼 그들을 외면하고 피합니다. 15절은 쫓기는 제사장들과 선지자들의 처지를 묘사한 것입니다.

> 사람이 저희에게 외쳐 이르기를 부정하다 가라, 가라, 가라, 만지지 말라 하였음이여 저희가 도망하여 방황할 때에 이방인이 이르기를 저희가 다시는 여기 거하지 못하리라 하였도다 – 『개역한글판』

이제 그 제사장들과 선지자들이 사로잡혀서 이방인들 가운데서 사로잡혀 살 때에도 아무도 그들과 사귀려 하지 않는다는 것입니다. 아무도 그들을 제사장이라고 해서 혹은 선지자라고 해서 직무나 나이에 걸맞게 존중해 주지 않는다는 것입니다. 왜냐하면 하나님께서 제사장들과 선지자들이 그렇게 천대를 받도록 만드셨기 때문입니다. 하나님께서 친히 당신의 공의로운 진노로 제사장들과 선지자들을 버리셨기 때문입니다. 문제의 16절은 바로 이것을 말하고 있는 것입니다. 16절의 내용을 하나하나 분리해 보면 다음과 같습니다.

"여호와께서 노하여 흩으시고": 여호와께서 그 악한 지도자들인 제사장들과 선지자들을 이방의 포로가 되게 하셨다는 말입니다.

"다시 권고치 아니하시리니": 하나님께서 다시는 제사장들과 선지자들을 돌보아 주시지 않는다는 말입니다.

"저희가 제사장들을 높이지 아니하였으며 장로들을 대접지 아니하였음이로다": 여기서 말하는 "저희"는 이방 사람들입니다. 그들이 제사장들과 선지자들을 그들의 직함이나 나이에 걸맞게 존경하지 않았다는 말입니다.

여기에서는 한 평신도가 제기한 두 가지 질문과 선교사인 한 목회자의 견해까지 합하여 세 가지 문제를 다루어 보았습니다. 결론으로 드릴 수 있는 말씀은 '주석'을 참고한 평신도의 독서행위가 '주석'을 활용하지 않는 목사의 자의적 본문해석보다 본문의 뜻을 더 잘 파악했다는 것입니다.

부록 02

성경공부 노래

민영진 목사님

우리 교회에서 성경공부를 할 때 늘 함께 부르는 노래의 노랫말을 짓게 된 배경과, 가사와 곡에 대한 해설을 좀 부탁드리고 싶습니다.

용두동교회 김경 장로

김경 장로님

안녕하십니까? 이미 오래 전부터, 교회에서 교우들과 함께 성경공부를 할 때, 시작하고 끝낼 때마다 주제가 비슷한 노래를 부르고 싶은 생각이 있었습니다. 우리의 『찬송가』 안에도 추억이 어린 성경 관련 찬송이 8곡이나 들어 있습니다.(234-241장) 이 찬송들은 17세기로부터 시작하여 20세기 초에 이르는 어간에 외국인들이 작사, 작곡한 것들입니다. 성경 말씀과 관련된 신앙고백을 우리의 가사로 지어서 우리의 가락에 실어 부르고 싶던 소원을 오랫동안 품고 말씀을 묵상하다가 다음과 같은 시상이 떠올랐습니다. 성경의 말씀을 모자이크로 하여 만든 것입니다.

말씀 안에 영원한 생명이 들어 있고
신구약 성경이 주님을 증언하니
주님을 알 길이 성경밖에 달리 없어
말씀을 사모하며 성경공부합니다

위의 가사 중 "말씀 안에 영원한 생명이 들어 있고"는 요한복음 1:4의 내용을 밝힌 것입니다. 『개역한글판』은 이 구절을 "그 [말씀] 안에 생명이 있었으니 이 생명은 사람들의 빛이라"고 번역하였습니다. 경우에 따라서는 "그 말씀은 생명의 근원이고, 이 생명이 사람들에게 빛을 가져왔다."(The Word was the source of life, and this life brought light to people, *TEV*)라고 번역하기도 합니다.

"신구약 성경이 주님을 증언하니" 우리가 하나님을 알 수 있습니다. 주 예수 그리스도를 알 수 있는 원초적 자료는 신구약성경인데, 이것은 요한복음 5:39의 내용입니다. "너희가 성경을 연구하는 것은, 영원한 생명이 그 안에 있다고 생각하기 때문이다. 성경은 나(예수님)에 대하여 증언하고 있다."(『새번역』) 이 구절은 우리가 성경을 공부하는 목적을 분명히 밝혀줍니다. "주님을 알 길이 성경밖에 달리 없어"는 위의 내용을, 단지 표현을 달리하여 반복한 것입니다. "말씀을 사모하며 성경공부합니다"는 이런 사실을 알고서 성경공부에 임한다고 하는 우리의 각오를 나타내 본 것입니다.

태초에 하나님 만물 창조하실 때
말씀으로 모든 것 지어내시었으니
우주 안에 살아 있는 온갖 피조물
그 말씀 안에서 생명을 얻습니다

"태초에 하나님 만물 창조하실 때"는 창세기 1:1에서 따온 것이고, "말씀으로 모든 것 지어내시었으니"는 요한복음 1:1에서 따온 것입니다. 이 둘을 여기에서 서로 연결시켰습니다. "우주 안에 살아 있는 온갖 피조물 그 말씀 안에서 생명을 얻습니다"는 요한복음 1:3-4의 "모든 피조물이 그 말씀에게서 생명을 얻는다."(Everything that was created received its life from him.— *CEV*)라는 것을 갖고 만들어 본 것입니다.

하나님의 영감으로 기록된 성경은
진리를 가르치고 잘못을 책망하고
허물을 고쳐주고 올바로 살게 하니
영생에 잇대어 우리 살아갑니다

이것은 디모데후서 3:16의 말씀을 그대로 인용한 것입니다. "성경은 전부가 하느님의 계시로 이루어진 책으로서 진리를 가르치고 잘못을 책망하고 허물을 고쳐 주고 올바르게 사는 훈련을 시키는 데 유익한 책입니다."(『공동번역』)

작곡은 기독교대한감리회 용두동교회 성가대 지휘자인 작곡가 박상욱 권사님이 하셨고, 경기민요 굿거리장단에 맞추어 보았습니다. 우리 장단에 맞춘 것이어서 부를 때마다 아주 흥겹지요. 성경공부를 즐겁게 하자는 작사자의 뜻을 작곡자가 충분히 이해한 듯합니다.

영원한 생명

(성경공부 노래)

민영진 작사
박상욱 작곡

굿거리 장단으로

부록 03

내가 너를 잊는다면 ⟪ 시편 137편

민영진 목사님께

지난번에 "원수를 갚아야 할까요, 용서해야 할까요?"라는 제목으로 실린 친절한 답변, 감동적인 견해를 말씀해 주신 것에 대하여, 다시 한 번 감사드립니다. 시편 137편과 관련하여 탄원의식이라는 것을 배웠던 것에 대해서도 감사드립니다. 시편 137:5-6을 중심 내용으로 하여 예루살렘에 대한 애정을 읊었다는 "임 에슈카헥"(내가 너를 잊는다면, If I Forget Thee)이라는 노래가 있다고 하셨는데, 그 노래의 가사와 곡을 볼 수 있는지요?

뉴욕에서 박요셉 올림

박요셉 님, “임 에슈카헥”(내가 너를 잊는다면)이라는 노래는 메나헴 둘리츠키가 시편 137편을 근거로 작사하여, 전통 멜로디에 얹은 것입니다. 이 노래는 시온을 떠난 실향민이 시온을 향한 영원한 애정을 고백한 것입니다.

우리말 번역

1. 완전한 도성 즐거운 시온
   머나먼 타향에서 너를 노래한다
   내가 널 잊는다면 내 오른손 재주 잊으리
   내가 무덤에 잠들 때까지 너는 나의 사랑

2. 내가 널 기억하지 못한다면
   죽는 날까지 내 혀가 입천장에 붙으리라
   네 눈을 적실 따스한 눈물 내게 없다면
   질병과 가난에 내 심장 말라버리리라

3. 황폐한 너를 내가 외면한다면
   내 집 무너지고, 내 영혼이 수치를 당하리라
   네 고통 보고도 통곡하지 않는다면
   벌레가 내 목소리를 썩어지게 하리라

4. 시온아 내 너를 잊지 않으마
   살아 있는 한 너는 나의 숙명
   시온아 내 사랑 내가 죽는 날 부르리라
   네 이름을 무덤에서도

영어 번역*

1. My perfect Zion, My pleasant Zion,
My soul hums to you from afar.
May my right hand forget its cunning if I forget thee,
My beautiful one, until. My grave closes over me.

2. May my tongue stick to its roof until my death.
If I do not remember thee, the soul of Zion:
May my heart dry in sickness and poverty,
If my warm tears dry over your eye.

3. May my house be destroyed, may there be shame on my soul.
If my eyes turn away from the sight of your destruction.
May my throat decay and be eaten by moths and worms.
If my voice does not weep over your afflictions.

4. I will not forget thee Zion, I will not forget thee my prefect one,
For as long as I live, you are my expectations and my fate,
And when I die, my beautiful one,
My lips will always murmur thy name in my grave.

---

* "If I Forget Thee," *Jerusalem The Eternal City*, Tel-AVTV: Isra-Tav Publications, 1985.

אִם אֶשְׁכָּחֵךְ (임 에슈카헥) 내가 널 잊는다면

》성.구.찾.아.보.기

:: 구약

:: 신약